DU DIVORCE

ET

DE LA SÉPARATION DE CORPS

1882. — ABBEVILLE. — TYP. ET STÉR. GUSTAVE RETAUX.

DU DIVORCE

ET

DE LA SÉPARATION DE CORPS

DEPUIS LEUR ORIGINE JUSQU'A NOS JOURS

Suivies d'un projet de loi sur la séparation de corps

PAR

ALCÉE DURRIEUX

Avocat à la Cour d'appel de Paris, Chevalier de la Légion d'honneur.

Quid verum atque decens curo et rogo
et omnis in hoc sum.

HOR. EPIT. I.

PARIS

LIBRAIRIE GERMER BAILLIÈRE ET Cie

108, BOULEVARD SAINT-GERMAIN, 108
Au coin de la rue Hautefeuille.

1881

DU DIVORCE

ET

DE LA SÉPARATION DE CORPS

DEPUIS LEUR ORIGINE JUSQU'A NOS JOURS

Suivies d'un projet de loi sur la séparation de corps

PAR

ALCÉE DURRIEUX

Avocat à la Cour d'appel de Paris, Chevalier de la Légion d'honneur.

Quid verum atque decens curo et rogo
et omnis in hoc sum.
HOR. EPIT. I.

PARIS

LIBRAIRIE GERMER BAILLIÈRE ET Cte
108, BOULEVARD SAINT-GERMAIN, 108
Au coin de la rue Hautefeuille.

—

1881

AVANT-PROPOS

Les jurisconsultes, d'accord avec les philosophes, enseignent que les institutions qui prennent leur source dans le droit naturel étant destinées à donner satisfaction à un sentiment du cœur humain, leur histoire ne peut être que celle de l'homme lui-même. Cette vérité devient évidente pour qui remonte à l'origine des lois qui règlent les relations des sexes. Le droit naturel émerge du milieu des passions violentes de la barbarie, et malgré l'ignorance et l'intérêt des castes, malgré la politique, les religions grossières, et l'avilissement des mœurs, il avance, conduit par les sages, jusqu'au jour où la conscience éclairée assure son triomphe. Telle a été l'histoire du mariage. Dégagé de la promiscuité originelle, il traversa la polygamie pour devenir l'union d'un seul homme et d'une seule femme. Progrès immense, malgré la répudiation et le divorce, débris du passé qui altéraient encore sa pureté. Nous établirons que les philosophes et les jurisconsultes avaient rencontré quelquefois des auxiliaires dans les sanctuaires. A l'heure de la décadence romaine, le sentiment religieux prit le rôle principal avec le Christianisme. Le nouveau venu, riche des dépouilles des religions nobles ses aînées, assura le triomphe définitif du droit.

Le mariage devenu sacrement, lié par la main de Dieu lui-même, ne put être dissous que par la mort. C'est ainsi que d'étape en étape le mariage s'est élevé graduellement jusqu'à la perfection. La part du Christianisme fut si large dans cette précieuse conquête, que l'indissolubilité passe encore pour un préjugé religieux aux yeux d'hommes éclairés et de bonne foi. Ils lui en font un grief. On l'accuse d'être en contradiction avec le droit commun; d'apporter une entrave arbitraire à la liberté individuelle, d'occasionner des désordres dont le divorce pourrait seul tarir la source.

Il y a des erreurs de plus d'un genre dans ces accusations; il importe d'en établir l'injustice.

Mais la façon dont la question a été engagée récemment mérite qu'on s'y arrête.

Les partisans du divorce procèdent comme ce médecin qui rencontrant un homme en parfaite santé s'évertue à lui prouver qu'il est malade, et violente ses répugnances pour lui faire avaler ses drogues.

La proposition de loi tendant au rétablissement du divorce eut un succès d'étonnement d'abord, d'hilarité ensuite. Encouragée par le plus grand nombre des journaux, disposant des ressources d'une association spéciale, elle avait gagné à sa cause des penseurs estimés, des conférenciers infatigables, des Académiciens illustres. Malgré ces inappréciables avantages, le projet de loi souleva l'opposition la plus vive, qui n'a fait que s'accroître depuis l'ouverture de la campagne. Les novateurs ont beau lui prodiguer les plus flatteuses promesses, le malade ne veut pas s'exposer à une expérience *in animâ vili*. Comment n'ont-ils pas compris que le divorce était dès à présent condamné par l'opinion [1].?

Une agitation factice ne surprendra pas la conscience publique. Le très-grand nombre croit avec raison son bonheur et sa dignité engagés dans le débat; et le très-grand nombre résiste. Les innovations de cette espèce ne peuvent ni ne doivent s'imposer. Il faut attendre que l'opinion les demande: en la devançant le législateur ferait acte de violence. Le divorce a eu la bonne fortune d'attirer l'attention des docteurs des quatre facultés: médecins, naturalistes, théologiens, politiques, littérateurs et philosophes se sont mis résolûment à l'œuvre pour rendre son succès plus facile. Il doit être permis à un ancien jurisconsulte d'en dire son avis, les questions de législation dépendant directement de son domaine.

Depuis près de cent ans, que le problème a été soulevé en France, l'unanimité des auteurs, à très-peu d'exceptions près, s'en est préoccupée surtout au point de vue religieux. Leurs livres affectent quelquefois la forme des controverses théologiques. Ils s'entourent de précautions infinies pour ne pas blesser la conscience de la partie catholique de la nation. Ce scrupule est certainement des plus honorables; mais depuis que *la Déclaration des droits de l'homme* a posé la base définitive de

---

[1] Portalis disait déjà le 14 vendémiaire an X au Conseil d'Etat : « Les Français sont légers, mais ils ont des vertus : c'est dans les « départements, c'est dans les campagnes qu'il faut aller chercher « les mœurs françaises ; *là le scandale du divorce a été rejeté avec* « *mépris*, là on n'a point usé du divorce : les tribunaux l'attestent. « *Voilà le vœu de la nation.* »

notre droit public, que le budget de la France salarie également tous les cultes, lorsque les religions consacrent des principes opposés, le législateur ne doit prendre conseil que de lui-même, ne s'inspirer que de l'intérêt de l'État, et de la moralité publique. Il écrit la loi des citoyens et non pas celle des croyants de telle ou telle secte. Il doit se souvenir que le for extérieur lui appartient sans partage, tandis que le for intérieur est du domaine exclusif des religions. Le législateur est devenu laïque. D'ailleurs les lois civiles, et plus spécialement celles du mariage, ne se sont pas toujours purifiées dans les sanctuaires, l'histoire de toutes les époques attesterait au besoin, que ce voisinage leur fut rarement salutaire. Donc le projet de rétablissement du divorce ne peut être examiné et résolu qu'au point de vue purement humain. Aussi ne lui opposerons-nous que des raisons de cet ordre.

Le champ de bataille ainsi déterminé, sachons d'abord comment la question a été posée dès 1869 par celui qui a donné son nom à la proposition. A cette date M. A. Naquet, professeur agrégé de la Faculté de médecine de Paris, a publié un livre sous ce titre: *Religion, Propriété, Famille.* En voici le résumé succinct.

Les religions doivent être classées dans les hypothèses tout à la fois indémontrables et inutiles, bonnes tout au plus à l'usage des peuples en enfance. Elles sont aux intelligences les mieux trempées comme les poisons aux corps les plus robustes, la peste de l'entendement. Par suite des progrès de l'humanité l'homme reconnut une harmonie universelle, impossible à expliquer avec la pluralité des causes. C'est ainsi que du polythéisme il s'éleva à la conception d'une cause première, intelligente, unique créatrice, et rectrice de l'univers. Il inventa le *mono-théisme*; ce fut la dernière étape de l'hypothèse de Dieu. Plus tard, en effet, les grandes lois de la nature furent découvertes, leur réunion a constitué la science moderne, et Dieu en a été définitivement banni. Ainsi l'hypothèse de Dieu n'existe plus pour le savant, elle s'est réfugiée dans la métaphysique où elle est conservée par les croyants, grâce à la série de raisonnements instinc-tifs qui firent admettre son existence à l'origine.

« La croyance au libre arbitre de l'homme est erro-
« née. Il y a des bons et des méchants, cela est vrai ; il
« y a des hommes chez qui le sentiment du juste est
« puissant, d'autres chez qui ce sentiment existe à peine;
« mais point de libre arbitre en tout cela ; affaire d'or-
« ganisation, d'éducation, fatalisme, ou si l'on préfère
« déterminisme (p. 64). »

L'âme, comme Dieu lui-même, se réduit à une hypo-thèse. Le droit naît de la force, et a l'intérêt individuel pour base.

Quant à la propriété, il semble difficile de contester au producteur le droit de jouir et de disposer de ce qu'il a créé. Il l'a tiré du néant, il doit pouvoir en disposer à son gré.

« Mais les conséquences de ce droit sont terribles.
« L'homme riche laisse sa fortune à ses enfants ; voilà
« l'inégalité créée; voilà des hommes *qui se sont donné*
« *seulement la peine de naître* et qui seront riches. Ils
« pourront vivre dans l'oisiveté, du travail d'autrui;
« ou s'ils travaillent eux-mêmes ils auront, dès le prin-
« cipe, un capital qui rendra leur concurrence redou-

« table : que dis-je ? impossible à soutenir à tous ceux
« qui n'auront que leur travail, et qui devront emprun-
« ter à intérêts les capitaux dont ils se serviront. Or si
« l'inégalité est légitime lorsqu'elle est la conséquence
« des facultés naturelles, de l'économie, du travail, de
« la vertu, l'inégalité, fruit du hasard, n'est qu'une
« spoliation honteuse, contre laquelle les déshérités de
« la fortune auront sans cesse le droit de revendication
« (p. 185). »

L'auteur insiste sur les conséquences politiques, économiques et sociales qui résultent de ces fléaux nécessaires : la *propriété, l'hérédité*. Il reconnaît d'ailleurs
qu'il n'est pas possible de décréter l'abolition immédiate
de l'héritage. *Mais il y aurait lieu de prendre dans
l'ordre de la propriété et surtout dans l'ordre de la famille des mesures qui en rendraient la disparition nécessaire.* Et la première de ces mesures consisterait à
supprimer le mariage. Il serait avantageusement remplacé par *l'amour qui seul rend morale l'union des sexes.*
Sa durée dépendrait de la fantaisie de chacun des conjoints, sauf aux amants à chercher un complément dans
la pluralité au cas d'insuffisance de l'un d'eux. Ainsi
seraient supprimés la plupart des maux qui dérivent du
mariage, comme sa conséquence fatale, l'adultère, la
prostitution, l'avortement.

Quant à la famille, utile au point de départ, elle a
cessé de l'être. Nous pourrions, sans inconvénient,
mettre ses charges au compte de la société. La femme
deviendrait ainsi le pivot de la famille, l'homme serait
affranchi de toute obligation à son égard, et la mère
donnerait son nom aux enfants. Le budget, dont les be-

soins s'élèveraient à 5 ou 6 milliards, trouverait des ressources, d'abord dans l'impôt progressif, et ensuite dans l'héritage de tous les biens des citoyens décédés, le sentiment de la famille n'y faisant plus obstacle. La femme conserverait ses affections maternelles, les enfants celles de frère et de sœur.

Quant aux sentiments paternels, ils se trouveraient supprimés il est vrai, mais ils ne sont pas nécessaires. L'homme dut-il perdre ces affections, comme il gagnerait en liberté et que de plus en transformant la famille on détruirait la véritable source des iniquités sociales, la perte serait largement compensée par ces avantages !

Le livre de M. Naquet, écrit avec une loyauté parfaite, a le grand avantage de poser la question dans son ensemble. Il met en mouvement des principes dont il indique les sources : il a notamment le mérite de ne pas reculer devant les conséquences. Elles se réduisent d'ailleurs à de simples négations : plus de Dieu, plus de libre arbitre, plus d'âme, plus de mariage, plus de famille, plus de propriété, plus rien; Hébert, Chaumette, Anacharsis Clootz sont dépassés. La femme appartenant au premier occupant; l'homme désemparé, sans foyer, livré à lui-même, affranchi des saintes servitudes du devoir et de l'affection, vaguerait, en toute liberté, entre le vice et l'ennui, pour s'éteindre solitaire et désespéré dans les étreintes des infirmités inévitables de la vieillesse : ainsi le matérialisme au point de départ et le divorce comme conséquence. Telle est la phase dite *scientifique* dans laquelle l'humanité fait son entrée.

Et les parquets poursuivent de tels livres comme dangereux!! Peine inutile : car après les avoir lus, on se souvient de la jeunesse de Sparte et des banquets des Ilotes !!

Le professeur agrégé, devenu député, devait tenter l'essai de ses théories scientifiques. Si la famille est le foyer principal des iniquités sociales, il y a urgence à l'éteindre. Et M. Naquet déposait en juin 1876 sa première proposition de rétablissement du divorce. Le coup était habile. La famille perd en consistance tout ce que le mariage perd en dignité. Il eût été imprudent d'entreprendre la destruction, d'un seul coup, du plus glorieux monument de la conscience humaine. On l'attaquait par la base : le renversement devenait plus facile dès qu'elle serait ébranlée. Mais la Chambre des députés ne voulut pas croire que le mariage fût une institution antiscientifique faisant obstacle au développement de l'homme.

En effet, l'exposé des motifs, signé par M. Naquet lui-même, était la réfutation la plus éloquente des théories de 1869. On le croirait, dans certaines de ses parties, tiré de l'histoire de Philémon et Baucis.

« Il n'existe de joie, de bonheur, ici-bas que dans l'in-
« timité du foyer domestique, de la famille. Ce bonheur-
« là, en principe, tous les citoyens peuvent y aspirer
« sans doute, et c'est pour assurer ce bonheur à
« tous que le divorce doit être rétabli : car il existe
« dans la société française une classe de parias à qui la
« famille est interdite, qui n'ont pas droit au foyer do-
« mestique à l'amour, aux joies de la paternité ou de
« la maternité : ce sont les séparés de corps.

« A ceux-là la loi dit : tu as un cœur qui veut aimer

« et vivre ; tu te sens capable d'élever des enfants et
« d'en faire des citoyens utiles : je te le défends. Tu
« n'aimeras pas, tu n'auras pas d'enfants, tu desséche-
« ras ton cœur dans l'isolement et la solitude : quand
« la vieillesse arrivera, tu seras soigné par des merce-
« naires, et tu mourras en maudissant cette société
« marâtre qui t'a voué à l'égoïsme et à la souffrance,
« toi qui ne demandais qu'à te dévouer et à aimer. »

Quantum mutatus !! Il y a loin de la négation radicale
de 1869 aux tendresses de 1876 !

Où donc est la vérité ? Le but est si noble cette fois,
si légitime d'ailleurs, que le législateur accueillera avec
empressement le moyen de l'atteindre.

Écoutons le proposant : « Les deux premières lois
« (sur le divorce en France), celle de 1792 et celle de
« 1793, partaient de ce principe commun : qu'il n'y a
« pas mariage véritable sans le consentement des
« époux ; que là où le consentement des époux a cessé
« d'exister, le lien conjugal est essentiellement attenta-
« toire à la liberté et à l'intérêt social bien entendu, et
« que par conséquent le divorce doit être prononcé,
« non-seulement pour des faits déterminés, non-seu-
« lement quand il y a consentement mutuel des deux
« époux, mais encore lorsqu'il y a volonté persistante
« d'un seul des époux, encore bien que ce dernier n'al-
« lègue aucune cause déterminée. »

La Chambre ne sut pas découvrir sans doute en quoi
le concubinat différait d'un mariage dont la durée dépendait du caprice de l'un des deux époux. Telle
fut probablement la raison du rejet dédaigneux de
la proposition de 1876. Le législateur ne voulut

même pas admettre ce projet à l'honneur de l'examen.

Battu dans ce premier engagement, M. Naquet ne se découragea pas. Il se souvint du titre VI du Code civil (mai 1803) relégué, depuis plus de soixante ans, aux archives des législations démodées. Il en fit l'objet de sa seconde proposition.

La durée du mariage n'est déjà plus à la discrétion d'un seul des époux malgré sa volonté persistante.

Le consentement mutuel lui-même, irrecevable dans le cas où le mariage datait de moins de deux ans, et dans le cas où la femme avait dépassé quarante-cinq ans, était soumis à des épreuves si longues, si multipliées, qu'il devait se décourager en chemin. Les causes dé‑terminées avaient été restreintes dans une large mesure. Qu'importe? sus à l'ennemi! la blessure sera moins profonde sans doute, mais il perdra de sa force et ré‑sistera moins vaillamment à l'heure d'une nouvelle at‑taque. La proposition, cette fois, a été accueillie, et le rapporteur de la commission a conclu au rétablissement du divorce[1]!

La question est définitivement posée et circonscrite. Mais avant de l'aborder, il convient de connaître le ma‑riage en lui-même, de rechercher son origine histo‑rique, sa nature, son essence, son but et sa portée. Comment raisonner utilement d'un mode de résolution d'un contrat, si le contrat lui-même est ignoré ou mal compris? Cette étude sera l'objet de la première partie du livre.

Nous examinerons ensuite la question spéciale du di-

[1] La Chambre a rejeté ces conclusions tandis que je corrige ces épreuves. A bientôt la troisième tentative sans doute.

vorce. Enfin nous rechercherons dans la troisième partie si la séparation de corps doit être maintenue telle qu'elle se pratique à cette heure, si elle n'est pas susceptible d'améliorations importantes que nous prendrons la liberté de proposer au législateur.

Si nous avons utilement servi la cause du mariage, de son indissolubilité, si nous avons contribué pour notre part à le préserver du rétablissement du divorce, si nous sommes assez heureux pour rendre évidentes les défectuosités de la législation actuelle, notre but sera atteint : nous aurons fait notre devoir d'homme convaincu, et de citoyen dévoué à l'intérêt public.

ÉTUDES

SUR

LE MARIAGE, LE DIVORCE

LA SÉPARATION DE CORPS

PREMIÈRE PARTIE

DU MARIAGE EN GÉNÉRAL

CHAPITRE I

ORIGINE HUMAINE DU MARIAGE ET SON DÉVELOPPEMENT PROGRESSIF.

Si l'état de nature fut autre chose qu'une invention des philosophes, l'homme dut se rapprocher de la femme, comme l'animal de sa femelle ; il obéit à la loi instinctive, physique, fatale, à l'accomplissement de laquelle est attachée la conservation des espèces. Le mâle plus actif, plus passionné que la femelle, plus préoccupé de la génération, la chercha dans les forêts, dans les déserts qu'ils habitaient. Il la saisit comme une proie, et la déposa meurtrie dans son repaire [1]. L'homme, comme le lion, ne féconda sa 'compagne qu'en déchirant ses chairs ; il ne la conserva que pour cesser d'être seul ; la solitude étant contraire à sa nature. Cet étrange rapprochement se continua plutôt par la crainte et la terreur, que par un consentement dont la vie commune serait la preuve. L'acte violent qui la commence s'étend sur toute sa durée. Cet état de la femme nous semblerait impossible, si des voyageurs dignes de foi ne nous affirmaient pas qu'il existe encore, même en Europe [2]. Et cependant, nous trouvons dans ce crime le premier élément qui servira plus tard à constituer un sacrement : *la volonté de l'homme*. Elle se révèle grossière, violente, brutale comme celui de qui elle émane, mais enfin elle est *la volonté*.

Suivons l'histoire. L'homme a cessé d'être seul, la solitude ne pouvait satisfaire ses besoins. Les petits sont déjà groupés autour de leurs parents ; la famille va devenir tribu : l'humanité a fait son premier pas en avant. La femme n'apparaît plus comme la proie du premier occupant ; sa position s'est un peu modifiée. Elle est devenue, quelquefois, la chose de tous les hommes du groupe. Tel est encore son état dans les peuplades errantes des hauts plateaux de l'Asie ; tel il fut chez les Bretons, qui, suivant Strabon, n'avaient en propre que le glaive et la coupe. Les femmes et les enfants se confondaient quelquefois, comme leurs troupeaux, dans la propriété commune à tous. Tel était à peu près l'état des Garamantes [3]. Dans certaines tribus de l'Arabie heureuse, une femme unique suffisait à tous les hommes d'une même famille. Le premier venu plaçait son bâton en travers de la porte

---

[1] En Australie, à la Nouvelle-Galles, à la Nouvelle-Hollande, à la Terre de Van-Diémen, etc., les choses se passent à peu près ainsi.
[2] Dans le Groënland.
[3] Pompon. Melæ, lib. I.

pour indiquer aux autres que la place était prise; il évitait ainsi l'inconvénient d'être dérangé [1]. Les Lymirniens pratiquaient la communauté des femmes : ils élevaient les enfants en commun jusqu'à l'âge de cinq ou six ans. Ils subissaient alors un examen, et la paternité se décidait par la ressemblance, et chacun élevait comme siens ceux qui lui avaient été attribués sur une aussi fragile conjecture [2]. Les Tapyres épousaient leurs femmes pour engendrer seulement ; dès qu'ils en avaient obtenu lignée ils mariaient les mères à des étrangers [3], la coutume fut quelquefois suivie même à Rome. C'est ainsi que Martia fut livrée à Hortensius par Caton, son premier mari ; il n'hésita pas à la reprendre dès qu'elle eut rendu père son épouseur de circonstance. Telles furent les origines de la famille. Les enfants appartiennent au chef, comme le croît des animaux ; la fille est la chose de son père ; il en dispose, il l'aliène moyennant un prix [4] : un arc et des flèches, des filets [5], des vaches, des brebis [6] ou des rennes, suivant qu'il est chasseur, pêcheur ou pasteur ; quelquefois le prix se paie en services [7], quelquefois en poudre d'or ; mais peu importe la valeur donnée en échange. L'essence du contrat est invariable ; c'est bien une *vente* et un *achat* sans prétention de modifier l'état de la femme. Rien n'est changé pour elle que son maître. De la puissance de son père, elle passe en la puissance plus dure d'un mari. Dans l'ancienne Russie, le jour des noces, le père administrait des coups de fouet sur les épaules de sa fille, et il remettait le fouet à son gendre. Ce qu'il avait acheté et payé lui appartenait,

---

[1] Strab. lib. XVI.
[2] *De Morib. Gent.*
[3] Strab. lib. II.
[4] Bédouins.
[5] Ostiaks. Sibérie.
[6] Au royaume de Pégu.
[7] Laponie. — *Mœurs bibliques.*

il en avait la libre disposition ; de l'homme à la femme, le droit est celui de propriété ; il a conservé son caractère primitif. Mais le mode d'acquisition s'est modifié à son profit ; elle n'est plus au plus fort, au plus violent, elle est à qui la paie ; la propriété s'est transmise par le *consentement* de celui qui la fit naître. C'est ainsi, qu'après la *volonté* du conquérant, nous rencontrons *la volonté du père* qui livre *sa fille à qui consent à l'acheter*. Et il était conséquent de reconnaître à l'acquéreur la faculté de la revendre[1], c'est une affaire comme une autre. Or, si la femme peut être l'objet d'une vente, par la même raison elle sera le très-légitime objet d'un louage, car les deux contrats ne diffèrent que par le nom. Ainsi encore se trouve expliqué le mariage pour un temps déterminé[2]; n'en cherchons point ailleurs l'origine ; le danger d'un faux principe, dont les conséquences semblent inadmissibles au premier abord, sont si simples, cependant, dès qu'on veut remonter jusqu'à lui. Le mariage pour un certain temps n'est pas plus étrange que le mariage par achat ; ils dérivent d'une cause commune. La forme ancienne de la prise de possession ne sera pas abandonnée. Ma fille est à toi, va la prendre où elle se trouve, dit le vendeur ; et la vendue se cache, et quelquefois aussi semble le faire ; sa retraite est découverte ; une lutte vraie ou simulée s'engage entre le ravisseur et les parents de la jeune fille ; il appelle ses amis à l'aide ; il s'en empare enfin, comme un vainqueur de son butin ; elle a été le prix de son adresse et de son courage[3]. La violence a été, pendant bien des

---

[1] Ce droit existe encore en Angleterre.

[2] Ancien Canada. En Perse on prend des femmes à bail pour un certain temps : le contrat est reçu par le cadi ; si l'homme rompt le contrat, il est tenu de payer la totalité du prix stipulé ; si c'est la femme, elle n'a droit à rien.

[3] Bédouins. Kalmouks. Sénégal, etc., etc.

siècles, le seul, le vrai moyen d'acquérir. Les fantasias, les jeux belliqueux qui signalent les mariages dans certaines parties de l'Orient et de l'Afrique, les détonations d'armes à feu qui les précèdent ou les suivent, dans presque tous les pays de l'Europe civilisée, déposent, souvenir vivant, de la coutume primitive. Les relations de l'homme et de la femme vont changer grâce aux progrès accomplis, celle-ci doit cesser d'être l'esclave, la servante du mari. La coutume de l'enlèvement modifiée seulement dans la cause sera respectée comme un hommage à la vierge. Enfin ses regrets et ses pleurs, en quittant la maison paternelle, resteront comme les signes du dernier combat de l'hymen et de l'innocence.

Le mariage est déjà le résultat du concours de deux volontés ; il est un contrat, bien imparfait sans doute ! Patience, la conscience de l'homme est déjà éveillée, il aperçoit au delà des limites de la force, au delà de qui vend et achète : un nouvel élément sera bientôt indispensable à la validité du contrat, *la volonté de la femme, son consentement ;* et la naïveté de sa preuve, chez certains peuples, témoigne de son ancienneté. Tantôt le prétendant devient, pendant un temps déterminé, serviteur dans la maison de son beau-père, afin que la jeune fille ne se décide qu'en connaissance de cause [1]. Tantôt les futurs couchent ensemble, mais vêtus ou surveillés de telle sorte que l'épreuve soit sans péril [2]. Chez quelques peuples le scrupule s'est étendu plus loin ; et ce n'était qu'après un essai préalable que la jeune fille devait déclarer sa volonté [3]. Il est juste d'observer *que la coutume* offrait peu de danger ; car l'amoureux se conduisait d'ordinaire si vaillamment, qu'il

[1] *Mœurs bibliques.* — Au Kamtschatka.
[2] En Finlande. Bukharie.
[3] Au Congo, anciennement en Corse.

en sortait à peu près toujours assuré d'une double victoire. Mais si la coutume se conserve dans un état plus avancé, malheur à celui qui violerait alors la parole donnée, son sang ne tarderait pas à laver l'affront de la famille outragée. Ce consentement s'exprime de façon à ménager davantage la pudeur des vierges chez quelques peuples : tantôt elles désignent le préféré en lui offrant la coupe dans la réunion des jeunes hommes de la tribu [1]. Tantôt l'amoureux plante nuitamment une fleur à la porte de la bien-aimée; elle a consenti si la fleur n'est plus seule au matin [2].

La femme existe ; elle cesse d'être un objet de commerce ; on la consulte déjà ; sa volonté devient la condition de son changement d'état. Le mariage a conquis un troisième élément de validité ; le progrès est immense.... Il y aurait erreur à penser que la situation de la femme s'est améliorée sous la puissance qu'elle a choisie ; la distance qu'elle a franchie, pour s'élever de son infériorité absolue, est à peine sensible sous la tente maritale. Telle elle fut, telle nous la voyons encore ; être inférieur, vouée aux travaux les plus pénibles, les plus rebutants. Cependant l'homme est déjà descendu en lui-même ; il s'est demandé si sa servante n'a pas droit à une compensation, en échange du sacrifice de sa vie ; du jour où il l'*a admise* à consentir, il doit mériter ce consentement, et s'en rendre digne. Hors de là, la balance de la justice cesserait d'être égale, et le plus fort apparaîtrait comme un tyran odieux, ajoutant un mensonge à la chaîne déjà si lourde de son esclave. Ce n'est pas ainsi que les choses se passent; plus l'homme est difficile dans ses conditions, plus il autorise sa compagne à le devenir ; aussi pour s'élever jusqu'à elle, il doit être vaillant, et avoir conquis ses marques d'honneur.

[1] Gaulois.
[2] Dans la Louisiane.

Il n'a droit d'aspirer au mariage que s'il a pris rang au nombre des guerriers de la tribu, après que sa valeur s'est signalée par quelque action d'éclat [1] ; jusque-là libre à lui de chercher des plaisirs faciles, avec les femmes perdues, mais non d'aspirer à l'épouse légitime. Aussi dans les présents des noces, doit-il apporter les dépouilles des bêtes féroces qu'il a vaincues, le crâne ou la chevelure des ennemis que son bras puissant a terrassés [2]. Mais comme il est brave et courageux, elle doit être chaste et pure [3], hors de ces conditions le contrat cesserait d'être commutatif ; à chacun sa gloire et sa richesse. Le mariage doit consacrer l'alliance du courage et de la pudeur ; l'homme a compris déjà que les sociétés qu'il doit fonder ne pourront subsister que par sa valeur, et grandir que sur la base unique de l'honnêteté publique. L'idée se matérialise d'abord ; la pureté ne s'établit que par de sanglantes preuves ; elles seront exposées aux yeux de tous, en signe de justification du couple définitivement uni [4]; et si par malheur, elles faisaient défaut, la jeune fille ne pourrait pas être femme légitime [5] ; rendue à son père [6], elle serait vendue comme concubine ; le contrat de dignité lui échappe [7]; plus tard une inspection du corps

---

[1] Chez les Hottentots. Anciennement au Canada.

[2] Cette nouvelle phase du mariage donna naissance à l'une des plus charmantes allégories de la fable. La chaste Atalante, fille de Schœnoé, pour éluder les instances des princes qui demandaient sa main, leur promit d'épouser celui qui la vaincrait à la course, mais sous la condition que les vaincus recevraient la mort. Plusieurs avaient déjà péri, lorsqu'Hippomène entra dans la lice. Il obtint par la ruse le prix proposé, en jetant devant Atalante des pommes d'or qu'elle ramassa dans sa course, et qui la retardèrent.

[3] *Contrat conjugal*, p. 219.

[4] Algérie. Royaume de Juida. Fez. En Espagne.

[5] En Perse. Maroc. Grèce.

[6] Dans la plupart des Etats de la côte méridionale d'Afrique, et notamment au Sénégal.

[7] Les Hongrois trompés trouvaient plus simple de faire mourir leurs femmes.

par des femmes choisies sera jugée suffisante [1] ; plus tard enfin, s'établira la coutume universelle du bain nuptial, dans les eaux du fleuve voisin ou d'une source sacrée favorable aux vierges.Qu'est-ce que ces trophées sanglants, ces visites, ce baptême de purification, si ce n'est une satisfaction accordée aux susceptibilités glorieuses de l'homme jaloux de sa dignité ? Pourquoi la ceinture serre-t-elle les flancs de la mariée au jour des noces, chez les peuplades sauvages comme chez les nations civilisées? La vierge de nos sociétés modernes, qui monte à l'autel le front paré d'une couronne de fleurs d'oranger, atteste que la conscience humaine n'a pas changé, seulement ses exigences sont diversement satisfaites, suivant les temps et les pays.

Trois volontés sont déjà nécessaires pour constituer un mariage valable : et la conscience de l'homme n'est pas encore satisfaite. Il ne tarda pas à comprendre la nécessité de donner au contrat une *forme authentique* ; d'établir son existence dans la mémoire de la tribu par des faits extérieurs, seul mode de preuve dont il pût disposer; de fixer ainsi le souvenir de sa prise de possession, de l'origine de son droit de maître, et d'indiquer celle qui en était l'objet [2]. Les deux familles se réunissent dans un banquet suivi de danses, de jeux guerriers auxquels se mêlent les voisins et quelquefois la tribu tout entière. Pourquoi cette manifestation à propos d'un contrat qui ne serait que vulgaire ? A quel instinct, à quel sentiment, à quelle tendance donne-t-elle satisfaction ? L'objet du contrat aurait-il cessé

---

[1] Cafrerie. Les Péguans font coudre les parties des petites filles et laissent subsister seulement une ouverture à peine suffisante aux fonctions naturelles, et le mari les fait découdre à son heure.

[2] Cette publicité est fort variée. Tantôt la jeune fille est exposée sur un théâtre, tantôt elle est promenée sur un char, sur une mule, etc., etc. On attire la foule par le son des instruments, par des chants, des distributions d'argent ou de fruits. Au royaume de Loango la fiancée doit paraître en public pendant un mois le corps peint en rouge, etc.

d'être une marchandise ordinaire ? Ou le contrat lui-même serait-il d'une essence particulière[1] ? Nous avons analysé les coutumes nuptiales de plus de cent peuples, depuis les plus sauvages jusqu'aux plus civilisés, placés aux extrémités opposées du globe sous les climats les plus divers, et nous avons trouvé les fêtes, les réjouissances en usage chez la plupart d'entre eux antérieurement à la création de la cité. Sans doute le mariage put devenir une occasion de fêtes bruyantes parce qu'il consacrait le triomphe du vainqueur. Mais cette raison ne suffirait pas à justifier une coutume universellement suivie. Il en fut ainsi surtout parce que la *publicité* doit seule établir la différence entre l'épouse et la concubine, entre le contrat noble et le contrat vil, entre l'union de la femme libre et celle de l'esclave. Après la période de la liberté égoïste, la période du devoir généreux : l'homme se rive publiquement à la chaîne qu'il a choisie, mais il la veut indissoluble dans l'intérêt de sa dignité, de son bonheur. Il a brûlé ses vaisseaux et s'interdit ainsi tout mouvement en arrière. Ainsi s'est épanoui cet arbre antique et majestueux dont les racines se perdent dans les origines de l'histoire, destiné à protéger la civilisation sous son ombre tutélaire. Aux tentes errantes des tribus pastorales succéderont les maisons bâties de l'âge cultural,

---

[1] En parcourant l'histoire de quelques peuples à l'état pastoral, on est frappé de certaines analogies, et notamment de la situation considérable que les femmes avaient acquise chez eux : je veux parler notamment des Aryas, des Perses, des Gaulois, des Germains. Ils sont également soumis à la loi monogamique, sauf le privilège de la débauche réservé à leurs chefs. Les femmes sont honorées comme mères, comme épouses. Elles ont une place importante dans la religion, mais à quel prix !!

Elles suivent la tribu dans ses courses aventureuses, elles partagent ses dangers et sa gloire. Si le cœur du guerrier vient à faillir, elles le ramènent au combat, l'excitent à faire vaillamment son devoir pour échapper à la servitude. Elles-mêmes s'engagent à la bataille quelquefois, pour y chercher la mort ou la victoire. Quoi d'étonnant que de pareilles femmes aient engendré des héros, et que ces nobles races aient peuplé l'Europe civilisée ?

à la peuplade les grandes nations et les vastes empires :
les sages et les politiques épuiseront leur génie à faire des
lois favorables au bon ordre, et à la moralité publique.
Après des milliers d'années, riches des dépouilles des
grandes civilisations disparues, nous retrouvons dans nos
codes si savants le contrat de l'union des sexes tel qu'il est
sorti des coutumes primitives. Aujourd'hui comme alors
sa validité exige le concours des cinq volontés distinctes de
l'homme, de la femme, des deux familles et de la cité. Nous
examinerons plus tard les conséquences juridiques de cette
leçon d'histoire.

Le mariage existe, il est fondé, il suivra le sort de toutes
les institutions humaines, il subira le mouvement des
sociétés sorties de ses flancs ; mais il apparaît comme un
privilège à toutes les époques. Jamais son temple auguste
ne fut assez spacieux pour donner asile à toutes les femmes.
Les accidents de la naissance ou de la vie, l'orgueil des
castes, et surtout l'état économique des sociétés ou leur
organisation vicieuse en excluent un très-grand nombre. Re-
portons-nous par la pensée au sein de ces groupes, sans
abri, sans provisions, vivant du produit incertain de la
chasse, ou des fruits que la nature sauvage répand d'une
main avare ? Combien pauvres sont les ressources ! !... La
terre, que le travail n'a pas assainie, est funeste à tout ce
qui vit ; et la science enseigne, qu'en cet état, une lieue
carrée du sol de la France suffirait à peine à nourrir un
homme. Quelle devait être la position de cette créature
faible, inhabile à la course, sans la vigueur qui décoche
une flèche, ou frappe de l'épieu ? Dans la vie nomade des
peuples pasteurs, à charge plus souvent qu'utile, elle n'est
pas douée de la force qui repousse l'irruption des ennemis,
ou l'attaque des animaux ravisseurs. Elle a peine à suivre
la caravane à la découverte des pâturages, nécessaires à la
prospérité des troupeaux. Le problème n'effraya point les so-

ciétés antiques : elles envisagent résolûment la question, et la coutume conclut à la *polygamie*, comme les religions aux séminaires d'amour. Soyons moins prompts à condamner des institutions mal comprises ; avec plus d'attention, elles nous apparaîtront peut-être comme justifiées par une cause honorable pour la nature humaine, la protection de la femme. Peut-être sera-t-il vrai de dire qu'elles furent utiles comme elles étaient morales dans leur principe.

Nous ignorons le nombre de siècles embrassés dans cette rapide esquisse : par quelles épreuves diverses la femme est-elle passée ? combien de stations a-t-elle tachées de ses misères et de son sang depuis qu'elle gravit son calvaire ? nul ne le sait. Le progrès a été bien lent sans doute, mais chacune de ses étapes nous a prouvé l'excellence de la nature de l'homme, sa perfectibilité, sa générosité native.

CHAPITRE II

Montesquieu a cherché l'origine de cette coutume, contraire à la nature de l'homme, avilissante pour la femme, destructive de la famille, ennemie de la cité, principe de despotisme, cause efficiente de toutes les corruptions. Il l'explique par trois raisons distinctes. 1° Dans les climats chauds, la femme est nubile à neuf ou dix ans. Sa beauté s'épanouit dans son enfance ; elle est vieille à vingt ans ; et lorsque la raison lui assurerait l'empire, elle déchoit par ses rides. Dans les pays tempérés, au contraire, les femmes sont moins précoces ; elles se conservent plus longtemps ; en sorte qu'une espèce d'égalité des sexes maintient la loi monogamique. Si cette cause est juste et vraie, la polygamie sera inconnue sous la zone tempérée ; de plus elle sera absolue sur la terre funeste où elle naît, comme un produit spontané du sol. Or rien de tout cela n'est justifié par les faits : les Esquimaux, les Illinois, les Iroquois pratiquent la polygamie dans l'Amérique du Nord comme la pratiquèrent la presque totalité des peuples sous les latitudes les plus variées, et les Égyptiens étaient monogames. 2° D'autre part, dans les pays chauds les besoins sont moins étendus ; il en coûte fort peu pour entretenir un grand nombre de femmes et d'enfants.

Qu'importe l'étendue des besoins, à qui possède des ressources qui les dépassent ? l'absolu n'est pas de ce monde, et voilà pourquoi, nous trouvons la polygamie sous la zone tempérée, comme sous la zone torride, à l'origine de la plupart des peuples qui, en se groupant, ont fait éclore puissance et richesse. Le motif d'ailleurs nous semblerait insuffisant.

3° Il y naît enfin plus de filles et moins de garçons, au contraire de ce qui arrive sous les climats froids. La plupart des philosophes qui ont étudié l'histoire de la polygamie semblent ne s'être pas aperçus qu'elle n'était que le tableau des mœurs des grands, des forts, des privilégiés. Ils se demandent, étonnés, d'où pouvait sortir ce nombre prodigieux de femmes, si hors de proportion apparente avec celui des hommes ; et au lieu de reconnaître que bien souvent les maîtres privaient leurs peuples, même de femmes, dans l'intérêt de leur vanité ou de leurs débauches, sans se préoccuper des conséquences monstrueuses qui devaient en résulter, ils ont expliqué les harems populeux, comme celui de Salomon par exemple, en supposant une inégalité que rien n'établit. Aussi l'auteur immortel de l'*Esprit des lois* se hâte-t-il d'ajouter, qu'il n'y a pas beaucoup de pays, où la disproportion soit assez grande, pour exiger qu'on y introduise la loi de la pluralité des hommes ou des femmes. La coutume ne serait pas justifiée, en admettant même cette inégalité aussi bien établie qu'elle l'est peu. La diversité des produits spéciaux à chaque pays a créé, disent les économistes, la loi fatale du commerce entre les peuples ; pourquoi ne pas conclure de la disproportion signalée, à la nécessité pour eux de se fréquenter, de se venir en aide, de mêler les races, de vivre en paix, et de cimenter leurs bonnes relations par des mariages ? Si la polygamie a existé, sous toutes les latitudes [1], sous la tente, sous le chaume, ou dans les palais somptueux, sans égard aux ressources, ou à la proportion des sexes, il faut remonter à une cause générale, qui donne du phénomène une raison satisfaisante.

Nous avons dit au chapitre précédent, combien la position de la femme devait être misérable et précaire chez des peuples chasseurs ou pasteurs. « Ces peuples, dit encore « Montesquieu, errent et se dispersent dans les pâturages « ou dans les forêts ; le mariage n'y sera pas aussi assuré « que parmi nous, où il est fixé par la demeure, où la « femme tient à une maison ; ils peuvent donc plus assu- « rément changer de femmes, en avoir plusieurs, et quel- « quefois se mêler indifféremment comme des bêtes. » Dans des sociétés semblables, la protection d'un chef assez puissant pour la défendre devient pour la femme une condition de salut et de conservation. Que donnera-t-elle en échange de cette hospitalité indispensable ? les services auxquels sa nature la rend propre : traire les troupeaux, préparer les aliments, filer la laine, l'utiliser en vêtements grossiers. Tel est le contrat qui, primitivement, a groupé plusieurs femmes autour d'un seul homme ; service pour service ; mais c'est elle surtout qui profite de la convention, et le climat a été pour bien peu dans cet arrangement ; il a dû se produire inévitablement en tous lieux où la même organisation sociale a créé les mêmes nécessités. Établissons le système féodal dans les quatre parties du

---

[1] Le palais des rois de France avait son gynécée peuplé de *mere-trices regiæ*. Il fut licencié par François Ier. Il sembla inutile aux grandes dames de sa cour d'entretenir des femmes spéciales pour les menus plaisirs du maître, lorsqu'elles pouvaient si bien y pourvoir elles-mêmes. Les grands seigneurs imitèrent le roi, en France comme en Angleterre, et eurent leur harem. On lisait sur la porte de celui d'Angleterre : *Chambre des filles de joie du Roi*. C'était le beau temps de la morale et de la religion.

monde, et les chaumières des laboureurs se grouperont encore autour du château des barons assez forts, pour les défendre contre les invasions de voisins turbulents, avides de
combats ou de butin.

Qu'advint-il de ce rapprochement forcé ? l'abus. L'homme oublie bientôt la cause première qui a placé plusieurs
femmes sous sa tente, il cherche un prétexte. L'épouse
légitime est stérile, et la fécondité d'une esclave doit suppléer à l'avarice de ses flancs ; ou si l'on veut, ses droits ne
sont pas tels encore, qu'ils puissent faire obstacle aux
préférences ou aux caprices de ce juge, prêtre, et roi, dont
elle est trois fois l'humble servante. Pas de loi qui les dé-
finisse ; pas de force publique qui les assure ; pas d'opinion qui la protége : une volonté absolue, sans contrôle,
et sans frein d'aucune espèce, tel est le droit. Ainsi nous
n'admettons pas, malgré les apparences, que la luxure ait
été la première cause de la polygamie. L'ambition y con-
tribua pour sa part. Le chef dut s'apercevoir, de bonne
heure, qu'une nombreuse lignée mettait à sa disposition
des serviteurs fidèles pour garder ses troupeaux, et des
guerriers qui devaient le rendre redoutable à ses ennemis.
De l'acquisition de la puissance et des richesses, naissent
les besoins du faste et de l'ostentation ; le plus puissant
acheta les plus belles ; sa magnificence brilla par leur
nombre qui n'eut d'autre limite que celle de ses ressources;
il devait en être ainsi, sans égard au climat, ou au prix
d'entretien des femmes ou des enfants, dans des sociétés à
peine ébauchées, vivant sous le joug d'un absolutisme
aveugle. Les cités se sont constituées, l'autorité a grandi,
elle est suffisamment forte pour protéger chacun de ses
membres ; la cause première a disparu, et l'effet est resté
parmi le plus grand nombre des nations. Nous n'avons pas
à rechercher pourquoi il en est ainsi ; il nous suffit d'avoir
signalé la raison que nous cherchions, de ce fait mons-

trueux de plusieurs femmes appartenant à un seul homme.

Mais serait-il vrai que la conscience eût été abusée, pervertie jusqu'à les proclamer toutes également légitimes ! « De la loi de la pluralité des femmes, suit celle de l'éga- « lité, dit encore Montesquieu. Mahomet, qui en permet « quatre, veut que tout soit égal entre elles : nourriture, « habits, devoir conjugal. Cette loi est aussi établie aux « Maldives où on peut épouser trois femmes. La loi de « Moïse veut même que si quelqu'un a marié son fils à « une esclave et qu'ensuite il épouse une femme libre, il « ne lui ôte rien des vêtements, de la nourriture et des « devoirs. On pouvait donner plus à la nouvelle épouse ; « mais il fallait que la première n'eût pas moins. » Nous trouverons dans la suite la raison de cette préoccupation du législateur. Si la polygamie est aussi ancienne que l'histoire, si les premiers pasteurs nous apparaissent entourés d'un essaim de femmes proportionné à leurs richesses, si le peuple élu a subi comme les autres la coutume universelle; si la loi de Moïse, dictée par Dieu même, l'autorise et en détermine les effets; si elle est encore à cette heure la base des lois et des mœurs de la plus grande partie des peuples de l'Asie, de l'Afrique et de l'Europe orientale, si l'égalité règne et doit régner au harem, il sera vrai que l'homme obéit à la nature bien ordonnée si, profitant de la faculté créatrice dont elle l'a doué, il la répand sur toutes celles qui seront l'objet fugitif de ses désirs, quel qu'en soit le nombre. Vainement la conscience proteste, vainement le cœur et la raison déposent que la femme est la substance de l'homme, qu'ils ne sont que deux parties dont le rapprochement forme un tout complet; que l'adjonction d'un tiers détruit son harmonie, qu'elle est dès lors impossible; la coutume universelle nous répondra, comme la loi révélée, que la conscience s'égare, que la raison est sujette à erreur ; et la famille devient comme une création factice, inventée récemment par la minorité des nations, sous l'action de certains besoins climatériques, économiques ou politiques .Ayons donc le courage de franchir les portes sacrées du sérail ; pénétrons au milieu des troupeaux féminins serrés autour de leur superbe seigneur; qu'elles nous révèlent le secret de leur état, de leur position ; ou nous nous trompons fort, ou cette étude nous enseignera, que là même, le mariage est l'union d'un seul homme et d'une seule femme ; et que la corruption si profonde, si invétérée soit-elle, ne saurait étouffer la voix de là conscience.

Voyons la Bible [1] d'abord qui, sans nous arrêter à son caractère sacré, conserve sa valeur historique : Or Sara femme d'Abraham était sans enfant, mais ayant une servante égyptienne nommée Agar,

2. — Elle dit à son mari : Voilà maintenant que le Seigneur m'a privée d'enfanter. *Approchez-vous de votre servante, peut-être aurai-je des enfants d'elle ;* et lorsqu'Abraham eut consenti à sa prière

3. — Elle prit Agar *sa servante égyptienne* dix ans après qu'ils eurent commencé d'habiter en la terre de Chanaan, et *la donna pour femme* à son mari.

4. — Abraham s'approcha d'elle : mais Agar, voyant qu'elle avait conçu, *dédaigna sa maîtresse*

5. — Et Sara dit à Abraham : *Vous agissez injustement contre moi. J'ai mis ma servante entre vos bras,* laquelle voyant qu'elle a conçu me méprise : que le Seigneur soit juge entre nous.

6. — Abraham lui répondit : *Voilà ta servante qui est entre tes mains, fais d'elle ce que tu voudras.* Sara donc maltraitant celle-ci, Agar s'enfuit.

Rendons-nous un compte exact de ce trait de mœurs.

____

[1] *Genèse,* ch. XVI.

Abraham l'époux légitime de Sara stérile ne la chasse pas de son lit ; il n'ose ou ne veut pas lui appliquer la funeste maxime si largement pratiquée plus tard : « Tout « arbre qui ne porte pas de fruits doit être coupé et jeté « au feu. » Il compte parmi ses servantes une Égyptienne, une étrangère; l'épouse met la servante au lit de son époux, *pour avoir par son sein* des enfants que le sien lui refuse. Telles étaient les mœurs patriarchales... Une femme, si généralement inquiète en présence d'une autre plus jeune et plus belle, si jalouse d'un sentiment qu'on lui dérobe, si profondément blessée d'une caresse dont elle n'est pas l'objet, foule aux pieds ses instincts délicats, ses susceptibilités si facilement irritables, et place une rivale au lit de son époux. Cette femme stérile *aura des enfants par la servante qu'il aura fécondée ! !* et la servante devenue mère ne sera pas affranchie par la maternité ! non pas.... elle est étrangère et serve, et ne saurait prévaloir contre la femme légitime née libre ; et lorsque l'esclave aura fait naître cet enfant, si ardemment désiré de tous, si l'orgueil de sa fécondité blesse Sara stérile, elle en subira la peine, et devra s'enfuir.

Voici mieux :

Dieu a exaucé les vœux de Sara dans sa vieillesse, et lui a donné un fils du nom d'Isaac[1].

9. — Et Sara ayant vu le fils d'Agar se jouant de son fils Isaac, elle dit à Abraham:

10. — *Chassez cette servante et son fils, car le fils de le servante ne sera pas héritier avec mon fils Isaac.*

11. — Abraham entendit ces mots avec peine à cause de son fils.

12. — Mais Dieu lui dit : Que cette parole sur l'enfant et sur la servante ne te paraisse pas dure, *et quelque chose*

---

[1] *Genèse*, ch. XXI.

que dise Sara, écoute sa voix, car c'est d'Isaac que ta postérité prendra son nom,

13. — Mais je ferai naître aussi du fils de la servante, un grand peuple, parce qu'il est né de toi.

14. — Abraham se leva donc, dès le matin ; prenant du pain et un vase plein d'eau, il les mit sur l'épaule d'Agar, lui donna l'enfant, et la renvoya.

Que de lumières dans ces quelques lignes !...

Sara, la vieille Sara, qui a été de la part d'Abimélech l'objet d'entreprises qui n'augmentent guère l'amour des maris, même au désert [1], tant bien expliquées soient-elles ; Sara demande l'expulsion d'Agar, la mère du premier né d'Abraham. Le motif, il est fort grave assurément, parce que Ismaël se jouait de son fils Isaac, plus jeune que lui. Abraham en est contristé, car il aime son fils : et Dieu lui dit: «Quelque chose que dise Sara, écoute sa voix!!! » Et Agar est chassée le lendemain; et elle s'en va, errante dans la solitude de Bersabée, où un miracle fut nécessaire pour sauver de la mort la mère et l'enfant, innocents l'un et l'autre. Quelle est donc l'origine de la puissance de cette femme injuste et cruelle? de quel droit exige-t-elle un sacrifice, si pénible au cœur d'un père, si périlleux pour son fils? pourquoi ne doit-il pas continuer la race d'Abraham? pourquoi ne sera-t-il pas héritier avec Isaac? c'est que Sara était la première femme, née du peuple juif, la vraie femme, la seule légitime. Et ce droit n'est point particulier à la Bible [2], nous le trouvons identique,

---

[1] M. Alexandre Dumas fils n'a pas compris cet épisode. *Question du divorce* (Calman-Lévy. 1880.)

[2] L'auteur des *Conférences ecclésiastiques sur le mariage* (t. I, liv. 6, p. 405), va plus loin : il trouve la preuve de l'indissolubilité dans le mensonge d'Abraham déclarant que Sara était sa sœur. Les Égyptiens comme les Chananéens étaient persuadés qu'il n'était pas permis à la femme de quitter son mari et d'en épouser un autre, avant sa mort. Abraham se serait perdu en déclarant sa qualité vraie.

partout où les mœurs ont autorisé, à côté de l'épouse, la concubine conquise ou achetée. Que le législateur Moïse mu par un sentiment d'humanité, appelé à gouverner un peuple lié à de telles coutumes, ait voulu qu'Agar ne fût plus à la discrétion de Sara ; qu'il n'ait pas abandonné les femmes aux caprices des maris, à l'influence des rivales plus heureuses, nous reconnaîtrons, dans une loi semblable, la preuve de son génie et de son grand cœur ; il protége les faibles, au milieu de ces hommes *à la tête dure,* dont Dieu lui a confié le salut. Mais c'est une exception justifiée d'ailleurs mais bien rare chez les peuples qui pratiquent la polygamie.

Les recherches les plus patientes nous ont montré que ce petit drame biblique contenait les traits principaux de la polygamie sous tous les climats, à toutes les époques ; et comme l'intérêt de la question est précisément dans ce fait essentiel de la *prédominance de l'épouse* sur les servantes, esclaves, concubines, ou femmes accessoires, qui représentent ici la même idée, nous redescendrons dans les faits car il est toujours dangereux d'affirmer sans preuves.

Nous avons vu comment la femme avait trouvé un refuge sous la protection d'un riche pasteur. Les tribus se sont formées ; elles renoncent à leur vie vagabonde et misérable ; elles auront désormais une demeure fixe. Les troupeaux sont impuissants à satisfaire les besoins d'une population croissante ; leur production est limitée : elles ne demanderont pas d'abord au travail des ressources nouvelles; l'art de cultiver la terre est encore en enfance; il sera pendant longtemps abandonné aux esclaves. La guerre, la rapine, la violence offrent les seuls moyens d'acquérir, dignes des hommes libres; l'ennemi attaqué est vaincu, tous les mâles seront vendus ou mis à mort, les bestiaux et les femmes seront partagés entre les vainqueurs : et chacun s'en retournera chez lui emmenant sa part du butin. Mais les guerriers, en partant pour leur expédition lointaine, ont laissé sous leurs huttes ou dans leurs maisons les filles de la tribu. Chacun retrouve, au retour, sa femme et ses enfants. Elle a sa place acquise : et nous allons voir qu'elle n'est même pas contestée. Toutes ces nouvelles femmes, victimes de la guerre, esclaves par conséquent, étrangères en tous cas, ne marcheront jamais ses égales, quelle que soit leur jeunesse, leur beauté, ou l'amour qu'elles inspirent. Telles étaient les mœurs homériques, l'*Iliade* en fournit la preuve à chaque page ; et les poètes immortels d'Athènes ont trouvé dans ces mœurs les situations les plus dramatiques de leurs chefs-d'œuvre. Les Chinois considèrent le mariage comme le premier devoir qu'impose la société ; ils l'entourent d'honneur et de solennités, et cependant ils sont polygames. Mais le cérémonial n'honore jamais que *la première épouse.*Pour les autres, le mari s'oblige seulement envers leurs parents à user de bons procédés ; leur position est inférieure, c'est presque un contrat de domesticité. Si elles engendrent, leurs enfants appartiennent *à l'épouse légitime qui seule porte le nom de mère.* Ce dernier trait est caractéristique. Au Monomotapa, dans la basse Éthiopie, chacun est libre d'épouser autant de femmes que bon lui semble, mais *la première est la principale* : les autres *lui obéissent et la servent,* et ses enfants *succèdent seuls* aux biens paternels, à l'exclusion des autres.

En Corée le nombre des femmes est illimité ; seule la *première épouse* habite la maison conjugale ; les autres vivent dans un lieu séparé. Le principe n'est-il pas sauvé ? Dans l'île de Java elle tient sous sa dépendance toutes les concubines ; *elles lui doivent obéissance et respect.* Elles ne peuvent dormir avec le mari commun, *sans sa permission expresse* : il est vrai qu'un refus lui serait imputé à honte : qui oserait demander pourquoi ? A Sumatra *la première épousée est seule légitime;* toutes les autres appelées *petites femmes* lui sont soumises. Nous trouvons les mêmes coutumes dans la presque totalité de l'Asie méridionale et jusqu'en Sibérie. Chez les Siamois *l'épouse* tient le premier rang; les autres femmes sont ses sujettes. La coutume était la même au Pérou, et la femme légitime portait seule le deuil au décès du mari commun.

L'Afrique va déposer à son tour dans l'intérêt de la vérité que nous cherchons. Les nègres de la Côte d'Or ont des femmes innombrables; la considération dont ils jouissent en dépend; *l'une d'elles est la femme par excellence, la mère, la matrone* : si le mari veut en acquérir une nouvelle, il doit en acheter la permission de celle-là; nous trouvons les mêmes usages en Guinée, au Sénégal, chez les Hottentots, etc, etc. Il y a mieux encore, chez la plupart de ces peuples *les concubines peuvent prendre un amant,* sans que le mari ait le droit de demander justice; il n'a que celui de les renvoyer; et l'épouse infidèle serait punie de mort? Suivant la Bible les fils ne se fesaient aucun scrupule de s'emparer des concubines de leur père. Nous citons, pour mémoire seulement, les fils de Jacob et du grand roi David ; est-il nécessaire d'expliquer pourquoi? Qu'importe maintenant qu'une peuplade barbare, ou qu'un législateur unique ait autorisé quatre femmes légitimes ; qu'il ait prétendu établir entre elles la plus exacte égalité ; s'appellerait-il Mahomet, il a prouvé que ses extases, que ses conversations intimes avec le Dieu dont il était le prophète [1], ne lui avaient pas révélé tous les secrets du cœur humain : et ses sectateurs protestent par leur conduite contre la loi dont ils dédaignent la disposition. Il n'y a pas quatre Turcs, à Constantinople, qui aient plusieurs épouses, ils en rougissent

---

[1] Il est plus aisé de vivre avec deux tigresses qu'avec deux femmes. *(Koran,* c. IV.)

même quelquefois. Les Tartares dont le nombre des concubines est illimité, regardent comme honteux d'épouser
quatre femmes ; et ils sont comptés parmi les vrais croyants. A Constantinople la Magnifique, aux déserts brû-
lants, aux montagnes arides, partout où règne la loi fausse
de Mahomet, nous trouvons *une épouse légitime*, s'éle-
vant seule, de toute sa dignité, au-dessus des femmes inférieures de leur maître commun, quelque nom, quelque
titre dont elle soit honorée d'ailleurs. Cette épouse unique
sera désignée par la noblesse de son origine, par ses richesses : tantôt elle est celle qui a engendré la première
ou qui a donné naissance au premier enfant mâle, tantôt
celle qui est consacrée au culte domestique ; peu importe
la cause, le prétexte, l'accident qui lui donne sa qualité,
nous la rencontrerons partout, parce que la conscience est
toujours la même, sous le ciel embaumé de l'Asie et dans
ses races efféminées, sous le soleil de feu de l'Afrique et dans
la noire poitrine de ses nègres. La conscience nous ramène
dans les voies de la vérité, quelques profonds que soient nos
égarements, nous seraient-ils imposés au nom de Dieu
même [1], avec la complicité de nos passions les plus violentes à satisfaire. Car s'il est vrai qu'il n'y a qu'un Dieu
il est tout aussi vrai qu'il n'y a qu'une morale éternelle
comme celui dont elle émane, sans égard au climat, à ses
ressources ou aux besoins qu'il impose. Oui les mœurs
des peuples varient à l'infini et diffèrent de toute la distance qui sépare le bien du mal : mais au milieu de ces
contradictions, de ces préjugés ou de ces folies, il est
consolant de trouver la trace constante de cette lumière

---

[1] Les Mormons ont fait de la polygamie une institution religieuse.
Aucune femme ne peut pénétrer dans le paradis si elle n'a été
mariée ; l'homme par excellence est celui qui remplit avec courage
le précepte divin : *Crescite et multiplicamini*. Ainsi les sophismes
des sacerdoces ont fourni les éléments qui tendent à faire rétro-
grader l'humanité jusqu'aux origines de son histoire.

universelle, dont la nature a placé un rayon dans l'âme
de chacun de nous. L'étude des mœurs polygamiques
nous fournit la preuve évidente qu'elles sont à l'inverse
de la loi naturelle : la vérité sortie de la conscience de
l'homme remonte à la surface de ce marais, malgré le
poids des passions viles ou d'habitudes anciennes qui
tendent à l'y retenir ; l'histoire universelle atteste que
dans le nombre illimité des femmes qui peuplent le
harem, il en est une seule, mère de tous les enfants
qui y naissent, une seule, consacrée par les rites divins;
une, supérieure à laquelle toutes les autres doivent obéissance et respect ; une, jouissant d'une certaine autorité
sur le maître lui-même, et qui dispose de ses caresses ;
une, dont le consentement doit être requis pour introduire
au domicile de nouvelles femmes lorsque sa présence n'est
pas une raison suffisante d'exclusion.

Certes la position de la femme au harem est bien triste.
Achetée, le plus souvent, après examen comme un animal,
payée au prix que déterminent son âge, ses formes ou sa
beauté charnelle ; pur instrument de plaisir, dont l'o-
béissance fait tout le mérite, la plus heureuse usant sa vie
ennuyée à conserver ses charmes, gracieux présent de la
nature qui lui valut la préférence du maître et qui doit encore lui valoir ses rares faveurs ; luttant incessamment
contre de jalouses rivales ; confiée d'ordinaire à un être
sans sexe et sans nom, qui bien souvent se venge sur elle
du supplice d'être et de n'être pas ; réduite, pour se dis-
traire, à se parer, à brûler des parfums, à respirer les va-
peurs enivrantes des plantes aromatiques, à mâcher du
bétel ; et plus tard, condamnée aux travaux les plus vils.
Laquelle de nos femmes d'Europe ne préférerait cent fois
la mort à une pareille existence ; et telle qu'elle est, cependant, elle fut un vrai progrès sur l'abandon des premiers âges. Dans ce nouvel état, la vie de la femme était

assurée. Si le despote lui impose un joug humiliant e
cruel ; au moins il la nourrit ; il lui donne des vêtements;
elle a un abri où reposer sa tête ; malade, les soins ne lui
font point défaut, et son enfant a un père, une protection
efficace ; elle n'est plus exposée à la brutalité du premier
venu, par cela seul qu'elle est faible et sans défense. Elle
appartient à un seul, et malgré l'infériorité de sa position, elle a déjà gagné en dignité ; car la femme qui appartient à tous, sera toujours la dernière des créatures
et la plus digne de pitié.

CHAPITRE III

MONOGAMIE.

La femme au temps d'Homère. Hector et Andromaque. — Ulysse et
Pénélope. — Indissolubilité.

L'attrait du rapprochement des sexes est commun à
tout ce qui vit et respire. La nature l'a déposé dans nos
entrailles comme une garantie de la perpétuité des espèces.
Bien plus, certaines d'entre elles, en remontant jusqu'aux
plus sauvages, semblent ne pas ignorer le sentiment de la
famille, au delà même des nécessités de la reproduction
ou du salut de leurs petits. Témoins ces groupes d'animaux
adultes, redoutables pour l'attaque comme pour la défense
et qui préfèrent la vie en commun à la solitude, surtout
dans les pays où leur alimentation est facile. L'homme dut
être un des premiers à constituer les tributs errantes
d'abord ; devenues stables plus tard elles fondèrent les
villes et les grands empires. La trace de cette origine se
retrouve dans chaque cité au soin qu'elles mettent généralement à protéger la famille, réservant les faveurs de
leurs lois civiles, pour les relations qui la constituent.
Le législateur de tous les temps a tâtonné, cherché avec
des succès divers, dans ce penchant irrésistible, le plus
puissant de l'être organisé, la base de l'État qu'il voulait
fonder. C'est ainsi que la femme a cessé d'être une chose,

un instrument de plaisir ou de reproduction, et s'est élevée au titre d'associée, de compagne, d'amie de son maitre. La diversité des lois du mariage peut découler de mille causes économiques, climatériques, religieuses, de mille accidents ; les différences seront immenses, innombrables dans leurs causes et dans leurs effets ; mais nous trouvons partout ce respect commun pour la famille, élément essentiel de l'ordre et de la moralité publique. Exceptons-en toutefois, ces peuples dégradés, vivant sous le joug d'un despotisme avilissant qui par crainte ou par calcul l'étouffent ou l'empêchent de naitre.

Les philosophes cherchèrent et découvrirent la source de la loi morale dans la même direction : nous la retrouvons dans sa beauté pure jusque chez les poëtes de l'antiquité la plus reculée, qui eux aussi furent quelque fois des législateurs. Le Paganisme, tant calomnié plus tard, brûlait son encens sur l'autel de l'union indissoluble : la langue de feu de la révélatiou avait touché le front des adorateurs des faux dieux.

Reposons-nous un instant dans cette oasis ; nous sommes encore éloignés du terme du voyage. Écoutons d'abord le cygne de Théos : Mollement couché sur les fleurs, infidèle à sa muse rieuse, il chantait: « Un jour « Cupidon me dit, frappant mon visage d'une fleur de jacynthe, debout « et suis-moi; je franchis des rochers escarpés, des halliers « épineux, des précipices effrayants ; mon corps ruisselait, « mon âme était sur mes lèvres, lorsque l'amour effleurant « mes yeux de ses ailes : va, me dit-il, tu ne sais pas aimer[1]. » Quel est donc le Dieu redoutable qui provoque en riant le poëte à le suivre ; qui l'entraine à ces travaux surhumains, à cette course vertigineuse à travers tous les périls? En vain ses chairs se déchirent aux ronces du che-

____
[1] Anacréon, ode 7.

min, son sang ruisselle mêlé à la sueur de son corps exté-
nué ; en vain il épuise son dernier souffle en un dernier
effort, pour atteindre le but : et son guide le dédaigne, et
le repousse avec ironie. Quelles immolations ou quels
sacrifices faudra-t-il lui offrir, pour mériter ses faveurs?
Le culte de ce Dieu est celui des forts, la vile multitude
n'y est pas admise : ce dieu ne sourit qu'aux grandes âmes:
il s'appelle *l'amour indissoluble.* Le chantre des joyeux festins et des plaisirs faciles l'entrevit comme à la dérobée,
mais assez bien pour retenir ses traits et le peindre sur
nature.

Et maintenant voyons le drame de cet amour. Il fut écrit
par le divin Homère il y a plus de trois mille ans, mais si
vrai, si touchant, si sublime qu'on est toujours excusable
de le raconter à ceux-même qui ne l'ont pas oublié.

L'intrépide Hector rentre dans Ilion, couvert de la noble
poussière des combats. Anthée veut toucher la terre, le
héros vient retremper son courage auprès de sa femme et
de son fils, pour voler, plus fort à de nouveaux dangers.
Il va chercher Andromaque aux portes Scées [1] ; elle était
fille du magnanime Éétion roi de Thèbes, mort glorieuse-
ment avec ses sept fils sous les coups d'Achille, fils des
Dieux. Elle s'avance à la rencontre du guerrier, accom-
pagnée d'une fidèle nourrice, qui porte sur son sein
l'unique fruit de leur hymen, un enfant beau comme le
jour ; le héros ému, sans voix, le caresse du regard [2].

Andromaque l'œil chargé de larmes s'incline, saisit sa
main : « Prince trop prodigue de ta vie, lui dit-elle, ta
« valeur causera ta perte ; tu es sans pitié pour notre en-
« fant, pour moi ton épouse infortunée, car les Grecs réu-
« niront leurs efforts pour t'accabler. Si tel est ton destin,
« je prie les dieux que je te précède au tombeau ; *après*

---

[1] Portes de la ville de Troie, où était le tombeau de Laomédon.
[2] *Iliade*, chant VI.

« *toi qu'aurai-je à espérer, que la douleur et le deuil ?*
« O mon Hector, je retrouve en toi *mon père, ma mère,*
« *mes frères et ma patrie, car tu es mon époux.*
Que répond Hector ?

Il parle d'abord de sa gloire et des devoirs inexorables où sa naissance l'engage : c'est le héros; voici l'homme. Il sait qu'Ilion doit périr.

« Dans ce malheur, ma douleur serait moins cruelle pour
« les Troyens, mes frères, Hécube et Priam que pour toi,
« si tu tombais entre les mains d'un chef illustre de la
« Grèce. Conduite dans Argos, tu ourdirais la trame, *sous*
« *la loi d'un autre.* Tu puiserais l'eau dans la fontaine de
« Messéide ou d'Hypérie quoi qu'il en pût coûter à ta
« fierté ; et l'on dirait, voyant couler tes larmes : *voilà*
« *l'épouse d'Hector*, le plus grand des guerriers qui défen-
« dirent Troyes. Ta douleur serait plus vive alors, et *tu*
« *m'appellerais pour briser tes fers.* Puisse la terre dévo-
« rer mon corps, avant un tel malheur. » Que désire-t-il pour son fils qu'il a pris dans ses bras ? « Jupiter, et vous
« tous, habitants de l'Olympe, que mon fils soit, ainsi que
« moi, illustre parmi les Troyens; qu'il ait ma force et mon
« audace, qu'il règne dans Ilion, et qu'on dise un jour
« quand il reviendra du combat, chargé de dépouilles san-
« glantes : il est plus vaillant que son père, et puissent
« *les entrailles qui le portèrent en tressaillir d'orgueil.* »
Il dépose l'enfant dans les bras de sa mère : il la rassure au nom des dieux qui tiennent en leurs mains la vie des héros et des lâches : et il retourne au combat. Andromaque le suit des yeux, baignée de larmes, car elle craint pour sa vie. Rentrée dans son palais, *elle cherche dans le travail* une diversion à sa douleur.

Nous n'avons pas eu la prétention de reproduire ici ce tableau admirable : nous lui avons seulement emprunté ses traits essentiels. L'union d'Andromaque et d'Hector

est des mieux assorties. Elle descend d'un roi, mort
bravement en défendant sa patrie contre le héros invincible qui doit frapper Hector. Ces deux nobles âmes se
touchent par leur haine pour l'ennemi commun. Tout
est chaste, pur et touchant dans cette entrevue ; elle a
lieu en plein jour, devant le peuple assemblé. Le guerrier
est couvert de ses armes ; sa femme a les siennes aussi,
un enfant dans ses bras ; l'entretien est grave, élevé,
religieux. Le premier caractère de l'amour est de trouver
le bien suprême dans l'objet aimé : Tu me tiens lieu de
tout, ô mon Hector, car tu es mon époux, et le sentiment est le même au cœur du héros. Dans la ruine de
la patrie, sa douleur la plus poignante serait pour son
épouse. L'amour préfère à lui-même l'objet aimé : Andromaque prie les dieux de la faire descendre au tombeau,
avant que les Grecs aient frappé son Hector du coup mortel ; lui-même, il a formé le même vœu. L'amour est essentiellement religieux, il inspire l'invocation sublime pour qui
observe surtout le sentiment qui la termine. L'amour est
plus fort que la mort : la veuve humiliée appellera l'ombre
de son époux pour la venger, c'est Hector qui l'affirme ; il
est donc bien sûr du cœur de sa compagne.

Voyons maintenant les scènes finales du drame. Andromaque sait que son époux est engagé au combat.
Anxieuse, elle trompe ses craintes en apprêtant ce qu'elle
veut lui offrir au retour, pour délasser ses membres
fatigués. Des cris plaintifs frappent soudain son oreille :
un tremblement terrible agite ses membres ; son cœur
bat avec violence : seule[1], elle s'élance vers les remparts ;
elle s'ouvre un passage, rapide à travers la foule pressée.
Arrivée sur l'une des tours, son œil aperçoit l'infortuné

---

[1] Violation des convenances impardonnable en toute autre circonstance.

traîné dans la poussière. Ses yeux se ferment ; elle tombe expirante ; on s'empresse, on la ranime, et les gémissements qui s'échappent de sa poitrine la rappellent à la vie. Qui donc oserait analyser ces traits immortels, palpitant comme la nature. Malheureux Hector, malheureuse Andromaque ! Lui d'abord, elle ensuite. « Quoi ! « tu descends seul aux sombres bords, et tu m'abandonnes, « veuve désolée, dans ton palais : pourquoi ai-je tant « vécu ? » Après elle son fils : Hector ne sera plus son appui ; ce fils, qu'elle lui a donné, ne sera plus son orgueil, le rempart de sa vieillesse. L'enfant lui apparait sous mille terreurs. Sa douleur la ramène bientôt vers Hector, livré aux animaux dévorants, aux vers immondes. Lui pour qui sa main a tissé tant de vêtements précieux, il n'aura même pas un linceul !... Qu'ils soient tous consumés en son honneur ! Sentiment d'exquise jalousie, qu'on s'étonnerait de rencontrer chez des barbares, s'il ne jaillissait du cœur d'Andromaque.

Il n'y a qu'une sorte d'amour ; les copies différentes sont innombrables. Il est étrange que les traits saillants du chef-d'œuvre aient été méconnus par les commentateurs, et qu'ils accusent le poète de confondre l'amour conjugal avec la satisfaction charnelle. La Grèce reconnaissante lui épargna cet injuste reproche [1]. Il était descendu dans les profondeurs de la conscience, pour déifier les sentiments glorieux qu'y découvrit son génie. Voilà pourquoi il fut

---

[1] Racine l'avait compris ainsi. Il dit lui-même dans sa préface d'*Andromaque* :

« La plupart de ceux qui ont entendu parler d'Andromaque ne « la connaissent guère que pour la veuve d'Hector et pour la mère « d'Astyanax. On ne croit pas qu'elle doive aimer un autre mari « ni un autre fils ; et je doute que les larmes d'Andromaque eussent « fait sur l'esprit de mes spectateurs l'impression qu'elles y ont faite « si elles avaient coulé pour un autre fils que celui qu'elle avait « d'Hector. »

Racine avait compris son devancier : Ils possédaient l'un et l'autre la vraie science des grands poètes, celle du cœur humain.

placé parmi les dieux qu'il avait inventés. Son erreur l'en eût rendu indigne. Il suffit de le lire avec attention, pour s'assurer qu'il ne l'a pas commise. Sans doute, il connaît l'amour des sens ; il le définit, il le peint quelquefois sur nature, mais quelle différence entre les deux !

Le beau Pâris revient du combat, après avoir fui comme un vil esclave; Vénus l'enveloppe d'un nuage, le transporte dans son palais, et court avertir Hélène qu'elle est attendue par son ravisseur, mollement étendu sur sa couche parfumée, éclatante de parure et de beauté. Elle résiste d'abord, jusqu'à irriter la reine de Paphos ; elle se laisse conduire enfin. Aux violents reproches qu'elle adresse au misérable qui a fui devant Ménélas, il oppose de mauvaises raisons; elles deviennent décisives, cependant, car il éprouve des ardeurs plus vives que lorsqu'il l'enleva sur ses vaisseaux rapides, et s'unit à elle pour la première fois dans l'île de Cranaé. Elle se couche alors sans mot dire, et ils se prodiguent les plus tendres caresses. Est-il nécessaire d'insister pour signaler les différences de ces deux peintures ; mais tout, jusqu'au nom des personnages indique suffisamment lequel des deux amours les anime. Hector, le plus brave, le plus généreux, le plus fort des héros troyens, est l'époux de la plus chaste des femmes troyennes. Ulysse, le plus éloquent des hommes, l'athlète aux larges épaules, qui a vaincu le roi de Lesbos Philomélide, invincible dans les jeux de la lutte ; dont les jarrets puissants ont révélé un héros aux Phéaciens ; qui emporta le prix de la course sur Ajax, une réduction d'Achille; qui, seul avec Diomède ose pénétrer la nuit dans le camp ennemi, frapper un roi au milieu de ses gardes ; dont l'âme intrépide ne s'effraie pas d'une lutte avec Neptune qu'il a privé de son fils bien-aimé, lui qui a osé descendre jusqu'aux sombres bords : celui-là est l'époux de la fidèle Pénélope, l'héroïne qui, pendant vingt années, appela de ses regrets et de ses larmes, un époux qu'elle espérait à peine revoir. Pendant ce long espace, elle a lutté contre les flatteries, les présents et même les violences des prétendants, jeunes, beaux, riches, illustres par la naissance. Elle a déjoué leurs intrigues pour rester fidèle à un souvenir, à une espérance incertaine. N'est-il pas clair que le poète a senti que les seuls héros sont dignes des femmes héroïques ; vérité éternelle comme la conscience, et dans laquelle Rome découvrira plus tard son irrésistible levier. Quant à Pàris, l'homme aux bonnes fortunes, son frère Hector nous le fait connaître en toute occasion. « Misérable, « qui n'as que ta beauté pour toute gloire ; guerrier effé- « miné, vil séducteur, plût au ciel que tu n'eusses point vu « le jour, et que la mort t'eût dérobé à la honte dont tu « t'es couvert, aux yeux des Troyens que tu déshonores. « N'entends-tu pas les railleries des Grecs valeureux : ils « avaient cru, te voyant si-beau, que tu savais combattre ; « mais tu as l'âme d'un lâche. Que n'attendais-tu le vaillant « Ménélas : tu aurais appris à connaître le guerrier dont tu « retiens injustement l'épouse. Ta lyre, ta chevelure et ta « beauté ne t'eussent servi de rien lorsque ton courageux « vainqueur t'aurait traîné dans la poussière. » Le même Pàris a blessé Diomède d'une flèche légère : « Toi qui ne « sais que plaire aux femmes, lui crie le blessé, je te mé- « prise à l'égal d'un enfant ; tes coups sont ceux d'un « lâche : et ce misérable est aimé par une femme perdue, « qui a violé la foi conjugale pour le suivre : crime hor- « rible, à peine expié par une guerre de dix ans, et la des- truction d'une nation puissante [1]. Chez un peuple dont le

---

[1] Homère a consacré sa vie au service de l'union indissoluble. Je ne veux méconnaître aucun des mérites de ce génie universel. Mais à quoi se réduit en substance la donnée principale de *l'Iliade* ; Hélène a violé la foi conjugale et s'est enfuie avec Pàris son sé- ducteur. Le crime est si énorme que Ménélas a pu, pour le venger, armer l'Europe et la jeter sur l'Asie : Et l'adultère de Pâris ne sera expié que par la destruction de sa patrie. Tel est le poème. La

poète national peint les différences des amours avec des couleurs si tranchées, non, la femme n'est pas une esclave, au service des sens. Andromaque et Pénélope, Hector et Ulysse protestent contre cette calomnie : qu'importe que ces nobles figures soient historiques ou légendaires ; le poète saisit la nature humaine en action, dans ses manifestations intimes, héroïques, et il ne fut si grand, si populaire, que pour avoir glorifié le droit qui plane sur la conscience de tous les temps. Ainsi son œuvre s'est conservée intacte depuis trente siècles, à travers les civilisations détruites, toujours vivante, toujours admirée : et l'immortel Milton copiait son maître lorsqu'il s'écriait à son tour : « Salut, « amour chaste et pur, chaîne mystérieuse, rayon de vie, « trésor inépuisable ; grâce à toi, l'homme s'est élevé au- « dessus de la brute. Les liens du sang ont uni la famille. « La justice t'engendra, la pureté fut ta nourrice, tu nous « préserves du mal et nous fais aimer la vertu. Ta face « auguste se plaît aux rayons de la lumière, et ton calme « sourire entretient au cœur de l'homme des joies calmes « que la mort même est impuissante à troubler. »

Cette morale était celle des païens : leurs successeurs la trouvèrent insuffisante : il est vrai qu'avec elle nous aurions été privés de l'école des casuistes.

coupable Hélène est tombée aux mains des vainqueurs, et le mari offensé, au lieu de la répudier, la reconduit dans son palais où elle retrouve les honneurs dus à sa dignité de reine, d'épouse et de mère. *L'Odyssée* au contraire est la glorification de la fidélité conjugale. Tels sont les deux pendants de ce premier des maîtres, et cet historien si fidèle des mœurs et des coutumes de son temps est muet sur la répudiation ou le divorce. Concluez.

CHAPITRE IV

La femme à l'origine de Rome. — Institutions politiques et religieuses de ses fondateurs. — Lois civiles relatives aux femmes.
— Indissolubilité.

Il suffisait à Montesquieu de connaître la loi des successions d'une cité pour découvrir la forme de son gouvernement.

Combien est plus probante encore la loi de la relation
des sexes. Prenons pour exemple un peuple chez lequel la
femme achetée et vendue comme un animal, chargée des
travaux les plus durs, végète inculte et avilie; un peuple
méprisant la femme jusqu'à la retenir prisonnière, chez
lequel les portes et les grilles constituent seules la présomption de paternité, qui donc hésitera sur la forme de
son gouvernement ? un peuple qui exclut la femme de la
société des hommes est voué à la barbarie incurable, à la
dégradation, à la mort.

Au milieu de la variété infinie de lois, de coutumes,
de croyances respectables, ridicules ou odieuses, dont la
femme fut l'objet, le jurisconsulte se sent comme entraîné
malgré lui vers l'ancienne Rome qui sut placer dans sa législation du mariage, le principe de la domination universelle : elle est son idéal, son type éternellement beau, qu'il
admire sous toutes ses faces, et oubliant les siècles écoulés,
il se sent quelquefois pris de regrets, à la pensée que l'aile

du temps a balayé les formes si nobles dans leur naïveté qui formaient l'escorte du mariage quiritaire. Cette histoire n'est-elle pas un peu celle de nos aïeuls? Jamais peuple d'ailleurs eut-il de la femme une idée plus haute, et l'entoura-t-il d'autant d'honneur. La tradition fabuleuse montre le glorieux fondateur de Rome, comme un chef de brigands indomptables, demandant tout à la force, jusqu'aux femmes qui, les premières, franchirent sa redoutable enceinte; féroce à ne pas reculer devant le meurtre de son frère unique, l'effroi de ses voisins, la terreur de ses bandits. Attachons-nous à rechercher non pas le héros des légendes que la critique a détruites, mais le sage législateur; l'admiration est acquise alors à ce génie prompt à discerner la vérité, habile à trouver dans les plus nobles instincts de la nature des moyens politiques inconnus jusqu'à lui; plus habile encore à éviter les écueils sur lesquels ont sombré la plupart des sociétés antiques. La polygamie n'est qu'une débauche, avilissante pour la femme sacrifiée, plus avilissante encore pour l'homme qu'elle démoralise. Le cœur est monogame [1] : dès que l'amour, ce maître des hommes et des dieux, en a pris possession, la dignité personnelle dont la jalousie n'est que l'exagération, se dresse pour en garder l'objet. L'amour est le plus absolu des tyrans, le plus impitoyablement égoïste, il peut abdiquer mais non partager; et celui qui le perd ne le retrouve plus. Le cœur s'ennoblit ou se dégrade par l'objet de ses préférences : aux libres les épouses chastes, et les prostituées aux esclaves [2]. La liberté politique ne vivra pas dans la

---

[1] La monogamie n'est pas spéciale à l'homme; on la rencontre jusques chez les animaux. Dans un très-grand nombre d'espèces le mâle devenu adulte choisit sa femelle, et le couple reste uni jusqu'à la mort. Tels sont le renard, la martre, la taupe, etc., et chez les oiseaux l'aigle, l'épervier, la cigogne, le cygne, le pigeon, le rossignol, etc. — DEBAY, *Philosoph. du mar.*, p. 8.

[2] Parent Duchâtelet qui a consacré vingt années à l'étude de la prostitution dans la ville de Paris a reconnu que la plupart de celles

cité sans la vertu dans la famille. Tandis que la femme se traîne à peu près partout dans l'abjection où la retiennent des coutumes brutales et des religions impures, le législateur romain a compris que la loi de la relation des sexes, *le mariage,* doit être le fondement de la Ville Éternelle, et qu'il n'est possible qu'avec des femmes chastes. Aussi semble-t-il négliger dans les institutions nouvelles, leur patrimoine, leurs dots, pour s'occuper seulement de leur moralité. Tout se réduisait à une loi unique : la femme participe aux biens de son mari, et encore aux *sacra* de sa nouvelle famille : *Mulier viro legitimè conjuncta, fortunarum et saororum socia ille illi esto : ut que ille dominus, ita hæc domina* [1] ; elle devient comme sa fille : *quasi filia :* elle est engendrée de lui, de sa substance, de sa chair ; ils sont unis par les liens du sang ; ces liens que rien ne peut rompre dureront tant que ce sang coulera dans leurs veines. De la sorte, les époux vont s'efforcer de rendre la plus heureuse possible cette vie commune qui ne doit jamais cesser, car la relation du père à la fille est indestructible. La fiction entraînait comme conséquence le droit de la femme à hériter des biens de l'homme mort sans enfants, ou à partager avec eux dans des proportions égales : en cela bien supérieur au droit moderne Ainsi *l'indissolubilité de l'union conjugale* en principe. La loi du nouveau législateur n'aura rien de pénible si les femmes méritent l'estime si non l'amour de leurs maris ;

qui s'y livrent font un choix parmi les hommes dégradés qui protègent leur industrie. Leur amour pour eux a sa fidélité relative, son abnégation et même son héroïsme ; il en cite des exemples. (*Prostitution dans la ville de Paris.*) Ainsi le corps et l'âme se séparent, se dédoublent pour ainsi dire ; et tandis que le corps se vautre dans la boue, l'âme essaie d'échapper à la souillure:

La nature ne perd jamais ses droits.

[1] Denys d'Halicar. liv. II, ch. VII; d'où vint la coutume, quand la femme entrait pour la première fois dans la maison de son mari de le saluer par ces mots : *Ubi igitur tu Cajus, ego Caja.*

ses règlements s'appliquent à les maintenir dignes et
pures, et condamnent jusqu'à l'occasion du péril. Le prix
de la femme s'augmente de tous les services qu'elle peut
rendre ; l'oisiveté d'ailleurs est mère de la plupart des
vices, il leur impose le travail comme un titre d'honneur,
et le sentiment du maître devient si populaire, que des
statues seront élevées aux plus habiles à filer la laine, à
tisser les étoffes.

La femme cesse d'être estimable en cessant d'être modeste. Les hommes seuls seront couchés à la table, et les
femmes assises. C'est la tenue la plus convenable, celles
qu'observent les divinités chastes, Minerve et Junon, aux
banquets célestes. L'usage du vin leur est absolument interdit; ainsi elles ne seront pas exposées, sous son influence,
à violer les lois de la pudeur et de la décence [1], et la prohibition était si rigoureuse que le roi renvoya absous
Egnatius Metellus qui, surprenant la sienne qui buvait en
cachette, l'avait tuée dans la cave. L'adultère était le plus
grand des crimes : la femme coupable pouvait être mise
à mort sans autre forme de procès [2].

Cet homme, quel qu'il fût, Romulus si l'on veut pour
rester fidèle à la tradition, possédait le génie d'un fondateur d'empire, son œuvre eut la vertu pour base ; il sut la
préserver du contact des religions funestes, en la plaçant
sous la protection des dieux de son choix [3] ; il bâtit des
temples, érigea des autels, pourvut aux solemnités, et aux
sacrifices. Mais il proscrivit les fables débitées dans les
sanctuaires comme également indignes des dieux et des
hommes vertueux. Il accoutuma son peuple à ne parler
qu'avec respect des habitants du ciel, à s'en former des
idées nobles, à ne leur attribuer que des actions sublimes·

---

[1] Valer. Max. lib. II, c. I; lib. VI, III et IX.
[2] Aulu-G. *Noct. att.* lib. X, c. II et III.
[3] Den. d'Halic., lib. II, c. VII.

Il rejeta les cérémonies lugubres, les farces sacerdotales, les fureurs des Bacchantes, les obscénités des mystères : son peuple fut ainsi préservé des superstitions grossières qui ont le double inconvénient de faire des dieux un objet de mépris, et de corrompre ceux qui prétendant les imiter se précipitent dans le crime sans scrupule. Le ciel ainsi rendu complice de ses vastes desseins, il institua des prêtres en grand nombre : mais il imposa, par une loi expresse, pour en exercer les fonctions, le choix dans chaque curie de deux hommes âgés de plus de cinquante ans, d'origine noble, recommandables par les services rendus à la chose publique ; ils devaient exercer leurs fonctions jusqu'à la mort. Cette élection restreinte devait pourvoir au service des temples : dans l'intérieur de la maison les chefs de familles étaient en même temps prêtres et magistrats. Ainsi fut évité le plus grand malheur qui pût affliger la République, la création d'une caste sacerdotale. Les prêtres ne pouvaient mériter de revêtir le caractère sacré que grâce à leurs vertus civiques, et leur élection devenait comme la récompense d'une vie déjà longue consacrée à la patrie. Voilà bien les prêtres des peuples libres. Tandis que les autres subissaient humbles et dégradés les fantaisies de leurs dieux, ou des jongleurs qui parlaient en leur nom, Rome antique soumettait le ciel à la cité, les dieux et leurs ministres à la loi. Elle n'ouvrit son panthéon qu'à des divinités chastes et vaillantes, instruments de grandeur et non d'abaissement, de liberté non de servitude [1]. Elle préludait ainsi à la conquête du monde, dont elle expia si cruellement la gloire le jour, où par un renversement funeste, elle tomba garrottée aux mains du sacerdoce.

Les dieux se plaignirent de ces préférences dans une

---

[1] *Sur les fond. relig. de Rom.* Den. d'Halicar., t. I, ch. VII du II⁰ liv.

circonstance mémorable. Les Sabines enlevées par les Romains semblaient frappées de stérilité, et la cité nouvelle était menacée d'une perte prochaine. Le peuple éploré courut invoquer Junon dans une forêt consacrée. Les prières à peine achevées, une voix, celle de la déesse sans doute, répondit : *que les femmes soient fécondées par un bouc*, en d'autres termes, *qu'on établisse le culte de Mendès*. Le devin, que le patriotisme rendit ingénieux, déclara que la volonté céleste serait satisfaite en frappant le ventre des femmes stériles avec des lanières taillées dans la peau de l'animal. Rome la fille de Mars et de Vesta, devait, pour sa grandeur et pour sa gloire, éviter pendant longtemps encore ces abominables mystères. Disons que les circonstances favorisèrent la noble entreprise de son fondateur. Chef de quelques aventuriers toujours en armes pour se défendre contre des voisins belliqueux, sans traditions gênantes, sans habitudes invétérées, accordant aux questions dogmatiques une médiocre importance, son génie lui révéla les dieux propices : et ses compagnons toujours vainqueurs durent les préférer aux dieux de leurs ennemis toujours vaincus. Telles furent les premières lois du plus puissant des peuples : moins grand pour avoir conquis le monde que pour avoir posé dans le *Corpus juris* le principe désormais indestructible du *droit* des cités libres, c'est-à-dire de la famille, de la moralité publique. La famille de la Rome primitive fut fondée sur le mariage indissoluble. Le ciel de la République, je le répète avec intention, ne fut accessible qu'aux divinités chastes, Junon l'épouse fidèle, Vesta la pudique, Vénus *verticordia* qui détournait les vierges des passions déréglées. Ainsi les Dieux conspirant avec les hommes pour donner à la patrie des femmes vertueuses et des guerriers vaillants, la rendirent digne de dominer le monde.

Le but que s'était proposé le fondateur de Rome avait été compris, et son successeur se hâtera de justifier les institutions naissantes par la volonté divine. Il entoure les femmes d'un respect religieux, il abrite leur faiblesse sous une foi nouvelle, et leur donne dans les choses sacrées un rang jusqu'à lui sans exemple. Donc il réorganisa le culte des dieux. Leurs volontés lui sont révélées par une femme, la nymphe Égérie messagère, par eux choisie ; Numa bàtit à la place qu'elle avait désignée, le temple trois fois saint que la protectrice céleste de la cité, doit venir habiter, c'est encore une femme. Elle se nomme *Vesta*, la pure, la chaste, la vierge inaltérable ; déesse universelle qui méritera les adorations de tous les peuples; un feu perpétuel doit brûler sur ses autels. La patrie serait en danger s'il venait par malheur à s'éteindre. Il feint des entrevues secrètes avec les muses filles du ciel. Ce n'est pas encore assez ; et la femme, grâce à lui devenue Prétresse, Vestale, servira seule au temple le plus auguste de la République. De ce jour, nulle puissance n'est supérieure à la sienne ; les faisceaux des licteurs la précèdent, et chacun se détourne, avec respect, même les consuls, lorsqu'elle traverse la place publique [1]. Les honneurs, les privilèges dont il l'entoure, la posent sur l'autel qu'il lui donne à servir. Les mains de la vierge sont seules dignes de garder le feu éternelle, âme de la terre, principe de vie, cause de toute génération, rayon de la puissance éternelle qui régit le monde. La femme, la pudeur veillant au salut public ; la pure vierge conservant le dépôt sacré de l'amour inextinguible : la femme au ciel, la femme au temple, la femme au foyer elle est désormais sauvée. Elle pourra déchoir, mais non plus périr. Un respect religieux la protège. Nul n'a le droit de toucher, seulement de la main, la robe de la

---

[1] Den. d'Italie., liv. II, ch. de XVI à XX,

mère de famille, pas même pour la conduire devant le magis
trat. *Sed que matronale decus, verecundiæ munimento tu-
tius esset, in jus vocanti, matronam corpus ejus attingere
non permiserunt, ut inviolata manus a lienæ tactu stola
relinqueretur* [1]. Un différent s'élève-t-il entre les époux ;
réunis au temple du Mont Palatin, aux pieds de la déesse
Viriplaca, leur querelle est bien vite apaisée ; ils entrent
dans leur maison, calmés et réconciliés. Respectable déesse,
s'écrie le philosophe, digne entre toutes, de nos pieux hommages, car tu es la protectrice de la paix des familles [2].

Il n'était plus possible après ces révélations sublimes,
que l'homme possédât la femme comme un butin pris
sur les ennemis, ou comme un animal acheté au prix de
quelques bœufs, ou des peaux des bêtes féroces par lui
abattues dans les forêts. Il n'aura plus que l'épouse qui
daignera recevoir son anneau et ses présents.

L'histoire de Numa, autre roi des légendes, nous semble
celle de la réaction sacerdotale contre la loi civile, malgré
ses immenses bienfaits. Numa fut certainement inventé
par des prêtres. Il a, comme eux, des apparences simples,
modestes, ascétiques, des habitudes pieuses ; il cultive
l'art de tromper les hommes : il veut leur imposer par
des moyens surnaturels ; il honore les dieux par des
sacrifices sanglants, il reçoit directement les messages
du ciel [3] ; il bâtit des temples nombreux, fonda les col-
lèges des Féciaux, des Saliens et des Pontifes : il livra
la cité à des prêtres, agents actifs qui, suivant ses calculs
probables, devaient en changer les institutions politiques,
en lui imposant une foi nouvelle. Ainsi Rome se trouva,
dès l'origine, en présence de la religion purement morale

----

[1] Valère Maxime, liv. II, ch. I, § 5.
[2] *Id. loc. cit.*
[3] Il en recevait aussi des boucliers ; témoin le *Palladium*. Les
rois de France, moins heureux, n'en eurent qu'une bouteille d'huile,
la *Sainte-Ampoule*.

de son fondateur qui concluait à la République, et celle du sacerdoce. Son triomphe aurait réduit la ville éternelle à l'état dégradé de ces peuples qui se succédèrent dans la péninsule italique, et dont le nom même est ignoré.Sa fortune la préserva du péril. Les guerres interrompues recommencent avec Tullus. Or la race des guerriers est généralement peu dévote. D'ailleurs chez un peuple délibérant dans les camps et sur la place publique, luttant en paix comme en guerre, à l'intérieur comme à l'extérieur, sur le champ de bataille et sur le Mont Sacré, accoutumé à la discussion des intérêts publics, s'attachant à la réalité, n'acceptant que les solutions utiles, les abstractions religieuses durent être mal accueillies [1]. L'araignée ne tend ses filets que dans les lieux sombres, abrités contre les vents, et la tempête. La religion sacerdotale devait périr, étouffée par la liberté politique. Aussi lorsque Brutus appela le peuple aux armes sur le corps sanglant de Lucrèce, après avoir chassé les tyrans, son premier soin fut-il de réformer les institutions religieuses [2]. Il avait compris les dangers dont elles menaçaient la république naissante. Elle ne pouvait accomplir ses glorieuses destinées qu'en soumettant le sacerdoce à la loi civile [3].

---

[1] Ce fut la raison sans doute qui détermina le sénat à ordonner la destruction des manuscrits trouvés dans le tombeau de Numa.

[2] Aux enfants immolés à *Larum-mania mater* il substitua des têtes de pavot. Les trente sexagénaires qu'on jetait dans le Tibre furent remplacés par trente mannequins. Ainsi le sacrifice ne coûta plus rien à l'humanité. (V. Benjam. Const. *de la Relig.*, t. IV, p. 331 et suiv., dans lequel nous avons largement puisé.)

[3] Telle est la raison de la lutte actuellement engagée par la République contre le cléricalisme. Même cause, même effet.

CHAPITRE V

ESSENCE DU MARIAGE

La volonté libre de vivre ensemble jusqu'à la mort. — Poëtes. —
Législateurs. — Jurisconsultes.

Nous nous sentons déjà chez un peuple libre, chaste, en
marche dans la voie de la civilisation. Le consentement fait
le mariage. Il est un *contrat*, c'est-à-dire le concours de
deux volontés; les deux consentements sont également
indispensables : l'homme et la femme, autorisés par leurs
parents, traitent de puissance à puissance ; et si l'un des
deux, le plus faible, abdique au profit du plus fort, cela
tient d'une part à la nature des choses, et de l'autre à l'organisation spéciale de la famille quiritaire, au pouvoir sans
limites du chef sur tous ceux qui en dépendent, sans distinction de sexe. *Nulli enim alii sunt homines qui talem in
liberos habeant potestatem.* En effet, il n'y a ni libres ni
esclaves devant la puissance paternelle du Quirite ; elle
pèse indistinctement sur les uns et sur les autres, jusqu'au
droit de vie et de mort. Après l'échange des consentements, et leur constatation solennelle, les auspices, organe
des Dieux de la cité, indiquent le jour favorable aux noces.
Les époux préparés par des purifications ne se rapprochent
que sous le voile symbolique des cérémonies religieuses.
Ils offrent des sacrifices à Minerve, protectrice des vierges,
à Junon l'épouse fidèle du maître des dieux, au ciel et à la

terre, couple indissolublement uni depuis l'origine des temps. Il appartenait aux Dieux seuls, de conférer l'unique sacrement de la loi civile, de solenniser son contrat par excellence. Leur intervention se manifestait par une sorte de communion, dont l'élément visible, était employé dans les cérémonies les plus augustes, la farine et le sel. Ainsi les époux étaient unis par leur volonté d'abord, puis par les Dieux ; enfin ils prononçaient les paroles sacramentelles en présence de dix témoins, c'est-à-dire de la cité, et la femme tombait dans la main de son mari, *in manu*. Mais la cérémonie n'était complète qu'après que chacun d'eux, conformément à la coutume Étrusque, avait immolé un porc, ce symbole universel de l'impureté ou des satisfactions viles. Une espèce de vœu de continence, devenait ainsi, comme l'élément essentiel du mariage païen ; il était un contrat de dignité non de volupté ; dès ce moment les époux se trouvaient indissolublement unis ; et lorsque la femme se présentait à la porte de la maison du mari, celui-ci lui demandait qui elle était ; elle répondait : *ubi tu Cajus, ibi ego Caja* : fière formule du partage de la domination domestique [1]. Qu'est-ce que ces pompes, ces invocations, ces prières, ces offrandes, sinon la conscience cherchant Dieu pour point d'appui, dans l'acte le plus grave de la vie ; et Modestinus faisait de ce sentiment exquis un précepte de la loi civile, lorsqu'il disait : *semper in conjunctionibus non solum quid liceat, considerandum est, sed et quid honestum* [2]. Admirable enseignement, dont le sens fut perdu plus tard. Conséquent avec ces nobles principes, le même jurisconsulte définissait le mariage : *viri et mulieris conjunctio, individuam vitæ consuetudinem continens.* Un contrat solennel entre l'homme et la femme de vie commune jusqu'à la mort. Pas un mot de la perpétuité

---

[1] Dig. lib. XXIII, t. II, § XLII.
[2] Martial, XIV, v. Juvénal, VI, 202.

des espèces, de cette nécessité de peupler les États, dont le mariage serait le résultat et le très-humble tributaire, au dire de nos législateurs religieux ou politiques ! Tel n'est pas le langage de l'interprète romain ; celui-là procède en philosophe, initié au secret du cœur. Il sait que l'homme et la femme, une fois unis, ne résisteront pas à l'attrait invincible de se donner des successeurs, de se continuer dans l'avenir ; que celui des deux époux, qui contribue à la génération, de ses douleurs, de son sang, et bien souvent de sa vie, ne sera pas le moins ardent à la convoiter. La nature impose à la vierge de ne pas vieillir inculte. Aussi ne s'occupe-t-il que des contractants. La génération n'est pas, en effet, le but principal du mariage, malgré son importance ; celui-là qui se rapproche de la femme, omettant les solennités consacrées, pour en obtenir des enfants, celui-là n'a pas contracté un mariage. Le Quirite, dans cette union, ne distingue ni dot, ni époux, ni épouse, ni justes noces : *nec vir, nec uxor, nec nuptiæ, nec dos intelligitur.* Il ne suffirait pas même d'accomplir les formalités extérieures de la loi.

Qu'elle est donc l'essence du contrat ? qui intéresse-t-il d'abord, dans le présent, au moment où il se forme ? évidemment ceux de la volonté desquels il émane. Ils se rapprochent, parce qu'ils se sont choisis, en vue du bonheur que promettent la communauté de goûts, d'éducation, de sentiments, pour s'aider à supporter la vie, et fondre en une leur double destinée ; cette volonté est libre, spontanée, indépendante de toute préoccupation civique ou religieuse. Elle appartient à l'individu, à l'homme, à la femme, à leurs cœurs ; elle a dû naître de leurs sentiments les plus intimes, les plus nobles, les plus sacrés ; elle s'affermit entre eux, participant de leur inviolabilité ; mais le jour où le secret déchire ses voiles, au moment où la volonté franchit le seuil de l'intimité pour se produire au grand jour, le droit naturel [a] parfait son œuvre : le rôle de la loi civile va commencer. La cité intervient pour solenniser la convention, et la religion pour la sanctifier, et l'une et l'autre pour la rendre indissoluble, dans les fors extérieurs et intérieurs. Philosophes et croyants, païens et chrétiens devraient être d'accord sur cette vérité, s'ils étaient conséquents avec un principe, qu'ils proclament à l'envi. Le sentiment élémentaire de l'amour implique l'idée de perpétuité. L'amour sous réserves, ou à temps limité, ne peut constituer qu'un concubinage, et la plupart des religions fidèles à la loi naturelle, l'ont ainsi enseigné. Il n'est pas bon que l'homme soit seul, et Dieu lui fit une compagne semblable à lui [1]. Il la forma de la chair qu'il prit de l'une de ses côtes tandis qu'il dormait [2]. Le législateur romain avait dit la même chose en la nommant *sa fille : Quasi filia.* Treize siècles avant notre ère Manou avait écrit : « ayant divisé son corps en deux par- « ties, le souverain maître devint moitié mâle et moitié fe- « melle [3]. » Il revient sur le principe au Livre IX et il dit (art. 45) : les Brahmanes ont proclamé cette maxime : le mari ne fait « qu'une même personne avec son épouse « (art. 47). Une seule fois est fait le partage d'une succes- « sion, *une seule fois une jeune fille est donnée en ma-* « *riage,* une seule fois le père dit : je l'accorde. Telles « sont les trois choses qui pour les gens de bien, sont « faites une fois pour toutes. — Le code des Gentoux dis- « pose de son côté [4]. La femme doit se brûler avec le « cadavre de son mari : ainsi elle ira en paradis avec lui, « et elle y restera trois crores et cinquante lacks d'années. « Si elle ne peut pas se brûler, elle doit conserver une « chasteté inviolable, et elle ira en paradis : sinon elle ira « en enfer. » Le dogme est le même chez les Taïtiens, dans

[1] *Genèse,* ch. II, v. 18.
[2] *Id.* v. 21 et 22.
[3] *Lois de Manou,* liv. I, § 32.
[4] P. 276. Edit. de 1728.

la Nouvelle-Zélande, et jusque chez les Esquimaux qui au rapport de Krantz croient que la femme naquit du pouce de l'homme. Le paganisme nous montre partout le même sentiment : qu'est-ce en effet que la fable des Androgynes, ces êtres qui avaient deux visages, quatre bras et quatre jambes ; ils osèrent déclarer la guerre à Jupiter, et il lui suffit de les séparer, pour les vaincre. Les deux fractions font d'incessants efforts pour se rapprocher. Le poëte des amours et des joyeux festins parle comme les Dieux sous son chapeau de roses [1]. « Dormant, je crus voler sur les « ailes du désir ; amour me poursuivit, et m'atteignit « bientôt ; et *ses pieds délicats étaient engagés dans des* « *chaussures de plomb*. Que veut dire ce songe ? que trop « souvent surpris par un amour d'un instant, *je suis pour* « *jamais dans les fers*. » Et le célèbre aveugle de Chios charge l'épouse de Jupiter, le maître des Dieux, de *chaînes d'or indissolubles*. La Vénus Morpho était représentée voilée, les *pieds enchaînés*. Pausanias [2] en donne pour raison que l'*union conjugale doit être indissoluble et inviolable.* La Vénus à la Tortue enseignait que la femme doit se taire, et ne pas quitter la maison [3]. Plutarque raconte que les Béotiens conduisaient les mariés à la maison conjugale, dans un char, dont ils brûlaient l'essieu devant la porte, pour leur faire entendre qu'ils n'en pouvaient plus sortir.

Il n'est pas bon que l'homme soit seul : Dieu le créant, perfectible, plaça près de lui l'instrument et l'objet de sa perfectibilité, la femme, sans laquelle il reste incomplet, loin de laquelle ses plus généreuses facultés tombent inertes. Dieu le créa fort, et plaça près de lui l'être faible, qu'il a le devoir de protéger et d'ennoblir. L'acte par lequel il s'oblige à remplir sa destination native, l'acte de prédilec-

---

[1] Anacréon, ode 44.
[2] Pausan., liv. III, ch. xv.
[3] Larcher. Vénus, p. 67.

tion de la loi morale, s'appelle *le mariage*. Ainsi l'intérêt personnel de l'homme se confond avec l'accomplissement des devoirs religieux et civiques, *divini et humani juris communicatio*. Mariage est un sage marché, un lien et une cousture sainte et inviolable [1]; le célibat est athée ; débiteur sans conscience, il échappe par des prétextes, au paiement d'une dette sacrée, la dette des ancêtres [2], dont chacun est tenu par sa naissance ; les regrets tardifs, l'inépuisable amertume, l'ennui, le cruel ennui procédant du vide du cœur, lui infligent son juste châtiment. Si l'homme est invinciblement sollicité au mariage, que dire de la femme, faible de corps, inhabile aux combinaisons de la vie, facile à surprendre, condamnée par la nature à des maladies dangereuses, demandant des soins nouveaux à chacune des phases de son existence, et sollicitant, en tous cas, une protection incessante ? Concubine, elle tombe à l'état de servante subissant la volonté d'un maître ; le pacte de concubinage, est léonin, il laisse l'une des parties, libre de tout engagement, tandis que l'autre s'y sacrifie tout entière. Le concubinat est le contrat des esclaves, *conturbernium*, un fait d'accident, de hasard, un rapprochement, *modo ferarum*, accompli dans les ténèbres, et qui doit finir comme il a commencé : ses fruits, généralement méconnus, désavoués, sont comme un remords pour qui les a produits : objet d'une répulsion, dont la cause ne leur est pas impu-

---

[1] Charron. *De la Sagesse*, liv. I, ch. XLVIII.

[2] Le culte des aïeux a été à peu près universel. Dans l'Inde il a dominé la vie tout entière de la famille ; le salut des vivants y dépend de leur exactitude à honorer les morts suivant les rites consacrés. Oreste fugitif, poursuivi par les furies, et voué à la mort, va furtivement faire des libations sur le tombeau paternel. Il y rencontre sa sœur accomplissant les mêmes devoirs pieux Cornélie ordonne à son fils Gracchus de lui offrir des sacrifices funèbres après sa mort. Le christianisme a repris cette tradition universelle. Pour vérifier si la conscience l'avoue, il suffit de visiter les cimetières de nos grandes villes, si coquettement entretenus par les familles en deuil ; il suffit de se mêler à la foule énorme qui va s'agenouiller le 2 novembre de chaque année au Père-Lachaise de Paris.

table, ils subissent les injustices d'une société dont leur venue a violé la coutume, et la conscience. Epouse légitime au contraire la femme est l'égale de l'homme, sa compagne, son amie, l'administratrice de sa maison, dépositaire de son honneur, participante de sa gloire, solidaire de ses revers et de ses succès, son orgueil, sa joie, sa consolation. Elien raconte que la perdrix par une ingénieuse fantaisie de la nature, se féconde au souffle du vent qui a passé sur le mâle [1]. Supposé les femmes douées de la même faculté, le mariage n'en aurait pas moins sa raison d'être ; car les contractants ont l'intérêt le plus direct, le plus immédiat, le plus personnel, le plus prochain dans la convention qui les lie. Ils confondent leurs biens, leurs corps et leur âme [2], leur vie dans ce monde et dans l'autre, les traditions, les *sacra* des deux familles qu'ils continuent : s'il est vrai, comme l'enseignent les poètes, que la mort même est impuissante à éteindre les flambeaux de l'hymen [3]. Enfin le mariage est un contrat de dignité sous lequel s'abrite et grandit la pudeur publique ; il a pour sa part l'utilité, la justice, l'honneur et la constance [4]. Il n'est donc pas vrai de dire que l'intérêt de la cité ne commence qu'au jour du baptême. Trois intérêts bien distincts apparaissent dans le contrat au moment où il est conclu, d'abord celui des contractants qui disposent de leur existence tout entière, par un engagement spontané mais irrévocable : celui de deux familles dont le sang doit se confondre ; celui de la République ensuite : après avoir donné satisfaction aux besoins, à la dignité des époux, il constitue une garantie de bon ordre dans la cité ; c'est-à-dire que de privé qu'il a été dans l'origine, il est devenu public,

---

[1] Et le philosophe Théophraste assurait que dans la Paphlagonie toutes les perdrix avaient deux cœurs. Aulu-G. lib. XVI, c. xv.

[2] Denys d'Halic. *cit. loc.*

[3] Proper. ch. XIII, etc., etc.

[4] Montaigne, ch. III, liv. V.

il a modifié l'état de deux personnes; la sûreté des relations, l'intérêt des mœurs, exigent que chacun connaisse le changement survenu. Les privilèges de la famille étant de droit étroit, ils doivent résulter d'actes non douteux, authentiques, à la portée de quiconque a intérêt à les connaître. Mais le contrat franchit les proportions vulgaires du présent, et s'étend vers l'avenir. Il promet à la patrie sa continuité, à la génération présente, la génération future ; d'où l'on voit que l'intervention de l'autorité publique est encore sollicitée par l'intérêt de conservation ; elle est comme la tutrice de ceux qui n'existent pas encore : elle doit dans sa prévoyance éclairée, préparer et défendre la position qui devra leur appartenir au jour de leur venue, la loi constitue les familles, les mœurs la conservent.

Comment les sévères quirites en sont-ils venus à admettre, dans leur admirable législation des justes noces, le divorce, ce déplorable moyen de les dissoudre ? Plutarque disait : [1] « Le temps a esté bon tesmoing de l'a-« mour, révérence, constance et fermeté conjugale que « Romulus establit ès mariages entre le mari et la femme. « Car jusqu'en 523 ans, il n'y eust jamais homme qui osast « laisser sa femme, ni femme son mari. Et le premier « qui répudia sa femme, fut un nommé Spurius Carvilius, « parce qu'elle ne portait point d'enfant. » Aulugelle en divulgue la cause [2]. Elle était atteinte d'un vice de conformation. Il aurait dû ajouter qu'il ne la répudia que sur l'ordre des Censeurs et le visage baigné de larmes. La conscience publique fut profondément blessée de cette nouveauté funeste. Nous en avons pour témoin, d'abord Denys d'Halicarnasse qui nous apprend que Spurius fut haï du peuple pour cette violation de la loi la plus sainte

[1] *Vie de Romulus.*
[2] Aulugel. *Nuits attiq.*, liv. XVII, ch. fin.

de la cité [1], et Valère Maxime, écho fidèle des plaintes que souleva ce triste exemple, en donne la raison : *quamquam tolerabili ratione motus videbatur, reprehensione tamen non caruit, quia nec cupiditatem quidem liberorum conjugali fidei præponi debuisse arbitrabantur* [2]. Pour des Romains, héros du droit, comme du champ de bataille, les liens légitimes étaient indissolubles. Il n'appartenait à personne de franchir le seuil de la chambre nuptiale, et de lui demander compte de sa stérilité. Quoi ! le censeur viendra sonder les mystères de la nature, étudier son œuvre et lui prescrire des travaux à accomplir !!! La cité soulèvera les voiles de la couche de l'hymen, et lui jettera l'outrage, si son souffle généreux ne l'a pas fécondée ! Ils eurent le tort de rendre licite ce qui n'était pas honnête; et le magistrat dut assumer le plus grande part du scandale qu'il avait autorisé.

Toutefois si Rome eut le tort d'accepter des mains des décemvirs, la coutume grecque du divorce [3], elle sut faire à ses citoyens des mœurs qui la rendirent inutile, et les mœurs valurent mieux que la loi. Il n'est pas admissible, en effet, que dans une période de six siècles, la femme de Spurius eût été la première frappée de stérilité. Nous reconnaissons volontiers, que dans les petites républiques indépendantes, dont l'Europe antique était semée, la loi du divorce dut être admise, comme un moyen de salut public. L'état de guerre constituant pour elles une condition d'existence, l'homme fut estimé pour sa valeur, la femme pour sa fécondité. Il fallait combler le vide des guerriers morts pour la défense commune ; et la femme stérile, objet de rebut comme inutile, dut être sacrifiée à

---

[1] Liv. II, ch. VIII.
[2] Liv. II, ch. I.
[3] Par une exception honorable, la loi du divorce ne pouvait pas être invoquée par les Flamines,

l'intérêt général. Cette raison ne saurait justifier le divorce de Spurius ; la République était déjà suffisamment puissante ; le salut de la moralité publique ne pouvait pas entrer en balance, avec l'acquisition douteuse de quelques citoyens de plus. Spurius était un grand citoyen, les censeurs lui avaient fait prêter serment de de se marier pour avoir des enfants, et peut-être importait-il, dans les idées romaines, de ne pas laisser périr, par la stérilité des femmes, la race des hommes vertueux. Il vaut mieux reconnaître que l'âge héroïque de la République touchait à son terme ; elle avait triomphé des peuples latins qui osèrent lui disputer l'empire. Assimilés confondus avec elle, leur nombre lui rendit la vertu moins indispensable ; le relâchement se fit sentir, sur la plus susceptible des lois, celle qui règle les relations des sexes. Le censeur qui provoqua cette nouveauté, jusqu'alors inouïe, aida seulement à précipiter la décadence des mœurs, qu'il avait pour mission de défendre ; il rompit la digue que le respect humain, à défaut de vertu, opposait encore aux passions déréglées, il prépara l'ère des Césars pendant laquelle le mariage ne fut plus qu'un marché de chair humaine.

CHAPITRE VI

LES VIERGES MÈRES EN EUROPE, EN ASIE, EN AFRIQUE.

Une religion qui honorait les forces génératives de la nature put facilement considérer la virginité stérile comme une espèce d'opprobre. La pudeur prit ainsi sa véritable place dans le mariage. Les lois politiques et religieuses exclurent également les vierges du paradis. La récompense suprême ne pouvait s'obtenir que par les œuvres ; ainsi le décidèrent les hommes et les dieux. La nature a suffisamment indiqué la fonction de la femme. Le droit humain et divin lui imposent le même devoir ; aussi les plus puissants de la cité céleste sont-ils les protecteurs du mariage. C'est Jupiter le maître souverain, Junon l'épouse chaste, Diane la vierge pure : ses suivantes les Génétyllides président aux accouchements ; puis venaient les Parques inexorables ; il n'appartenait qu'à elles, de rompre le lien qui unissait les époux. Comme conséquence, tous les cieux de l'antiquité furent peuplés d'une série de divinités, vierges et mères tout ensemble. Telle était Cybelle, mère des dieux, et toujours vierge [1]. Telles étaient encore Déméter, la Cérès des mystères d'Éleusis, Vesta, Isis chez les Égyptiens. La mère du dieu *Apis* l'avait conçu d'un éclair [2]. Il suffit à une nymphe de poser des amandes sur son sein pour devenir

---

[1] S. Aug., *Cité de Dieu*, liv. II, ch. XXIV.
[2] Hérod. Euterp. liv. II.

grosse, et enfanter *Athis* [1]. Junon conçut le terrible dieu des batailles en aspirant l'odeur d'une simple fleur dans les champs d'Olène. Partout les hommes, obéissant au scrupule glorieux de leur conscience, cherchèrent l'idéal de la femme. Ils déposèrent au divin séjour ce type délicat et fragile, sous l'égide invincible de la pudeur et de la maternité.

La loi morale en effet ne peut pas résider en dehors de la nature? A quoi bon une vertu négative? Le type de la perfection pouvait-il être inutile ; à quel sentiment, à quel besoin eût-il donné satisfaction? D'ailleurs les républicains d'Athènes ou de Rome n'auraient jamais consenti à offrir leurs hommages à des déesses plus pures plus chastes que leurs mères, que la mère de leurs enfants. Ce sentiment exquis fit éclore les allégories charmantes qui nous montrent la vie passant d'un calice de fleur, ou des rayons du soleil, jusqu'au sein des déesses ; elles abondent dans les théogonies des temps les plus reculés. Nous citerons bientôt la série des vierges mères sorties de l'Inde, si féconde en légendes pieuses ; elles démontrent surabondamment, que la nature humaine a toujours et partout cherché les mêmes satisfactions dans les mêmes voies.

Le culte de la *vierge mère* est aussi ancien que le sentiment de la justice et de la dignité humaine [2]. Plus on élève la pureté, la chasteté des déesses, plus on les entoure de respect dans les temples, et plus aussi s'épurent les épouses terrestres. Le mariage, quoi qu'on fasse et qu'on imagine, aura pour résultat le rapprochement de deux corps : il sera accidentel, accessoire, ce qu'on voudra, mais il est inévitable. La femme doit-elle déchoir en perdant son innocence ? Le berceau préparé par la main de Dieu même,

---

[1] Paus. Acharie, liv. VII, ch. XVIII.
[2] Maury, *Hist. des Relig. loc. cit.*

sera-t-il dégradé, avili, le jour où l'hymen lui confiera une
créature humaine? La conscience proteste, l'homme intérieur entre en révolte à cette idée ; il n'en pouvait être
ainsi ; de là des coutumes nombreuses, variées, pour apaiser ces scrupules, et assurer le salut de la femme contre les
périls de la volupté légitime. La jeune Athénienne consacrait sa tunique à Artemis-Chtonia au moment où elle devenait mère, et chargeait la déesse du péché de l'enfante-
ment. Les jeunes filles de Mégare ou de Délos se rachetaient
par le sacrifice de leurs moyens de plaire [1] ; elles offraient
leurs chevelures sur l'autel des divinités chastes. Des
vœux, des offrandes, des expiations ; tel était le prix ordinaire de la rançon. Les fiancées de la Troade, quelques
jours avant les noces, se baignaient dans les eaux du Sca-
mandre, et prononçaient ces paroles consacrées : « Sca-
« mandre, je t'offre ma virginité [2]. » La même cérémonie
était en usage à Magnésie [3]. A Rome, Priape recevait le
sacrifice. Les jeunes mariées devaient s'asseoir sur son em-
blème, avant de franchir le seuil de la chambre nuptiale;
et la coutume était suivie par les matrones les plus honorables, les plus respectées. L'épouse vierge se rapprochait
de la divinité symbolique, soutenue par des mères de famille (*univiræ*) qui n'avaient connu qu'un seul homme;
c'était d'abord une forme d'initiation. La virginité était
ainsi confiée à la seule puissance digne de ce dépôt sacré,
à la divinité, ce qui fait dire à Lactance : « *Et mutunus in
cujus pudendo nubentes præsedent, ut illarum pudicitiam
prior deus delibasse videatur* [4] »; mais ce droit de préli-
bation spirituelle était sans grand danger. En effet, le
Priape primitif, le Priape des jardins n'avait pas de sexe :

---

[1] Maury, f. 122, t. II.
[2] Auger. *ŒEv. de Démosth. et d'Esch.*, t. II, p. 417.— Voir la lettre
qui a fourni à La Fontaine le sujet d'un de ses plus jolis contes.
[3] Auger, *loc. cit.*
[4] *De fals. relig.*, lib. I.

Brissonius soupçonne que son état lui valut l'honneur de la préférence [1]. Encore de nos jours, les vierges de l'Orient sont confiées aux seuls Eunuques. Tel était le dogme que saint Augustin n'avait pas découvert, dans cette étrange coutume d'origine très-probablement sacerdotale, qui excitait si fort son indignation. En effet, l'honnêteté la plus rigoureuse, la pudeur, la modestie ne protégeaient-elles les jeunes filles, que pour les précipiter de plus haut dans une obscénité odieuse ? Nous savons que les religions ne marchandaient pas avec elles ; nous n'avons pas à les justifier ; il nous suffit d'indiquer à quel sentiment la cérémonie du Priape prétendait donner satisfaction. Valère Maxime lui rendait hommage lorsqu'il disait [2], parlant des veuves :

« *Quæ uno contentæ matrimonio fuerant, corona pudicitiæ honorabantur : æstimabant enim eum precipuè matronæ sincera fide incorruptum esse animum, qui depositæ virginitatis cubile, pudicum egredi nesciret : multorum matrimoniorum experientiam, quasi illegitimæ cujusdam intemperantiæ signum esse credentes.* »

Celui-là qui dépose son trésor, ne prétend pas l'aliéner : le dépôt est essentiellement un contrat de conservation : voilà pourquoi la veuve, fidèle à sa couche déserte, était couronnée comme vierge ; mais du jour où elle perdait sa qualité d'*univira, sa moralité* était soupçonnée, malgré le lien légitime qui la protégeait, et le simple doute faisait tomber de son front la couronne de la pudeur. Mais l'épouse *univira* conservait sa pudeur et ses privilèges, après avoir rempli sa destinée. Au titre de vierge, elle unissait le titre plus glorieux de mère ; sa dignité avait grandi, et ses flancs n'étaient pas moins purs, pour avoir porté Brutus le père de la patrie. Arnobe expliquait la coutume par la volonté

[1] *De veteri ritu nup.*
[2] Lib. II, cap. I, § 3.

de chasser les démons qui rendaient les épouses stériles [1] et
le motif alors révèle suffisamment les inventeurs du moyen.
Quelquefois la maternité déflore la femme, mais un bain
dans les eaux d'une source sacrée, lui rendait sa pureté
originelle. Telle était la fontaine Canathos dans laquelle
Junon se plongeait chaque année; et chaque année ses flots
régénérateurs lui rendaient sa virginité.

Jusque-là l'homme a cherché à travers des fictions honorables, des moyens propres à préserver, ou à racheter sa
compagne de la chute. Il l'a confiée aux divinités tutélaires,
et la partage pour ainsi dire avec elles. Il n'a vu jusque-là
que le corps aux prises avec un autre corps ; il craint pour
elle une injure, et les expédients employés laissent apercevoir la préoccupation qui l'assiège. Or, la vertu résiderait-
elle dans les muscles? La moralité des actes, ne dépend-elle
pas de la volonté qui les dirige? L'éclaboussure qui souille
le corps pénétrerait-elle jusqu'à l'âme ? Y aurait-il honte,
pour la femme, à conduire ses enfants par la main ? Aurait-
elle à rougir de les porter dans ses flancs, ou de les y recevoir. Sans doute celle qui ne recherche, même dans la
couche nuptiale, que des sensations stériles, celle-là cesse
d'être pure, d'être chaste ; elle a livré son âme au démon
de la concupiscence ; elle a péché. Mais la femme pieuse
qui n'aspira qu'à faire naître un fils dans la famille, un
citoyen dans l'État, un serviteur dans la cité de Dieu, celle-
là s'est purifiée à la périlleuse épreuve ; elle est plus pure
que l'imprudente qui engage la lutte avec ses sens, plus
chaste que celle qui appelle à l'aide des moyens arti-
ficiels pour les vaincre. La seule maternité peut couronner
les vierges.

Après l'Europe et l'Afrique, l'Inde va nous faire ses con-
fidences.

____

[1] Lib. IV.

La fille du seigneur *Hoa-Su* se promenant un jour sur les bords du fleuve du même nom s'émut, un arc-en-ciel l'environna et elle conçut.

On donne pour sœur et pour épouse à *Fo-hi*, *Niu-oua* ou *Niu-va* qu'on nomme encore *Niu-hi* et *Niu-hoang*, la souveraine des vierges, *Hoang-nou*, la souveraine mère, et *Ven-ming*, la lumière pacifique... Ainsi la souveraine des vierges confondue avec la souveraine-mère. En naissant, elle était douée d'une intelligence divine, et elle obtint, par ses prières, d'être vierge et épouse tout à la fois.

Nous trouvons encore parmi les successeurs de *Fo-hi* le *divin laboureur, chin-noung*. Il eut pour mère *Nganteng* ou *Niu-tong*, la fille qui monte et qui s'élève. *Niutong*, se promenant un jour à *Hoa-yang*, c'est-à-dire au midi de la colline des fleurs, conçut d'un esprit, et mit au monde *Chin-noung* dans un antre au pied du mont *Li* [1].

Debohuté était l'épouse de *Kordomopi*. Sa beauté faisait l'orgueil, ses vertus le bonheur de son époux. Il lui prodiguait sa tendresse et ses trésors, et cependant elle n'était pas heureuse. C'est en vain que je suis née, disait-elle, puisque je n'ai point conçu; et ses yeux se mouillaient de larmes. Un jour enfin, son mari accourt rayonnant de joie : Séchez vos pleurs, lui dit-il, le Dieu de l'univers veut descendre parmi les hommes, et il a choisi votre sein pour y prendre naissance. Quelques jours après, la promesse était accomplie, elle conçut et mit au monde *Kopilo* [2], et elle jouit d'un bonheur sans mélange.

Ainsi le comprirent les philosophes indiens, ces sages patients qui consacraient leur vie solitaire à l'étude de la vérité. Ils ouvrirent le livre de la nature ; ils y découvrirent *Debohoti* ; mieux encore, une allégorie simple et

[1] *Relig. prim. de la Chine. Hist. pitt.* Clavel. T. I, p. 344 et s.
[2] Ezour-Vedam, t. I, p. 280.

suave comme une fleur de lotus, brillante comme la lumière de leur beau ciel. Ayons la patience de les suivre.

Dieu veut descendre sur la terre pour éclairer les hommes, et les arracher à la misère et aux ténèbres. Des prodiges éclatants désignent la vierge dans laquelle il daignera s'incarner. A peine nubile, *elle devint l'épouse de Souddhodana* le roi puissant. Le *mariage conclu, Maya,* c'était son nom, s'endormit d'un profond sommeil. Un éléphant radieux lui apparut en songe : il traversait les airs, rapide comme la foudre, et ses rayons lumineux éclairaient le monde. Elle se réveille, au moment où l'apparition céleste s'arrêtait au-dessus de sa tête. Les prophètes consultés annoncèrent qu'un esprit saint avait visité la vierge, que son fils serait *Boudha* : qu'il enseignerait la loi, et affranchirait les mondes.

Bientôt, en effet, le sein de Maya, *transparent comme un pur cristal,* laissa voir un enfant déjà beau de la beauté divine, à genoux, soutenu sur ses mains. Il naquit à l'ombre des grands arbres, sur un berceau de fleurs épanouies ; le ciel et la terre tremblèrent ; une pluie de fleurs merveilleuses inonda le sol ; l'air retentit d'une musique enivrante, et l'espace fut embaumé de délicieuses senteurs [1].

Tel est le mythe le plus audacieux, le plus chaste, le plus consolant pour la conscience. Le poète n'a pas maudit la femme, il ne l'isole pas de la société de l'homme ; elle est la préférée de Dieu, le vase d'élection, le tabernacle auguste dans lequel il veut prendre la forme terrestre ; le ciel et la terre ont salué son avènement. Elle grandit ; un roi l'honore de son choix ; et le miracle commence *dès qu'il l'a nommée son épouse.* Un rayon divin

---

[1] *Histoire pittoresque,* t. 1, p. 310 et s., et aussi Benjam. Const., *Religion.*

l'enveloppe ; le flanc de chair perd son apparence vulgaire, dès qu'il est fécondé ; il se change en pur diamant, seul berceau digne de celui qui sera *Bouddha*. La femme transformée, ennoblie par la maternité, est sanctifiée par l'accomplissement de ses devoirs. Les flancs de la vierge stérile ne cessent pas d'être de chair ; ceux de la mère se changent en un pur cristal, et le ciel ne lui sera ouvert qu'après avoir accompli son œuvre. Combien de temps faut-il à une femme qui sort des bras d'un homme pour être pure ? Et la femme de Pythagore répondait : elle l'est à l'instant si cet homme était son mari, si non, jamais. Seuls, le stupre et l'adultère la dégradent [1] : la maternité la sanctifie.

Tel est le droit des hommes, de la famille, de la cité, celui qu'il fallait remettre en lumière : il était suffisant pour la vertu, il offrait à la moralité publique une base inébranlable, et le mariage né de la conscience, élevé sur les ailes de la foi, reprenait sa valeur première, il était un grand sacrement. Nous allons voir bientôt ce qu'en firent les Saints.

[1] Diogène Laerte... Pythagore.

CHAPITRE VII

Nouveau principe du mariage. — *Liberorum quærendorum causa.*—
Lois Juliennes.

Les Romains ne voulurent rien devoir qu'à leurs vertus
politiques et guerrières, et ils conquirent le monde ! Arrivés à ses extrêmes limites, ils rentrèrent en Italie, trai-
nant après eux les dépouilles de l'univers. Devenus riches,
ils dédaignèrent leur glorieuse pauvreté ; fatigués de vertus, ils se corrompirent ; las d'une liberté agitée, ils cherchèrent le repos, et se firent esclaves. Ils ne demandent
plus des ennemis à combattre, des terres à cultiver. Le
pain de l'aumône et les pois chiches, les bains, les spec-
tacles, les mauvais lieux, leur suffisent à cette heure; leurs
héros sont dans les cirques, i's s'appellent les gladiateurs ;
ils prodiguent les couronnes triomphales à de méprisables
histrions. Les jeunes hommes ne se pressent plus sur les
pas des guerriers victorieux, des préteurs incorruptibles ;
ils forment l'escorte des courtisanes, ou des efféminés à la
mode. Le peuple, jadis, se retirait en armes sur le mont
Sacré, pour arracher des mains de l'aristocratie, des privilèges héréditaires. Les élections sont devenues un marché
public ; les dignités, jusqu'à l'empire lui-même, sont ad-
jugées au plus offrant ; l'herbe croit sur les marches des
temples de Jupiter et de Vesta, tandis que la foule se précipite vers les mystères ignominieux des divinités Asiati-

ques. L'âge des Fabricius était passé : à un peuple d'esclaves il fallut un culte d'esclaves ; et César n'avait rien à faire de la législation d'un peuple libre et vertueux. Nous savons que le premier exemple de répudiation qui scandalisa la République procéda de l'idée fausse que la *fécondité* est une condition du mariage. L'indissolubilité, jusque-là respectée, disparut dans les ruines de la République. Auguste plane sur cette déplorable époque, comme l'oiseau de proie sur un champ de carnage. Il a ravagé l'Italie, dépeuplé Rome sous la hache de ses bourreaux, pour établir ce trône sur lequel devaient s'asseoir successivement toutes les hontes, toutes les infamies, tous les crimes. Il fallut ranimer le sang des vainqueurs du monde, ce noble sang que l'absolutisme fils de la corruption avait figé dans leurs veines ; il fallut réparer l'œuvre de destruction, remplacer les innombrables victimes des meurtres, des assassinats, des proscriptions de César, et sauver la maîtresse de l'univers de la solitude. D'autre part, le trésor était vide, et les moyens ordinaires insuffisants à le combler. Tel fut le double but que se proposèrent les lois Juliennes et Papiennes, jadis si célèbres et aujourd'hui perdues. Sans entrer dans l'examen des fragments qui nous restent de cette législation, objet bien digne cependant des méditations des penseurs, il nous suffit de constater qu'elle a complètement changé la base du mariage. Il n'a plus que la *reproduction* pour but. Elle est comme une étiquette sur tous les actes, contrats, édits de la nouvelle époque : *liberorum quœrendorum causa.* Les faveurs de la loi civile et politique se groupent sur la tête des pères ; à eux les successions, à eux les exemptions d'impôts, les fonctions, les honneurs [1] : leur titre à les ob-

---

[1] Le ch. VII de la loi Julia adjugeait le droit des premiers faisceaux, non pas au plus ancien des deux consuls non pas au plus

tenir se trouve dans le nombre de leurs enfants : ils n'ont à craindre que le concurrent dont la famille est la plus nombreuse. La loi du mariage forcé entraîne tous ceux qui en sont capables, sans respect pour la pudeur ou les simples convenances ; la distinction des classes s'efface devant la nécessité de repeupler la cité. La vierge, la femme divorcée, la veuve, l'affranchie sous serment de ne pas se marier, toutes doivent également obéir à la loi ; le préteur urbain a la charge de contraindre les parents au mépris de la puissance paternelle, à pourvoir et à doter leurs enfants. La femme instituée légataire sous condition de viduité est relevée de la déchéance. La veuve a deux ans, la femme divorcée dix-huit mois, pour se consoler de la première union dissoute, et en contracter une nouvelle.

Auguste accusa le célibat des épouvantables débauches qui achevaient la dépopulation de Rome ; il lui oppose la nécessité du mariage, luttant ainsi contre la répulsion qu'il inspire à toutes les époques de décadence. Ses allures chastes et pieuses ne sauraient convenir à l'égoïste, au sceptique, au voluptueux, parasites toujours si nombreux des civilisations extrêmes. Isolés de la famille, seuls avec leurs passions que le feu sacré du foyer n'a pas purifiées, jouet des fantaisies dont l'objet change à toute heure, sans préoccupation du lendemain, ils boivent à la coupe des plaisirs faciles, et propagent la dissolution pour apaiser leur soif toujours inassouvie : le génie politique peut habiter le cerveau d'un scélérat. Auguste avait frappé juste, il voulut moraliser les Romains dégénérés ; ses exemples n'y devaient pas suffire plus que ses lois. Il condamna ses esclaves à devenir honnêtes gens, c'est-à-dire chefs de famille ; l'homme échappe difficilement à

illustre par son origine ou ses services, mais à celui qui avait donné à l'État le plus grand nombre d'enfants.

l'influence salutaire de sa compagne[1]. Quand l'amour se tait, elle a pour auxiliaires la reconnaissance due à ses soins dévoués, sa faiblesse même, et le groupe des enfants qui relient les cœurs par la chaîne des doux souvenirs et des espérances communes. Cette partie de la loi a fait absoudre ses violences. Il eut en outre le mérite d'en maintenir l'application contre les hommes de cour, qui réclamaient pour eux le privilége des amours faciles. Quiconque n'a pas obéi à la loi dans les cent jours ne peut profiter des dispositions testamentaires faites à son profit. La femme à vingt ans, l'homme à vingt-quatre tombent également sous le coup des déchéances, ils perdent les droits de patronat, et sont exclus des fonctions publiques. Ceux qui vieillissent dans le célibat sont frappés d'une forte amende. Une étude des lois Caducaires serait ici hors de propos; il nous suffit d'en indiquer quelques dispositions pour établir qu'il fallait obéir, sinon la main du fisc dépouillait les citoyens non pas seulement des droits les plus légitimes inhérents à la qualité de membres de la famille ou de la cité, mais encore de leur patrimoine. Il fallait au maître des esclaves et de l'argent ; et la loi imposait à chacun de fournir l'un ou l'autre. Le mariage n'existe que par et pour les enfants ; les vieillards n'ont plus le droit de se marier, sur la simple présomption de la perte de la faculté d'engendrer; les femmes à cinquante ans, les hommes à soixante sont présumés en état d'*infibulation*. La dot, constituée à l'oc-

---

[1] Ce sentiment si vrai donna probablement naissance à la coutume conservée chez nous jusqu'à l'ordonnance d'abolition de 1668, de faire grâce au condamné à mort célibataire qu'une femme consentait à épouser. (Loiseleur, *Des crimes et des peines*, p. 273.) Elle existait aussi en Espagne. Farinacius (*Frag. crim.*, v° *Condemnatus*) raconte qu'un tout jeune homme était conduit au gibet monté sur un âne. Une vieille courtisane l'aperçoit et lui offre généreusement ce moyen de salut. Le patient la regarde avec attention, puis détournant la tête : Fouette, dit-il au bourreau, et finissons-en. Le roi, qui assistait à l'exécution, lui accorda sa grâce.

casion d'un mariage prohibé, est frappée de caducité [1]. Sur quoi les sexagénaires firent grand bruit, se prétendant parfaitement capables de remplir la condition exigée, mais cependant avec des mineures de cinquante ans. Ils invoquèrent Aristote à l'appui de leurs prétentions. La lutte dura jusqu'à l'empereur Claude, qui accueillit leurs plaintes, probablement par égard pour le grand philosophe ; car il n'eut pas l'air de croire à leurs promesses, puisqu'il motiva son édit d'autorisation par ces mots qui seraient charmants de la part de tout autre moins stupide : *humanitatis solatium*. Ainsi, le vrai principe du mariage est anéanti, sa conséquence ordinaire devient sa cause unique. La grandeur Romaine allait sombrer : après la lumière les ténèbres ; après le droit des hommes le droit des esclaves ; après la dignité l'avilissement.

Constantin, qu'on appelle le Grand, supprima les peines des lois Papiennes; son but n'était pas, comme l'a prétendu Troplong [2], d'affranchir l'union conjugale des turpitudes de l'amour du gain, et de restituer sa dignité au sacrement. Il voulut au contraire faciliter le célibat, encourager à la vie religieuse, peupler les couvents, et former une armée à la religion nouvelle qui était devenue la sienne. Les intrigues des Évêques avaient frayé le chemin du trône à ce monstre chargé de crimes atroces ; assassin avoué de Licinius son beau-frère, de Maximien son beau-père, de Faustine sa femme, de Crispus son fils dont la gloire lui donnait de l'ombrage, il demanda vainement à l'autel des faux Dieux une purification dont il était indigne. Les prêtres Chrétiens se montrèrent plus traitables, et il s'était ainsi acquitté d'une dette de reconnaissance. Mais en supprimant les prescriptions et les peines des lois Juliennes, il

---

[1] Jacob, *Gothofredi opera juridica.* Voir la réunion des lois Caducaires. (*Fragment.*)

[2] *De l'infl. du christian.*, p. 180 et s.

laissait subsister leur cause, c'est-à-dire la formule *libe-rorum quœrendorum causa*. Aussi ne fut-elle pas oubliée à l'époque de la réformation Justinienne; elle s'étendit au contraire, et donna naissance à la législation spéciale contre les maris impuissants [1]. *In causis jamdudum definitis ex quibus rectè mittentur repudiœ, illam addimus : si ma-ritus uxori ab initio matrimonii usque ad duos annos continuos computandos coïre minimè propter naturalem imbecillitatem valeat.*

Le charitable empereur ajoute au motif de César [2]: *Mu-lieres ad hoc natura progenuit, ut partus ederent, et ma-xima eis cupiditas in hoc constitutā est.* On sent que le nouveau législateur est imprégné des doctrines qui vont bientôt régner en souveraines. La femme pourra dans l'avenir donner satisfaction à ce désir dévorant sans dan-ger pour sa dot [3]. *Quod si maritus uxori coïre minimè voluerit, propter naturalem imbecillitatem, poterit mu-lier, vel ejus parentes sine periculo dotis amittendœ repudium mittere.* Ses bons sentiments pour le beau sexe eurent leur réaction cependant ; il craint de s'être laissé entraîner trop loin ; aussi corrige-t-il ce qui lui semble rigoureux dans son innovation, par l'Authentique *de repudiis. Sed hodiè non biennium solum, sed trien-nium enumerari volumus ex ipso tempore copulationis computandum.* Mais d'où procède cette singulière modi-fication, fort humaine assurément dans son principe ? Il va nous le dire lui-même[5]: *Dedicimus....... quosdam quum longiore tempore quam biennis impotentes fuissent, posteà ad liberorum procreationem idoneos viros esse.* Montes-

---

[1] *Cod. de repudiis*, l. pene-ultima.
[2] *C. de indict vidui.* Tall. l. II.
[3] *C. de repud. l. in causis.*
[4] § 10.
[5] Nov. 22, cap. 6.

quieu ne croit pas à l'exactitude du renseignement ; car, dit-il, en cas pareil, deux ans en valent trois, et trois n'en valent pas plus que deux [1]. Telle a été l'origine de cette législation ridicule de l'impuissance. Auguste en avait hardiment posé le principe dans les lois Juliennes : Il ne pouvait appartenir qu'à un législateur du Bas Empire, d'en accentuer les conséquences. Il avait ainsi préparé un instrument redoutable que nous allons retrouver aux mains des Canonistes mais amélioré de toutes les ingéniosités de la Casuistique.

[1] Liv. XXIX, ch. XVI. *Esp. des Lois.*

CHAPITRE VIII

DOCTRINE ANGÉLIQUE. — DÉGRADATION DU MARIAGE.

Le Christ vient d'expirer sur le Golgotha, offrant à Dieu
le sacrifice de sa vie pour le salut du genre humain. Il a
confié la semence de sa divine parole à douze disciples,
humbles pêcheurs, animés de la foi qui transporte les
montagnes; elle leur tient lieu de science, ils vont révolu-
tionner le monde. Les doctrines corrompues d'Epicure ont
gangrené le corps social tout entier. Les turpitudes de
l'amour du gain et de la volupté ont seules le privilége
d'agiter les âmes. Que vont faire les réformateurs dans
cette société ivre de jouissances, folle de luxure, entraînée
aux abîmes par le torrent de la chair. Leur moyen fut aussi
simple qu'audacieux, ils la nient hardiment [1]. La théorie
Platonicienne de l'âme devient la base de leur enseignement; elle est une émanation de Dieu. La notion du vrai
dépend de sa divine essence; plus elle se dégage de son
enveloppe terrestre, plus elle se rapproche du souverain
bien. L'homme embarrassé des soins de la famille ne pouvait s'élever jusqu'aux sommités de la sagesse : et Platon
l'en dégageait, dans sa république, par la communauté des

---

[1] Cette doctrine est purement catholique et nullement chrétienne.

femmes ; les novateurs les suppriment. Les sens ne servent qu'à nous égarer, celui qui obéit à leur entraînement se dégrade et avilit son âme. La perception de la vérité lui échappe bientôt, et la damnation éternelle sera la punition légitime de sa faiblesse. Que l'homme donc meurtrisse son corps, qu'il se couvre d'un cilice, qu'il mange son pain mêlé de cendres, qu'il renonce aux biens de ce monde, qu'il tue la bête, et cherche le salut éternel même en passant sur le corps de son père, même en foulant aux pieds le corps de sa mère : *percalcatum perge patrem percalcatam perge matrem* [1]. Ainsi le mépris de la chair jusqu'à la condamnation d'une propreté élémentaire ; « ne sauriez-vous souffrir une tête malpropre, Jésus-Christ est la tête de l'homme ; craignez-vous d'être privé de bains, il suffit de s'être une fois purifié en Jésus-Christ [2] », l'anéantissement de la chair, l'oubli du monde extérieur : plus de patrie, plus de famille, plus rien [3]. L'homme doit traverser la terre comme un lieu d'exil, comme une vallée de larmes ; il fuira la créature dont l'approche est une occasion de chute, et réservera pour Dieu seul son affection sans partage ; la loi de la vie, l'amour est banni, condamné, car il n'y a plus de sexes. La virginité stérile constitue l'état par excellence ; c'est elle qui conduit à la perfection. Les sourires du ciel lui sont réservés ; mais sa pratique n'appartient qu'aux forts ; les vierges sont les fiancées de Jésus-Christ, les épouses de Dieu même, et supérieures aux esprits célestes. Qui dépeuplera le monde du crime ou de la vertu, de la chair ou de l'âme ? Quel sera le choix des hommes entre la loi de la

---

[1] Saint Augustin attribue la douleur de sa mère au moment où il s'embarque pour l'Italie à la corruption qu'elle tenait d'Eve. (*Confess.* lib. V, c. IX)

[2] S. Jérôme. 1re *lett. à Héliod.*

[3] Rom. 7-23.

brute et celle des anges [1] ? Saint-Paul avait dit [2] : Je sens dans les membres de mon corps une autre loi qui combat contre la loi de mon esprit, et qui me rend captif, sous la loi du péché, qui est dans les membres de mon corps. Saint Jérôme avoue, de son côté, que prétendre vivre sans passions c'est vouloir déplacer l'homme, et le tirer de son état naturel [3], c'est entreprendre de le dépouiller d'un corps auquel il est nécessairement attaché [4]. Où sera donc notre ressource ? Faites mourir les membres de l'homme terrestre qui est en vous [5]; et pour obtenir ce beau résultat ils enrôlent la jeunesse, la séduisent par leurs promesses, l'effrayent de leurs menaces, la flattent jusque dans sa vanité la plus mondaine ; tous les moyens sont légitimes

[1] Au IVᵉ siècle les conciles durent sévir contre ceux qui abandonnaient leurs femmes et leurs enfants pour gagner le Paradis.

[2] Manou(IX-45), comme le législateur Égyptien, fit consister la perfection de l'homme dans la réunion de trois personnes, l'homme, la femme et l'enfant. O généreux Indra (*Rig. ved.*, sect. 8), s'écrie le pieux Indien, rends heureuse la nouvelle épouse ; qu'elle donne à son mari dix enfants, et que lui-même soit le onzième. Zoroastre était plus rigoureux encore ; il envoyait en enfer jusqu'à la résurrection, la fille morte vierge, quelles que fussent d'ailleurs ses bonnes œuvres. Les Juifs, les Spartiates et la plupart des peuples avaient le célibat en mépris. Les Romains notaient d'infamie ceux qui refusaient de se marier. Nous savons ce qu'ils devinrent avec les lois Juliennes. Ainsi la loi du mariage constitua dans toute l'antiquité le devoir par excellence, sans en excepter les castes Sacerdotales ; avec Zoroastre il devient un moyen d'expiation et de purification. Le Paradis ne pouvait appartenir qu'à celui dont le fils accomplissait les cérémonies funèbres. Telle fut chez les Indiens et chez les Juifs l'origine du *Lévirat* qui à défaut d'un frère du décédé s'étendit jusqu'aux parents plus éloignés. Telle fut, en Perse, l'origine du mariage de l'homme mort sans postérité avec la femme qui avait des enfants. Elle était réputée veuve du défunt, et les enfants lui appartenaient. La cité se réjouit de ces doctrines qui lui offrent une double garantie de moralité et de perpétuité. Elle repousse la doctrine contraire dont le moindre inconvénient est de la menacer dans son avenir.

[3] Telle n'était pas l'opinion de Saint Ambroise, il déclare le mariage contraire à la nature car, dit-il, tous les hommes naissent célibataires. Voilà vraiment une raison admirable.

[4] Rom. 7-23.

[5] *Lett.* 73ᵉ *à Ctésiphas.*

pour conquérir des âmes au ciel. « Le front de Jésus-
« Christ ne s'est couronné d'épines, il ne s'est chargé de
« nos péchés, que pour faire naître les roses de la virgi-
« nité. Celle qui ne suivra point sa loi aura ses ronces
« et ses épines, car Dieu a dit à la femme : Tu enfanteras
« dans la douleur ; ton affection tout entière appartiendra
« au mari qui sera ton maître ; venez donc vers l'époux
« céleste, qui fait ses délices des âmes pieuses des vierges
« qui ont suivi le conseil du Sage : que votre vêtement
« soit toujours exempt de souillure [1]. »

Démétriade a prononcé ses vœux. Elle était jeune,
belle, opulente, et issue d'une famille consulaire. Le Saint
la félicite. « Cette heureuse nouvelle a comblé de joie
« toutes les églises d'Afrique, et la renommée l'a
« répandue des villes aux hameaux, et jusqu'aux plus
« humbles chaumières. Les îles entre l'Italie et l'Afrique
« en ont tressailli ; Rome a dépouillé son vêtement
« de deuil, dans les ruines entassées par les barbares ;
« elle a repris sa splendeur, confiante que la vie sainte
« d'une de ses filles attirera sur elle la protection céleste.
« Comme si l'armée des Goths avait été détruite, comme si
« Dieu avait frappé cette vile multitude. Les cœurs y furent
« moins raffermis par la victoire que Marcellus remporta
« sur Annibal, après la triple défaite de Trébie, de Cannes,
« de Trasimène ; la joie fut moins grande au Capitole à
« la nouvelle de la défaite des Gaulois ; la grande nouvelle
« est arrivée jusqu'à l'extrême Orient. Quelle vierge ne
« s'enorgueillira pas de t'avoir pour sœur, quelle mère ne
« sera pas jalouse de ta mère ! Que les païens rient à l'aise
« de nos espérances de la vie future. Tu as déjà reçu plus que
« tu n'as sacrifié ; car si tu avais épousé un homme, qui
« l'eût appris ? une province au plus ; tandis que toute

---

[1] S. Jérôme à Démétriade, *lett.* 22.

« la terre te félicite de ton alliance avec Jésus-Christ[1]. »
Voilà certes un grand bruit pour les vœux d'une enfant.
Mais combien seront tentées de l'imiter ? Tous les cœurs
généreux sont accessibles à la gloire, sans même prétendre
à l'admiration de l'univers.

Ainsi, tuer les membres du corps terrestre, tel est le but,
telle est la fin ; l'entreprise sera héroïque sans doute : mais
combien peu pourront accomplir cet affreux suicide; il s'en
plaint amèrement lui-même ; au lieu de s'en prendre à la
fausseté de la doctrine qui tend à déplacer l'homme, à le
dépouiller d'un corps qui est de son essence, comme il l'a
reconnu précédemment, il accuse les imprudents excès de
table qui enflamment les passions, et préparent la défaite
et la honte de celles qui succombent.

« J'avoue avec douleur que les vierges périssent en grand
« nombre dans le sein de l'Église, etc., etc.; les unes, veuves
« hors mariage, marchent le front haut, d'un pas mesuré,
« dissimulant sous d'amples habits, des désordres révélés,
« plus tard, par leurs grossesses ou les vagissements
« de leurs enfants; d'autres, habiles dans l'art des poisons,
« les détruisent avant de les avoir conçus, ou par des avor-
« tements provoqués. Il arrive souvent qu'elles périssent
« elles-mêmes victimes de leur iniquité, et tombent dans
« les Enfers chargées d'un triple crime ; car elles furent
« adultères de Jésus-Christ, homicides d'elles-mêmes, et
« parricides ; elles vont, disant : le témoignage de ma cons-
« cience me suffit ; Dieu ne demande que la pureté des
« cœurs. Pourquoi m'abstiendrais-je des viandes par lui
« créées pour mon usage ? Veulent-elles plaisanter et se
« mettre en belle humeur, elles diront après boire, joi-
« gnant le sacrilége à l'ivresse : A Dieu ne plaise que je me
« prive du sang de Jésus-Christ ; et si quelqu'une de leurs

____
[1] S. Jérôme, *id.*

« compagnes a le visage triste, et l'œil sévère, elles l'insul-
« teront des noms de Moinesse et de Manichéenne [1]. »

Mais ce sont là peut-être des exceptions applicables seulement à de faibles filles, qui n'ont pas calculé la rigueur
du sacrifice, ou qu'un hasard malheureux a jetées hors
de la voie du salut. La vertu virile va triompher, sans
doute, de ces épreuves : écoutons encore le loyal Ana-
chorète [2] :

« Fuyez ces hommes au visage composé, chargés de
« chaines de fer, qui laissent croître leurs cheveux comme
« les femmes ; qui portent une barbe de bouc, un manteau
« noir, et marchent les pieds nus dans les glaces. Ces es-
« pèces se faufilent dans les maisons des riches, séduisent
« les femmes chargées de péchés et qui s'y complaisent ;
« ils prolongent les jeûnes du jour grâce aux bons repas
« de la nuit. J'ai honte de dire le reste. . . . .
« . . . .
« Les autres soignés dans leur toilette, parés, frisés, par-
« fumés, la peau lisse, les doigts chargés de pierres pré-
« cieuses, marchent sur la pointe des pieds, pour éviter
« la boue. Vous les prendriez pour des amoureux, et
« non pour des prêtres ; leur soin unique est de savoir les
« noms et la demeures des dames, d'étudier leurs goûts,
« leurs habitudes, etc..... [3] ».

[1] S. Jérôme, 21° *lett. à Eustoch.*
[2] Id., *loc. cit.*
[3] Et ce gros homme vêtu de noir, que cette dame a fait placer
auprès d'elle, comment a-t-il un habit si lugubre avec un air si gai,
et un teint si fleuri : il sourit gracieusement dès qu'on lui parle,
sa parure est plus modeste, mais plus arrangée que celle de vos
femmes. C'est, me répondit-il, un prédicateur, et qui pis est, un
directeur. Tel que vous le voyez, il en sait plus que les maris. Il
connaît le faible des femmes : elles savent aussi qu'il a le sien.
Comment, dis-je, il parle toujours de quelque chose qu'il appelle la
grâce. Non, pas toujours, me répondit-il ; à l'oreille d'une jolie
femme il parle encore plus volontiers de sa *chute,* etc., etc. (*Lett.
pers.,* 48.)

Mais nous ne violons jamais impunément le vœu de la
nature; en nous donnant la vie, elle créa le devoir de la
transmettre : la loi du rapprochement des sexes vient de
Dieu, malheur à qui la méconnaît. Saint-Jérôme lui-
même en fit la triste expérience. Écoutons sa confes-
sion :

« Au milieu d'affreux déserts, dévoré par un soleil de
« feu, je rêvais encore aux délices de Rome. Seul au fond
« de ma retraite, l'âme abreuvée d'amertume, noir comme
« un démon, décharné, méconnaissable, mon corps se
« desséchait sous une enveloppe sordide : tout le jour des
« pleurs, des gémissements. . . . .

« J'invoquais le Seigneur, je priais les yeux humides...
« Vaincu par le sommeil, je tombais, malgré moi, nu, sur
« la terre nue. Mon salut était au prix de ces tortures : eh
« bien ! dans ces solitudes inaccessibles, au milieu des
« bêtes féroces, des reptiles hideux, ma pensée me retraçait
« encore les danses gracieuses des jeunes Romaines. La
« face était sillonnée de rides, le cœur brûlé par d'infâmes
« désirs... la concupiscence attisait ses feux dévorants sous
« ce vase détruit, dans ce cadavre auquel l'homme avait
« survécu. Alors j'appelai le Seigneur, je baignais de mes
« larmes son image sacrée, le jour, la nuit, sans cesse,
« déchirant ma poitrine, implorant sa miséricorde, jus-
« qu'au moment où le calme descendait dans mon âme. Je
« passais ainsi des semaines entières sans prendre de
« nourriture, fuyant même l'abri de ma cellule, où ces
« coupables pensées avaient surpris mon âme. Je courais
« dans les vallées sombres, sur les roches sauvages, aux
« montagnes escarpées, pour prier et me dompter, bour-
« reau infatigable de cette chair en révolte. Là, Dieu m'en
« est témoin, après des torrents de larmes, les yeux fixés
« au ciel, triomphant, je prenais place parmi les chœurs
« des Anges, et dans les extases d'une vision céleste je

« chantais : je suis arrivé jusqu'à vous, attiré par l'odeur
« de votre encens [1]. »

Ainsi les convulsions de l'épilepsie comme le dernier
mot du système !

Cette pratique effrayante n'intimidait pas les Paul, les
Jérôme, elle était à leur taille ; mais que vont devenir les
faibles, dans ce renversement de fond en comble : que
feront ceux qui n'ont pas l'héroïsme d'éteindre leurs sens
dans les eaux glacées, de déchirer leurs membres sous la
discipline, ou dans les buissons hérissés d'épines? C'est la
question qu'ils adressent à Saint Paul lui-même. La réponse
fut nette et précise. Il importe de ne pas l'oublier, elle est
la base du nouvel édifice : Eh bien mariez-vous ! *Melius
est nubere quam uri !* L'homme et la femme, au point de
départ, sont les deux parties d'un même tout : le mariage
n'a que le but de les rapprocher, réalisant ainsi le vœu de
la nature et de la cité ; il devient avec Saint Paul comme
un pis-aller, un remède contre la concupiscence, une tolérance de fornication pour les faibles. *Ut quod aliquando
fuit legis obsequium nunc sit infirmitatis remedium*[2] *hanc
ob causam, data est illi mulier adjutrix ut effervescentem
naturam coerceat, et concupiscentiæ fluctus sedet*[3]. La
raison s'obscurcit devant cette réaction farouche opérée
par les Saints. Mais pourquoi l'isolement des sexes est-il
un bien ? Parce que l'homme livré à lui-même peut s'ab-
sorber en Dieu, et chercher sa voie ; l'homme marié, au
contraire, s'occupe de ce monde ; il veut plaire à sa
femme [4]. Saint Jérôme developpe l'idée : « Si le mariage
« fait obstacle à la prière, à plus forte raison à la commu-
« nion, qui est plus excellente. Quand les eaux d'un ruis-

<hr>

[1] *Lett. à Eustoch.*
[2] August. *lib. de lon. viduit.*
[3] Chrysost. 3ᵉ *hom.*
[4] S. P. Corinth. 1, 2, 3.

« seau sont troubles et bourbeuses, c'est à la source qu'il
« faut s'en prendre ; il vaut mieux se marier que brûler,
« parce que c'est quelque chose de moins mauvais que de
« brûler [1]. »

Et lui que faisait-il ? En quoi diffère-t-il du sophiste
qui nie la douleur sous laquelle il succccombe ; le Christ a
cependant voulu naître d'une femme mariée ? Qu'importe,
répond saint Justin, elle était vierge, et Dieu a indiqué
ainsi sa volonté d'abolir l'acte de la génération, qui est
l'effet d'un désir vicieux et illicite. Chateaubriand se demande si le législateur des Chrétiens n'a pas voulu nous
enseigner par là, que la terre, sous les rapports politiques
et naturels, était arrivée à son complément d'habitants, et
que loin de multiplier les générations, il faudrait désormais
les restreindre [2]. Mais alors pourquoi le mariage est-il
un sacrement ? «Parce qu'il donne naissance aux vierges, et
« que la vertu perdue dans la racine se retrouve dans le
« fruit. Je loue les noces, je loue le mariage parce qu'il
« produit des vierges, c'est une épine qui porte des roses,
« un rocher qui produit des diamants!! [3]. » Donc le sacrement n'est plus qu'un fumier toléré pour la moisson qu'il
promet. Allons plus loin : que deviennent les mères coupables de ne s'être pas abstenues d'une chose licite, honorable, glorieuse? Elles sont corrompues, *corruptæ*, répond
l'unanimité des docteurs, et Saint Jérôme les tarife de peur
sans doute que leur valeur relative ne fût exagérée: le nombre *cent* forme la couronne de la vierge, et tient le premier rang ; le nombre *soixante* est au second, et représente l'état laborieux des veuves ; enfin le nombre *trente*
représente l'union conjugale. Que trouve-t-il au-dessous?
il n'ose pas le dire, mais voici qui supplée à son silence.

[1] S. Jérôme, 54° *lett. à Simmaque.*
[2] *Génie du christian.*
[3] S. Jérôme, *id.*

il s'adresse à une matrone du nom de Furia; elle est veuve, il veut la dissuader de se remarier: « Vous savez tous les « ennuis que le mariage traîne après lui, vous vous en « êtes rassasiée jusqu'au dégoût ; pourquoi donc voudriez- « vous encore goûter de ce mets funeste, *comme un chien* « *qui retourne à ce qu'il a vomi, comme un pourceau* « *qui, après avoir été lavé, va se vautrer de nouveau* « *dans la boue. Canis revertens ad vomitum, et sus lota ad* « *volatubrum luti* [1]. » A-t-il oublié *que cette boue, que ces vomissures* sont un sacrement !! Il ajoute ailleurs et ceci est plus explicite encore [2]: Saint Paul a dit à Timothée : « J'aime mieux que les veuves se marient, qu'elles aient « des enfants, qu'elles gouvernent leur ménage, et qu'elles « ne soient point une occasion de scandale ; il justifiait « son indulgence car déjà quelques-unes s'étaient égarées « pour suivre Satan. *Jugez par là du cas qu'il faut faire* « *des secondes noces, puisqu'on ne les préfère qu'à des* « *lieux de débauche et de prostitution !* »

Et ce n'est pas sans intention qu'il parle ainsi, car il ajoute dans la lettre suivante [3] : « Je veux, dit l'apôtre, « que les jeunes veuves se marient. Pourquoi cela, parce « que je veux qu'elles évitent le crime. Je veux qu'elles « aient des enfants de peur que des grossesses imprévues « ne les sollicitent à l'avortement. Je veux qu'elles gou- « vernent leur ménage *parce qu'il y a moins d'infamie* « *à se marier qu'à se prostituer.* »

Ainsi le mariage et la prostitution ne sont séparés que par la tolérance pour les faibles. Fuyons donc ce mauvais lieu, immolons-nous sur l'autel de l'agneau sans tache !.. Saint Ambroise [4] va plus loin: il vaut mieux suivant lui

---

[1] A Furia, 23ᵉ *lett.*
[2] Id , 24ᵉ *lett.*
[3] A Gérad, 25ᵉ *lett.*
[4] Cont. Gorin.

que les jeunes filles se prostituent à un seul qu'à plusieurs.
Saint-Irénée qualifie la Samaritaine de *fornicatrice* pour
s'être mariée deux fois ; saint Basile condamnait les secondes noces comme une fornication ou une polygamie [1].
Grégoire de Nazianze est plus tolérant : il pardonne un
second mariage par indulgence, mais le troisième est une
iniquité, le quatrième ne convient qu'à des pourceaux :
et les deuxièmes noces excluent du Paradis suivant Origène. La conclusion était inévitable [2] ; la coutume Romaine
se contentait de découronner la veuve remariée du titre
glorieux d'*univira*.

Que deviendront nos vieux pères infirmes, nos mères aban-
données sans secours, nos familles désolées de s'éteindre ?
Qu'importe tout cela?... Jésus-Christ se réjouira, et les
habitants du Paradis nous en sauront bon gré [3]. Que ferons-
nous de nos patrimoines ? A quoi peuvent-ils servir à qui
veut vivre sur la terre comme les Anges dans le ciel ?
Vous vêtirez les pauvres, vous donnerez à manger à ceux
qui ont faim : mais surtout vous fonderez des monastères
pour y recueillir les serviteurs de Dieu [4]. Voilà donc la morale des Saints, elle n'était pas nouvelle ; le sacerdoce du
Christ n'a pas le mérite de l'invention. En effet les Casuistes
indiens avaient examiné avant eux les différents états de
la vie : ils n'hésitaient pas à déclarer que le plus bas était
celui des gens mariés, et le plus noble celui de l'anacho-
rète qui consacre sa vie à la contemplation et à la prière [5].
Les Siampis allaient encore plus loin ; ils considéraient le
mariage comme un état de péché. Les Esséniens suivaient
ces doctrines chez les Juifs. Mieux encore, leurs Thérapeutes

---

[1] Barbeyrac, *Morale des Pères*. c. IV, VIII, IX.
[2] Dans l'appendice au ch.v de la deuxième partie nous signalons
l'origine historique des répugnances des Pères de l'Eglise pour les
secondes noces.
[3] S. Jérôme, 23ᵉ *lett. à Furia*.
[4] 22ᵈ *lett. à Demetriade*.
[5] Ezour Vidam, t. I, l. III, c. II.

se dévouaient dans les solitudes aux pratiques les plus rigoureuses. Les païens n'avaient-ils pas leurs prêtres de Cybèle, mendiants méprisables, excréments de l'humanité, qui se mutilaient pieusement et cherchaient un prétexte aux aumônes dans leur ignominie. Comment s'étonner que des pays qui acceptent ces tristes enseignements, ou tolèrent ces odieuses pratiques, n'aient jamais été que la proie de qui a daigné les asservir. Les peuples qui croupissent dans les superstitions, la pire des servitudes, pareils à des enfants dont les membres furent comprimés, sont également incapables de grandes vertus, et des nobles sentiments qui les inspirent [1].

La doctrine Angélique ne fut pas admise sans de graves difficultés par l'Église, et le droit humain trouva parmi les Saints d'éloquents défenseurs. Les Chrysostôme, les Cyprien purent bien considérer le mariage comme la conséquence finale de la chute de nos premiers parents, la concession était nécessaire ; mais ils n'en revendiquent pas moins ses droits au nom de l'homme, car ils comprirent que le célibat est comme un jardin sans enceinte, exposé à toutes les invasions ; au nom de la société, à laquelle il sert de base ; au nom même de la religion : il semblait même à Saint Paphnuce que l'usage du mariage était une excellente continence [2], et Saint Cyprien conseille aux vierges consacrées à Dieu, qui ne peuvent ou ne veulent pas persévérer, de se marier pour éviter les peines de l'enfer.

Les Saints voulurent-ils créer un type de perfection dépassant la nature, pour réagir plus efficacement contre le sensualisme qui dévorait l'Empire agonisant. Le remède était héroïque : devenu permanent, il entraînait après lui les inconvénients de tout ce qui est excessif. Mais le monde

[1] Longin, *Du sublime.*
[2] Suidas, Paphnuce.

entrait ainsi dans une voie que ne connurent ni Achille
le guerrier invincible, ni Hercule le tueur de monstres.
L'héroïsme va se déplacer : il ne sera plus dans les muscles,
dans la main qui lance le javelot inévitable, ou qui frappe
de la massue irrrésistible. Il résidera dans l'àme, dans la
volonté de l'athlète imposant au corps réduit en esclavage
ses lois de dominateur implacable. L'homme intérieur est
né.

CHAPITRE IX

Le mariage d'après les Saints. — Rétablissement du culte de Priape.
— Conséquences d'une fausse définition.

Le Christ a triomphé : la semence de sa divine parole
a germé sur toute l'étendue de l'empire romain. La religion nouvelle a son chef, ses Évêques, son organisation
hiérarchique, une influence incontestée dans les conseils
des Empereurs. Elle a ses bibliothèques, ses docteurs, ses
apologistes, ses poètes, sa jurisprudence. Que va devenir le
mariage parmi les nations régénérées dans les eaux du
Jourdain ? La Genèse avait déposé son principe au sein de
Dieu même ; elle proclamait son indissolubilité au profit
des deux conjoints, en cela supérieure à la plupart des
législations païennes : à quelle discipline les successeurs
des apôtres vont-ils le soumettre ? César crut assurer son
salut en lui prodiguant les largesses des lois Caducaires.
Les jurisconsultes et les philosophes parlaient encore de sa
moralité, de ses privilèges : ils se servaient avec insistance
d'un des sentiments les plus puissants sur le cœur de
l'homme, le désir de se survivre, *ideò filios filiasve con-
cipimus atque edimus ut ex prole eorum earumve diu-
turnitatis nobis memoriam in œvum relinquamus* [1].

Justinien le reprend encore au nom de la munificence

---

[1] *Callist. dig. de verb. signif.*, **22**, § **30**.

divine : *in principio ex filiorum procreatione renovata genera manent, et jugiter Dei clementia naturæ nostræ quamdam immortalilatis speciem donat.*

Mais l'heure était venue, où les lois naturelle et politique allaient s'effacer devant les apôtres de l'abstinence et de la mortification. La théorie de l'isolement des sexes ne pouvait pas devenir universelle. La nature était plus forte que le génie des Saints, plus persuasive que leurs paroles d'or; ils transigent alors, et inventent la chose la plus étrange, la plus incroyable assurément : le mariage des âmes, sans la complicité des corps. *Beatoria sanè sunt conjugia quæ sine liberis procreatis, sive etiam ista terrena prole contempta, continentiam inter se pari consensu, potuerint* [1]. Saint Jérôme va plus loin, il lance la raillerie à qui se préoccupe de fonder une famille [2]. *Porro liberorum quærendorum causa uxorem ducere, ut vel nomen nostrum non intereat, vel ut habeamus senectutis præsidia, vel certis utamur hæredibus, stolidissimum est.* Ces opinions humoristiques ne se rencontrent heureusement que dans les livres des Saints; elles sont aujourd'hui sans grand danger : mais il n'en fut pas toujours ainsi, si nous en croyons la légende de Grégoire de Tours [3]. Nous pourrons ainsi juger la doctrine par ses effets.

Injuriosus, jeune patricien Arverne, avait épousé la fille unique d'un grand seigneur du pays. Le soir venu, on les couche dans un même lit, suivant la coutume. La mariée se tourne aussitôt vers la muraille, et se prend à pleurer. Au nom de Dieu, lui dit l'époux, je vous adjure de m'avouer la cause de vos larmes. Alors se tournant vers lui : Je puis pleurer tous les jours de ma vie, je n'éteindrai jamais le feu dévorant qui consume mon cœur : car je m'étais pro-

---

[1] Aug. lib. I, *de serm. Dom. in monte.*
[2] Lib. I, *ad Jovinia.*
[3] T. I, liv. I, ch. XIII.

mis de conserver à Jésus-Christ mon corps pur de tout embrassement. Infortunée que je suis, abandonnée de Dieu, je n'accomplirai pas mes vœux, puisque je vais perdre ce que j'ai conservé si soigneusement jusqu'ici; oubliée de Jésus mon époux céleste dans le ciel, je tombe dans l'alliance d'un mortel; au lieu de roses toujours fraîches, je ne trouverai plus que des feuilles desséchées, qui me rendront méprisable; au lieu de la robe d'innocence purifiée dans le sang de l'Agneau, j'ai pris celle qui m'enveloppait aujourd'hui, et que je déteste. Mais à quoi serviront mes plaintes! Je suis malheureuse : du ciel, que j'avais espéré, je tombe précipitée dans les abîmes. Puisque tel était mon destin, pourquoi mon premier jour ne fut-il pas le dernier; la mort me valait mieux que le lait qui m'a fait vivre; et les baisers de mes nourrices m'eussent été plus doux dans le cercueil que dans le berceau, etc., etc . . . .

Le jeune homme lui dit alors, les larmes aux yeux : nos familles dont nous sommes les derniers rejetons, nous ont unis pour conserver leur race, et éviter que leurs domaines tombassent aux mains des étrangers, etc., etc. . . . . .

. . . .

Mais si vous désirez vous abstenir de tout rapprochement charnel, j'y consens ; que votre volonté soit faite. Et ils vécurent dans l'état d'innocence.

La légende ne serait pas complète sans un miracle : il y en eut deux. Lorsque la vierge vint à mourir, au moment où son corps fut descendu dans la tombe, le mari remercia Dieu, à haute voix, de pouvoir lui rendre son trésor dans sa pureté native. La morte se souleva et dit en souriant : Pourquoi parlez-vous d'une chose qu'on ne vous demande pas ? Pas trop mal vraiment pour une morte! L'époux va la rejoindre bientôt. Les deux cercueils furent placés vis-à-vis l'un de l'autre, contre les murs opposés du caveau ; mais le lendemain les deux corps se trouvèrent réunis.

Cet héroïsme ne fut pas réduit à l'état de fait isolé. Il s'était systématisé avec les *Abeloïtes* ainsi nommés d'*Abel* qu'ils prirent pour modèle. Leur patron avait été marié, mais ne connut jamais sa femme. Leur mariage était donc une union purement spirituelle. Ils vivaient dans l'état d'innocence ; l'adoption leur assurait des enfants, qu'il eût été criminel de demander à la nature. Leurs biens n'appartenaient aux adoptifs, que sous la condition d'imiter leur exemple. Les Esséniens avaient été moins audacieux. Familiers avec la pratique des plus austères vertus, ils isolaient les sexes, en proscrivant le mariage. L'état d'innocence ne leur semblait pas conciliable avec la possession des femmes, supplice de Tantale, cent fois plus cruel que celui de l'isolement absolu, et qui dépassait les forces humaines [1]. D'ailleurs que deviennent avec la loi nouvelle les cités, les peuples, les Empires ! Tout va donc s'éteindre dans la lutte stérile de la volonté contre les corps exténués ! Les novateurs ne reculent pas devant la conséquence ; ils l'avouent, ils la proclament, ils la justifient.

Les Juifs se mariaient pour obéir à la loi écrite ; les Chrétiens ne doivent le faire que pour remédier à la faiblesse de la chair : *in populo Dei, fuit aliquandò legis obsequium, nunc est infirmitatis remedium.* Les premiers avaient à pourvoir à la propagation du peuple de Dieu, et à la naissance du Messie ; mais aujourd'hui, que grâce à sa venue, les cieux sont ouverts à toutes les nations, il n'est plus nécessaire d'avoir des enfants : vivons donc dans la continence, pour hâter la fin du siècle, et remonter plus tôt vers le Seigneur [2]. Etrange destinée que celle de l'hu-

---

[1] La secte des *Shakers* établie près d'Albany en Amérique pratique le célibat et la continence absolue ; elle a le mariage en horreur.
[2] Tertul. lib. I, *ad uxor.* S. Aug. *de bon. conj.*, c. 8.

manité, condamnée à produire des spectateurs pour l'arrivée du Messie, et à s'éteindre après ce grand spectacle. En sorte qu'il ne reste à l'homme de la seconde période, que le combat contre la chair et la misère.

Il était possible de proposer ces énormités à l'heure où la fièvre de l'enthousiasme, alimentée par le martyre, disposait les catéchumènes à les accepter. Excellentes d'ailleurs pour conquérir des âmes ; car le peuple admire volontiers ceux qui, dépassant les lois communes, méprisent les jouissances vulgaires objet de ses convoitises, pour habiter dans la douleur ; la fièvre passe, ou tue le malade ; l'humanité ne meurt pas, ne doit pas mourir sous les systèmes. Un Dieu bon et prévoyant a préposé à sa conservation des gardiens fidèles, que les sophismes ne sauraient endormir. Elle ne voulut pas s'enrôler sous la bannière des vierges : le nombre était encore grand, de ceux qui ne dédaignaient pas une lignée terrestre, qui ne se croyaient pas des sots pour avoir élevé une famille. Les Saints en prennent leur parti : ils n'abandonnent pas cette part infime du genre humain, la perte eût été trop sensible ; mais ils lui font sa loi morale : le rapprochement des sexes n'est autorisé d'abord que pour avoir des enfants : *liberorum quærendorum causa.*

Le Christianisme a dépassé la loi Romaine en condamnant le divorce, la chasteté matronale, par le mariage purement spirituel des vierges. César lutte contre le célibat de la débauche, et il invente le mariage *liberorum quærendorum causa.* Le Christ est le Dieu des vierges, il tolère le mariage comme un pis-aller, et il s'accommode sans hésiter du motif de César.

Christ et César se donnent la main. Étrange rapprochement ; il n'est qu'accidentel sans doute : voyons plutôt. Les lois Papiennes ont pris la place du mariage Quiritaire. Leur cause provoquait naturellement la question suivante.

Pourquoi le concubinat n'aurait-il pas droit de cité puisqu'il possède les facultés génératives : il l'obtint Cependant malgré ses efforts, et la tolérance d'un pouvoir avili, il fut constamment refoulé dans les régions inférieures. Le vrai mariage garda pour lui la noblesse d'origine, la volonté libre et authentique des contractants, de la famille, de la cité, ses conséquences ém'nentes. Seul il disposa du titre d'*épouse* acquis du jour de la célébration. *Statim atque ducta est uxor quamvis nondum in cubiculum mariti venerit* [1], au contraire de la concubine à laquelle le lit donne son nom et son titre. Sans position définie, elle est à peine visible dans la vie civile : le nom, les biens comme les *sacra* de son conjoint restent ceux d'autrui pour elle. La religion nouvelle réagira sans doute contre les déplorables défaillances de la loi civile, au nom de la famille aux abois, et de la morale outragée : elle reprendra la solennité de la *Confarréation*, et peut-être trouvera-t-elle des formes plus augustes, plus dignes de la main Divine à laquelle il est réservé de lier les nœuds indissolubles. Au moins dédaignera-t-elle le mariage par l'usage, *usu*, par la couche commune! Erreur, elle doit tomber encore plus bas. Les exagérations surhumaines du point de départ rendaient la conséquence inévitable. En effet la première raison du mariage des Saints est celle de César, *liberorum quærendorum causa*. Le sacrement a pris son nom, de cette destination principale : *matrimonium sic denominatur, quod fœmina ob id potissimum nubere debeat ut mater fiat* [2]; encore n'est-elle pas la seule. Saint Paul leur en fournit une seconde [3], *propter fornicationem unusquisque suam uxorem habeat, et unaquæque suum virum : melius est*

---

[1] Dig. 35-1, § 15.

[2] Aug. lib. XIX, *cont. Manichæ. Covaruvias opera omn.* 81, p. 128, § 1 et s.

[3] C. VII de la 1re aux Corinth. § 9.

enim nubere quam uri. Et l'Eglise considéra le mariage, non seulement en vue de la procréation des enfants, mais encore comme un remède à l'infirmité humaine[1]. Les Canonistes le définirent comme Boucher d'Argis leur disciple : un contrat par lequel les parties s'obligent à livrer leurs corps, en sorte que chacune ait sur celui de son conjoint *jus utendi re suà pro ut juris ratio patitur*[2]. Il cite la définition de Juénin[3] : *est actio per quam vir et mulier corporum dominium ad usum conjugalem sibi invicem mutuo tradunt et accipiunt ;* Joanes Andreas la résume en deux mots : *causa prolis, aut causa vitandæ fornicationis*[4].

Ferrière se contente de le traduire : le double but du mariage est la procréation des enfants, et l'apaisement des feux de la concupiscence[5]. Cette définition est celle de tous les Canonistes, et de la plupart des jurisconsultes, jusqu'au XVIIIᵉ siècle. En sorte que la convenance des corps devient la condition essentielle du sacrement. L'homme et la femme ne rapprochent plus ce que Dieu a isolé momentanément : ils ne sont plus les deux parties du même tout. Le mariage a cessé d'être une association de joies et de douleurs, où l'homme et la femme apportent leur foi et leur honneur, leurs biens, leur Dieu et leur salut ; ils font un contrat de reproduction, pis que cela, une convention d'apaisement des sens. Dieu n'a-t-il pas dit en effet à nos premiers parents : *Croissez et multipliez.* Telle était la doctrine des Saints et l'usage qu'ils avaient su faire des vérités sublimes déposées dans les livres sacrés.

---

[1] T. III, *Conf. d'Angers.*
[2] Boucher d'Argis, *Ppes de la nullité*, etc., p. 4.
[3] *I. de sacram.*, t. II, p. 949 et 1043.
[4] T. IV sup. décret., p. 47, *in fine.*
[5] *Dict de droit*, t. II, p. 10, c. II. Wiclef fut condamné au concile de Constance parce qu'il enseignait qu'on ne doit habiter avec son épouse que pour avoir des enfants. Il se mettait ainsi en contradiction avec la 1ʳᵉ aux Corinth., c. VII.

Mais qu'y avait-il de commun entre la loi naturelle de la Genèse, et la loi purement morale du mariage ? Dieu n'a-t-il pas dit à tout ce qui vit et respire : *Croissez et multipliez* [1]. Il impose cette œuvre universelle à l'herbe portant graine, à l'arbre qui mûrit la semence [2], en les créant il les soumit à la loi de la nature. Ils fleuriront au souffle du printemps ; la fleur sera fécondée par la chaleur du soleil ; sous cette douce influence ses couleurs, ses parfums se transformeront insensiblement en graines que mûrira l'automne ; puis la mort de la nature sur laquelle l'hiver étendra son linceul de neige. Mais la graine soigneusement emmaillottée par la main prévoyante de sa mère sera sauvée de la destruction, et renaîtra de ses cendres. Qu'y a-t-il de commun entre ces phénomènes, et le sacrement? Les lois organique et morale confondues ! et le mariage dépendra de l'événement : *si carnali copula cohæreant !* Ainsi l'expérience des corps, leur superposition satisfaisante pour chacun des contractants, tient la condition suspendue, sur la tête du contrat! Ne soyons plus surpris des moissons opulentes de la Casuistique.

Le papillon s'est envolé sur ses ailes d'azur; seule, la chenille reste. La loi morale, base première du mariage, son agent la conscience, la solennité de ses formes, la cité qui consent et l'atteste, tout tombe et disparaît, pour faire place au rapprochement des chairs, dont les archives des sacristies sont quelquefois inhabiles à déterminer le caractère juridique. Deux concubins qui se rapprochent, *per copulam carnalem,* avec l'intention d'engendrer, seront-ils mariés ? pourquoi pas ? La condition n'est-elle pas accomplie ? Ce n'est pas ainsi que Virgile l'avait compris. Son poème inimitable eut été déchiré par ses contemporains indignés, si son héros n'avait traversé tant de périls que pour féconder

---

[1] *Genèse,* ch. I, v. 22.
[2] *Genèse,* ch. I, v. 22

6.

une vierge du Latium, ou apaiser ses juvéniles ardeurs.
Les Dieux seuls ont révélé par leurs oracles l'avenir glorieux
réservé à la race qui doit naitre de l'alliance des deux peuples ; car tel est le décret du Destin. Mais le poète ne sait
de ses héros que leurs vertus, la noblesse de leur origine,
leur piété envers les Dieux. Le fils d'Anchise n'a pour tous
biens que son glaive, et les Pénates sauvés des ruines d'I-
lion en cendres ; il les placera sur l'autel de la famille, où
Lavinie doit les confondre avec les Dieux qu'elle a coutume
de servir, dans le secret du palais paternel. Non la femme
n'a pas été créée d'abord pour engendrer, mais bien pour
compléter l'homme, pour être sa chair, ses os, sa compagne,
sa consolation, son orgueil, son parfum, *uxor*, *unxio*, la vigilante gardienne de sa dignité. Si le mariage est tel que
l'avaient compris les Quirites, son essence réside dans le
consentement ferme et réfléchi de vivre ensemble jusqu'à
la mort : s'il est un contrat de bon ordre dans la cité, il
n'existera pour elle que par l'accomplissement des solennités que la loi lui impose. Enfin si la volonté divine l'a
consacré, il est immuable comme elle indépendamment de
ses conséquences. C'est le contrat des âmes ; le mariage se
fait au ciel, et se consomme sur la terre, suivant la définition saisissante de Loisel. Si au contraire son but principal est la procréation des enfants, ou mieux encore une
occasion honnête d'éteindre les feux de la chair, le concubinage marche son égal. Qu'importe en effet la solennité
de l'acte qui ne doit vivre que par les conséquences qu'on
lui demande ? et la société civile perd sa base. La clandes-
tinité, contre laquelle nos Rois ont vainement lutté pendant
des siècles, était inhérente au mariage défini par l'Église.
Que lui importait la moralité publique à elle, préoccupée
seulement du salut des âmes ? De l'idée de contrat, la loi
païenne, oublieuse de sa définition, avait conclu au divorce.
L'Église, procédant du sacrement, arrivait à l'indissolubi-

lité. La différence n'était qu'apparente, avec une subtilité
de plus, et l'habileté des moyens pour la justifier. La conséquence païenne était nette mais erronée. La volonté crée le
contrat ; il sera dissous par la volonté contraire, exprimée
ou supposée. L'Église n'a jamais ces allures. Le mariage
est indissoluble : elle défendra le principe dans ses écoles,
dans ses conciles, elle lancera l'anathème contre qui oserait la contester ; mais elle sauvera les atteintes nombreuses
qu'elle doit lui porter, en déclarant sa non-existence, quand
il lui plaira de le rompre. Ainsi sa conscience est en repos.
*Tum propriè non fit divorcium ; sed fit declaratio, ut
alii sciant illam societatem non esse conjugium, et con-
ceditur personæ quæ habet naturæ vires integras ut
etiam, vivente altero impotente, possit contrahere cum
alio.*

La loi religieuse dénonce comme coupables les sollicita-
tions attractives qui rapprochent les sexes ; elle ne tolère
le mariage que pour éviter un plus grand mal, *medicina-
liter provisum est* [1] *:* le mariage n'est qu'un remède, il ne
sera avoué, reconnu, qu'à la condition d'agir efficacement
sur la santé des malades. Ainsi Priape était ressuscité, et
son culte remis en honneur par la main des prêtres du
Christ. Un jour vint où la loi civile alarmée dut y mettre
un terme, dans l'intérêt de la pudeur publique [2].

---

[1] *Ivo Carno. Epit.* 83.
[2] Arrêt du parlement de Paris du 18 février 1677 rendu sur les
conclusions de l'avocat général Lamoignon. Le texte est en annexe
au ch. III de la deuxième partie.

CHAPITRE X

Le mariage par coemption devenu chrétien. — Conséquences.
— Abraham et Sara. — Les époux d'Antioche.

La volonté du Quirite ne suffisait pas à rompre le lien de
la puissance paternelle, il était nécessaire que sa manifestation revêtit la forme consacrée, condition essentielle et
sans laquelle le but ne pouvait être atteint. Le chef de
famille voulait-il marier sa fille, il devait la *manciper*, la
vendre en présence de témoins au citoyen *sui juris* qui
l'avait choisie pour épouse; l'acquéreur jetait son prix dans
la balance que tenait le *libripens*, en prononçant les paroles solennelles : et la femme tombait *in manu :* ainsi
le droit du mari se substituait au droit du père, et la
femme avait changé de maître. Il est vrai que les jurisconsultes traitaient ces formalités de *imaginariæ vendi-
tiones;* feintes si l'on veut, mais nécessaires avec l'organisation de la famille Romaine. Une procédure sensible apparente pouvait seule opérer le changement de puissance; la
femme soumise au chef du groupe, au même titre que ses
enfants, ne pouvait honorablement lui appartenir que par
les moyens rigoureusement déterminés. La loi naturelle,
grâce à la jurisprudence généreuse des Préteurs, s'éleva
peu à peu sur les ruines de cette procédure savamment
compliquée, dans l'intérêt d'une aristocratie jalouse de ses
privilèges. La maternité conduisit progressivement la

femme jusqu'à l'affranchissement d'une humiliante infériorité. Elle cessa d'être la pupille perpétuelle de ses agnats. Libre dans la vie civile, elle acquit, jouit et disposa comme l'homme lui-même, sans restrictions et sans obstacles. La *mancipation* ne fut donc qu'un moyen extérieur mais essentiel, d'attacher la femme à la famille du mari et de la placer sous sa puissance légitime. Il semble que les Saints aient été trompés par ce symbolisme juridique. Le sens caché sous les apparences leur échappe. Ils ne virent dans cette mise en scène, qu'un contrat vulgaire de vente tendant à donner pour recevoir : et conséquents, cette fois, avec leur erreur, ils en concluent que le mariage constitue *l'aliénation de deux corps ;* que son but est de mettre le corps de chacun des contractants à la disposition de l'autre : la vente n'est plus *imaginaria* comme disaient les jurisconsultes, elle est devenue réelle, effective, et ne produira effet que par la prise de possession de la chose acquise et vendue. *Dicendum est, quod in matrimonio est contractus quidam quo unus alteri obligatur ad debitum carnale solvendum, undè sicut in aliis contractibus, non est conveniens obligatio, si aliquis se obliget ad hoc quod non potest dare vel facere, nullus potest se obligare ad impossibile. Sed in matrimonio, homo se obligat ad copulam carnalem, quæ ad hoc dat alteri sui corporis potestatem* [1].

Nous examinerons plus tard les conditions requises par l'Église pour la perfection du contrat. Telle est la doctrine des Saints et des Canonistes.

Le mariage opère *mutation de propriété des corps :* la femme devient maîtresse de celui de son mari, le mari maître de celui de sa femme ; et chacun pourra disposer à sa volonté de ce qui lui appartient. L'apôtre avait dit en

---

[1] Thom. Quæst. 58. Art. 1. Sub. 3.

effet : *mulier non habet potestatem sui corporis, sed vir : Similiter et vir non habet potestatem sui corporis, sed mulier* [1].

Voyons la théorie en action. Si l'acheteur a le droit d'user de sa chose comme bon lui semble, le corps du mari appartenant à la femme, elle pourra le livrer à une autre, et ce mari momentanément rapproché d'une étrangère ne sera exposé à aucune souillure ; car en obéissant aux volontés de sa femme, il ne viole pas, il exécute le contrat qui les lie. La conséquence est juste, mais un peu outrée cependant. Peut-être aurait-elle fait reculer des logiciens moins audacieux. Les Saints ne reculent jamais. Sara épouse d'Abraham vieillit sans postérité ; elle place Agar sa servante dans le lit du patriarche, pour avoir d'une autre les enfants que lui refusent ses flancs stériles. Sara use-t-elle d'un droit légitime. Saint Augustin n'hésite pas à l'affirmer, *exegit itaque enim sic debitum de marito utens jure suo in utero alieno* [2]. Rien n'est plus vrai en effet dans les rélations de l'acquéreur et du vendeur ; mais Abraham n'a-t-il pas commis un péché, quoique atténué par son obéissance à exécuter la volonté de sa femme ? *Non enim reperitur Abraham aliquo se contaminásse adulterio ; quoniam non lubrico libidinis amavit ancillam sed ab uxore accepit, quandò uxor ejus fecit de jure suo quod voluit, volens habere filios de marito suo quamvis ex utero alieno* [3]. Voilà une morale indépendante au moins des préjugés. Mais si tel est le droit de la femme, le mari, de son côté, ne pourra-t-il pas imposer à sa compagne, de recevoir un autre homme dans son lit ?

Acindynus gouverneur d'Antioche, sous le règne de Constance, avait prononcé la peine de mort contre un

---

[1] *S. Paul. Corinth.* 7-4.
[2] *De civit. Dei,* lib. VII, c. III.
[3] *Cont. adv. leg.* etc. *Proph.* lib. II, c. IX, § 31.

débiteur du fisc, à défaut par lui de verser une livre d'or, dans un assez bref délai fixé par la sentence. Le malheureux, sans ressources, attendait en prison l'expiration du terme fatal. Sa femme, d'une rare beauté mais sans argent, était recherchée par un homme riche qui, sachant son embarras, lui fit offrir la somme pour prix d'une de ses nuits. Elle était chrétienne, et des mieux instruites parait-il, puisqu'elle n'ignorait pas que son corps n'était pas en sa puissance, mais en celle de son mari ; elle va donc le trouver dans sa geôle, et lui déclare qu'elle est résolue à le sauver, s'il y consent. Le moyen était héroïque sans doute ! Mais le bon homme, éclairé par la crainte de la mort, se convainquit plus facilement que sa femme ne serait pas adultère puisqu'elle agirait par amour pour lui, de son consentement, et par son ordre. Donc elle se livre au galant, qui la conduit à sa maison de campagne, où il en fit à son plaisir ; la livre d'or fut exactement comptée ; mais le brutal la déroba adroitement, et mit à la place de la bourse qui renfermait le précieux métal, une bourse toute semblable pleine de terre. La femme ainsi trompée jeta les hauts cris. Le gouverneur averti se déclara tout d'abord lui-même coupable d'avoir réduit ces malheureux à l'extrémité par ses rigueurs ; il condamna Acindynus à payer au fisc la livre d'or qui lui était due (voilà un gouverneur comme on n'en voit plus), puis il adjugea à la femme la maison de campagne dont avait été prise la terre contenue dans la bourse. Saint Augustin qui raconte le fait n'ose ni le blâmer ni le louer par la raison qu'il n'est pas tiré de la Sainte Écriture. Il laisse chacun libre d'en penser ce qu'il voudra. Barbeyrac [1] s'étonne des hésitations du Saint. En effet si le contrat de mariage est synallagmatique, et s'il emporte aliénation des corps,

[1] Toute cette discussion est au ch. XVI *De la morale des Pères* avec es textes, p. 281 et s.

le débiteur d'Antioche avait usé *jure suo* comme en avait usé Sara, mettant la concubine Agar au lit de son mari. Si la conduite du débiteur du fisc est douteuse, celle de Sara ne l'est pas moins, surtout pour qui considère que le premier était en danger de mort, tandis que la seconde ne voulait que se procurer des enfants. Il est vrai que Sara appartient aux livres sacrés, et l'autre à l'histoire seulement, ce qui, d'après le Saint, établit une différence importante pour la solution. Les profanes ne la distinguent pas très-bien : car si l'épouse peut céder à une autre femme les droits qui lui appartiennent sur le corps de son mari, le mari cédera valablement à un autre homme le droit qu'il a sur le corps de sa femme. Le contrat, ne l'oublions pas, est également synallagmatique et commutatif dans les deux cas, et l'acte des Antiochiens était licite, moral, et fort Évangélique par conséquent ; l'homme n'a point péché, ordonnant à sa femme d'aller dormir chez un riche débauché, et la femme a pu obéir en sûreté de conscience. Elle a livré son corps à son mari dans les mains de l'étranger, elle a obéi au maître, et, bien loin de lui préjudicier, elle l'a racheté de la mort. Or, si des transactions de cette nature ne sont pas blâmables pour se préserver du péril ou pour remédier à la stérilité, ne trouverons-nous pas mille occasions nouvelles de les tolérer ? Quel beau champ à exploiter pour les Casuistes !

Ici finit la partie historique de ces études. Elle nous a montré toutes les formes possibles de l'union des sexes. A l'état rudimentaire des sociétés, la femme, la plus faible, appartient au plus fort, au plus violent ; il s'en saisit comme d'une proie, il la garde ou la repousse à son gré. La loi du plus fort a régi ce rapprochement, fortuit à l'origine, jusqu'au jour où la puissance publique organisée a pu couvrir les faibles d'une protection efficace. Dans la période qui suit, la vierge devient,comme le croît des troupeaux, comme les ennemis vaincus, un objet de commerce pour ses parents qui la vendent, l'échangent, ou la 'ouent pour un temps plus ou moins long, et la livrent *nec conscia contractus nec particeps.* Et cependant le marché a déjà dépouillé les allures vulgaires, il prend le plus souvent comme une forme authentique dans les réjouissances, dans les manifestations extérieures de la famille assemblée ; le consentement de la femme sera bientôt requis pour la validité du contrat sans que sa situation en soit modifiée. Elle continuera d'appartenir au mari, tant qu'il lui plaira de la garder dans sa hutte, ou de l'en exclure par vente ou autrement : l'acquisition impliquant le droit de revendre.

Mais l'étoile du droit s'est levée du côté de l'Orient, plus de 2,000 ans avant notre ère. La *révélation* avait enseigné à un peuple destiné à rayonner sur le monde, que l'union de l'homme et de la femme doit être perpétuelle. Cette doctrine, fille de la justice, s'étendit de l'Asie sur l'Afrique et sur l'Europe. Elle fut, à l'origine, en Grèce comme à Rome, en Judée comme en Perse, comme en Gaule ou en Germanie, le dogme fondamental du mariage. Ainsi la femme avait cessé d'être une marchandise : sa personne morale s'affirmait par ses devoirs, sa personne civile par les droits acquis. Ainsi les sociétés humaines avaient trouvé l'instrument de leur perfectibilité, l'indissolubilité. Elle aura ses éclipses à l'heure des décadences ; mais elle ne doit plus périr. Expression la plus élevée de la loi naturelle [1], elle est devenue labase nécessaire des civilisations

---

[1] Nous trouvons la preuve que l'indissolubilité est *de droit naturel* surtout dans les pays q   a   le divorce. Aux faits déjà cités nous ajouterons l   suiv ts :

A Athènes l'homme ou a femme qui pro oquaient le divorce tombaient également dan le mépris. La femm était même exclue

de l'avenir ; le Christ la releva dégradée, méconnaissable dans l'orgie Romaine ; et lorsque ses disciples furent parvenus, grâce à l'héroïsme des martyrs, grâce au génie des Pères de l'Eglise, à diriger la main des législateurs, l'indissolubilité reparut triomphante, malgré les fausses définitions, malgré les exagérations de la première heure, malgré les ignominies de la Casuistique. Elle avait pu compter sur une victoire définitive dans la législation Française, et la voilà livrée à de nouvelles attaques. Nous allons essayer, après tant d'autres, de rompre une lance en son honneur.

de certaines cérémonies religieuses.Nous savons déjà que le divorce était à peu près sans exemple à Lacédémone. Il est considéré en Chine comme un effet de la corruption de celui qui le provoque. L'estime dont il jouissait en est atteinte. Les lois sont impuissantes sur les appréciations de la conscience.

DEUXIÈME PARTIE

DU DIVORCE

CHAPITRE I

Le divorce. — Son origine en France. — Son abolition. — Tentatives de rétablissement.—Origine de la communauté conjugale.

Saint Augustin examinant les causes de la prostitution s'écrie découragé : « Pas de cité sans égouts. » Sans doute ; mais il n'est pas défendu aux Édiles de choisir le système le moins insalubre. Le divorce se trouve ainsi posé en regard de la séparation de corps. A l'origine, le divorce est un acte spontané du maître. Le fort chasse le faible ; l'homme repousse la femme, *repudium*. Ce mot semble avoir été spécialisé plus tard à la rupture du contrat de fiançailles. *Inter divortium et repudium hoc interest, quod repudiari etiam futurum matrimonium potest, non rectè autem sponsa divortisse dicitur* [1]. Quant au *divortium*, il doit dater de l'époque où la femme compta pour quelque chose, puisqu'il aurait pris son nom de sa cause, *diversitas mentium*, diversité des volontés, griefs réciproques [2] ; ou de ses effets, suivant une autre version : *divortium autem dictum est quia in diversas partes eunt*

---

[1] *Ff. de verbo signif.*, 191.
[2] Montesq. *Esp. des l.*, liv. XVI, ch. xv.

qui distrahunt matrimonium [1] ; encore cette séparation devait elle avoir lieu sans esprit de retour. *Divortium non est in verum quod animo perpetuam constituendi dissentionem fiat* [2]. Le *divortium* s'appliqua également, plus tard, à l'acte qui fait obstacle au *viuculum* et au *fœdus*, au cas par exemple d'empêchements dirimants, ou qui sans rompre le contrat faisait cesser la cohabitation et le lit commun ; c'est-à dire que l'usage désigna par ce mot unique, tout empêchement, toute rupture, ou tout relâchement du lien conjugal, que.le qu'en fût la cause. Le même mot ayant eu successivement des significations si différentes, il fallait s'attendre à des confusions et à des erreurs. Après cette explication nécessaire sur les mots, abordons la question elle-même.

Le divorce a fait son apparition en France à une époque sinistre, dans des conditions si singulières, qu'elles valent la peine d'être racontées.

Le 30 août 1792 [3], l'Assemblée législative, après avoir reçu communication de diverses dépêches, admis des pétitionnaires à l'honneur de la séance, et décrété un commandant de place, reprenait la discussion sur les actes de l'*état civil*. *Muraire* rapporteur avait à peine lu quelques articles, que le député *Aubert Dubayet* l'interrompait en ces termes :

« En faisant une loi pour constater l'état des citoyens,
« votre intention a été de *régénérer les mœurs publiques.*
« Par une de ces dispositions, vous considérez le mariage
« comme un contrat civil, mais vous n'avez point encore
« parlé de la manière dont ce contrat pourra être rompu.
« Notre ancien Code permet la séparation ; *loi barbare*
« qui laisse subsister les liens du mariage. . . . . . .

---

[1] *Ff. de verbo signif.*, 101.
[2] *De Divor.*, 1. XXXIII.
[3] *Monit. univers.*, du 1er septembre 1792, n° 245.

« Il semble que jusqu'à ce moment les femmes aient
« échappé à l'attention du législateur ; les verrons-nous
« plus longtemps *victimes du despotisme des pères, et de*
« *la perfidie des maris?* Les verrons-nous plus longtemps
« *sacrifiées à la vanité ou à l'avarice?* . . . .
« Non, Messieurs, nous voulons que toutes les unions re-
« posent sur le bonheur, et nous arriverons à ce but en
« déclarant que le divorce est permis. »

On applaudit à plusieurs reprises. Suivent des raisonnements que nous rencontrerons plus tard. *M. Ducastel,*
membre du comité de législation, déclare qu'il est d'avis
du principe, mais qu'il y aurait lieu de faire un rapport
spécial sur la question ; il est accueilli par de violents mur-
mures. *Muraire* vient à son tour, et fait observer que *le
divorce ne rentre pas dans la loi dont l'objet est de constater l'état civil.* Nous pouvons cependant, ajoute-t-il,
*déclarer un principe que réclament également la poli-
tique, la morale et la Déclaration des droits de l'homme.*
C'était déjà un peu expéditif, mais voici mieux : *M. Gua-
det :* « Je m'oppose *à ce que l'on décrète le principe,*
« *attendu qu'il l'est déjà.* DES TRIBUNAUX L'ONT PRONONCÉ,
« ET MOI-MÊME COMME ARBITRE DANS UN TRIBUNAL DE FA-
« MILLE ! » *Reboul* insiste, attendu que le principe n'est for-
mellement exprimé nulle part. Et l'Assemblée décrète le
divorce, en principe, au bruit des applaudissements dont
la salle retentit [1]. Ainsi fut proposée et résolue cette grave
question du divorce, par hasard, sur une observation

---

[1] Disons, pour être juste, que les hommes de la Révolution
crurent user de représailles contre le Catholicisme en décrétant le
divorce. Ils ne virent dans l'indissolubilité que le caractère religieux;
aveuglés par la passion, ils lui opposèrent la souveraineté du consentement. Au prêtre officier public ils substituèrent, légitimement
cette fois, l'autorité municipale. Ils prévenaient ainsi le retour du
scandale abominable que l'édit de révocation (1685) avait donné au
monde : l'état civil des citoyens dépendant de leur soumission à
l'Eglise !!!

accidentelle, à propos des actes de l'état civil, en moins de temps qu'il n'en aurait fallu pour régler un ordre du jour; et les tribunaux le prononçaient avant même qu'il eût été décrété ! et les simples arbitres imitaient les tribunaux !!! Quel désordre, quelle confusion de toutes choses !!! ..... Il est vrai que nous sommes à la veille des massacres dans les prisons de l'Abbaye. La femme avait cessé d'être l'esclave de l'homme, suivant le style de Dubayet, pour devenir son égale. A la séance du 13 septembre suivant, le député *Sédilez*, voulant pousser plus loin le principe de l'*égalité*, proposait, aux applaudissements de ses collègues, de soumettre le jugement des affaires de divorce à *un jury composé de femmes, si c'est le mari qui provoque le divorce, et d'hommes si c'est la femme qui veut répudier.* « N'est-il pas temps de compter enfin pour quelque chose « dans notre gouvernement la raison et l'esprit des femmes « qui, sous plusieurs rapports, ne le cèdent en rien à l'es- « prit et à la raison des hommes [1] ? » La proposition fut rejetée.

Il y avait un fonds de raison dans ces insanités. Dès que l'État a acquis sa pleine vigueur, plus n'est besoin d'un guerrier pour défendre la tribu et ses troupeaux, le fief et ses dépendances ; l'État s'en charge, et il fait acte de justice en proclamant l'*égalité* qu'il est en situation d'assurer à chacun. Les privilèges du sexe et de la primogéniture doivent disparaître avec la raison qui les rendait légitimes [2].

---

[1] *Moniteur* du 15 septembre 1792, n° 259.

[2] Le droit d'Aînesse ou de Masculinité eut une origine purement religieuse. Dans l'Inde en effet la naissance du premier fils acquittait la dette des ancêtres, et assurait au père l'immortalité. L'aîné restait chargé des *sacra*, c'est-à-dire des cérémonies funéraires qui préservent les aïeux de la région des tourments, et les élèvent jusqu'au palais du Soleil. Voilà pourquoi toutes les faveurs lui étaient réservées. La foi s'éteignit, le droit d'Aînesse continua d'exister,

L'antiquité avait conclu de l'infériorité physique de la femme à son infériorité morale : « *Major dignitas est in sexu virili.*» Rome avait des femmes illustres en assez grand nombre pour n'y pas croire. Le droit Prétorien, développé par les Empereurs, avait à peu près réalisé, au profit de la femme, l'égalité dans la famille. D'autre part, l'Église remontant à Dieu père commun des créatures humaines arrivait à la même conclusion, malgré la différence du point de départ. Ainsi le droit civil et religieux, champions également dévoués du droit naturel, avaient tendu leur main généreuse à la femme pour la relever de son infériorité ; et la Révolution faisait acte de justice en inscrivant sur son drapeau *l'égalité des sexes* . Mais l'application du principe portait à faux ; elle n'avait pas compris que l'indissolubilité s'était proposé principalement pour objet *la protection de la femme ;* et inconsciente de la cause, la loi nouvelle rejetait celle qu'elle croyait servir dans l'infériorité de la femme Asiatique.

Le vice du raisonnement entraînait à sa suite un acte d'ingratitude. Le mariage indissoluble avait élaboré cette *égalité* que la Révolution gravait sur la table de la loi. En effet après les invasions des barbares et les bouleversements qui en furent la suite, dans les ténèbres du moyen âge, tandis que Rois et Seigneurs concubinaires ou polygames obstinés luttaient contre les excommunications, et reprenaient leurs femmes répudiées pour sauver leurs couronnes, la femme avait trouvé un asile dans la chaumière du manant. Indissolublement lié à sa compagne par sa conscience d'homme, par sa foi de chrétien, par la volonté du maître, rivés l'un à l'autre à la même misère, il reconnut son égale, sa parente la plus proche, son héritière. La justice exigeait da-

soutenu par l'orgueil des castes, et le souvenir des services très-réels qu'il avait rendus à son heure.

vantage ; le modeste pécule était sorti du labeur commun, des privations partagées, pourquoi la femme n'en jouirait-elle pas au même titre que lui [1] ? Ces sentiments se retrouvent hésitants, confus, mal exprimés dans les coutumes, jusqu'au jour où ils se dégagent enfin sous la forme d'un contrat nouveau, le plus beau des contrats après celui du mariage qu'il doit compléter : *la communauté conjugale* : contrat généreux, parce qu'il est éminemment Français [2] ; juste, puisque la conscience a salué sa venue ; moral, car il fut conçu dans l'indissolubilité de la conscience, de la foi et

[1] Voir art. 13 sur l'établissement de la paix donnée par Louis le Gros à la commune de Laon (1128).

[2] Henri Martin (t. I, p. 37, *Hist. de France*), se fondant sur un texte de César, croit pouvoir affirmer que la communauté entre époux remonte aux Gaulois. Il dit en effet : « Les parents de la fille lui « donnent une dot, le mari est tenu d'y réunir une valeur égale ; « le tout est administré en commun. *Le mari ne peut aliéner « ni le principal ni même les fruits qui en proviennent,* et le tout, « principal et fruits, appartient au survivant des deux époux. » Le contrat ainsi défini ne constitue pas une *communauté* dans le sens Coutumier, mais une *mise en commun* consentie des deux parts pour *assurer un gain de survie* à l'époux devenu veuf. Le caractère dominant de la communauté est *l'acquisition par le travail commun,* et comme conséquence, la *co-propriété* des deux époux, mais dont le mari reste seigneur et maître. Tel est le vrai contrat sorti de la manse du couple serf au moyen âge... Cette opinion est confirmée par cette circonstance que chez les nations Germaniques les acquêts profitent au mari seul.

Michelet (*Orig. du droit franc.*) commet de son côté des erreurs bien autrement considérables. Il semble confondre *la société de tous biens* qui comprenait la famille tout entière, et qui se continuait de génération en génération, avec la communauté conjugale. D'autre part, il pense que c'est par erreur que l'origine de la communauté entre époux a été rapportée à l'époque du servage Féodal, il la croit beaucoup plus ancienne ; pourquoi, dit-il, remonter au servage Féodal plutôt qu'au servage Romain et Celtique ? La réponse est bien simple : parce que les esclaves antiques n'avaient pas de *personnalité,* qu'ils ne pouvaient pas se marier par conséquent : leur rapprochement, *contubernium,* était celui des bêtes, et ne pouvait produire aucun effet légal. Mais tout change sous l'action bienfaisante de l'idée d'égalité de tous les hommes devant Dieu leur auteur commun. Le serf existe, le serf se marie il a une famille, il a des droits ; et la communauté conjugale, expression élevée de l'égalité des sexes, devient encore un moyen naturel de protéger la veuve contre la rapacité du seigneur. Elle conservait ainsi le pécule acquis grâce aux efforts communs du ménage.

de la douleur. Le droit naturel ressuscité dans une étable, sous une forme nouvelle, étendit graduellement son domaine de la maison du bourgeois au château du seigneur. Il avait, depuis des siècles, adouci la misère du couple manant et vilain, jusqu'au jour où il s'éleva radieux sur les ailes du Christianisme et de la justice. Et cette œuvre glorieuse de l'indissolubilité, c'est-à-dire de *l'égalité des sexes*, édifiée par le seul instrument libre de l'esclave, son âme, était détruite dans son principe au nom de la liberté. L'indissolubilité féconde, le titre d'honneur du serf d'hier, était déchiré avec les parchemins de ses oppresseurs séculaires.

Ce n'est pas tout. La Législative, oubliant que la loi naturelle n'avoue que ce qui est honnête, introduisit violemment les bâtards dans la famille ; elle les appela, *à parts égales*, avec les enfants légitimes, non pas seulement dans la succession des père et mère, mais encore dans celle des collatéraux. Les descendants de l'enfant naturel furent admis au droit de *représentation*, et cette loi monstrueuse *obtint la faveur d'un effet rétroactif*. Les enfants adultérins furent écartés suivant le rapporteur, parce que « le « respect des mœurs, la foi du mariage, les convenances « sociales, ne permettaient pas de confondre dans la disposition « de la loi, les enfants nés de ceux qui étaient « déjà liés par des engagements. » Singulier scrupule après ce qui précède. Ainsi les conquêtes des siècles étaient réduites à néant ; nous rentrions en pleine barbarie : le droit des bêtes prenait la place du droit des gens. Telle fut l'éclosion du divorce, et le temps de sa venue. Il serait mal fondé à tirer vanité de son origine.

Les novateurs de tous les temps sont tombés dans la même faute. Aveuglés par l'orgueil, égarés par les idées préconçues, ils ont accusé le passé d'ignorance et d'erreur :

ils n'ont pas distingué les institutions arbitraires de celles dont les assises reposent sur la conscience : et victimes de cette confusion, ils ont cru pouvoir les briser impunément ou les pétrir à leur gré comme le potier pétrit l'argile. Ainsi naît la controverse; ainsi se forment les partis; ainsi s'enflamment les passions; ainsi se déchaînent les violences sur les sociétés humaines. Et lorsque l'orage a disparu de l'horizon, que la tourmente est apaisée, l'arbre qui avait fléchi sous ses efforts relève sa tige et reverdit au soleil. Après la convulsion terrible de 1793, une des plus formidables de l'histoire, au milieu des ruines dispersées, le droit naturel revendiqua ses droits méconnus : d'autre part, le sentiment religieux son ancien associé, mal scellé dans son tombeau, ressuscita plus pur, plus vivant que jamais. Ils reprirent en commun leur œuvre de civilisation : et la loi humaine, devenue traitable, s'empressa de rétablir le mariage indissoluble, cette base nécessaire de toute société bien ordonnée.

Mais, dit-on, le divorce disparut de nos lois en 1816, grâce aux sentiments religieux qui dominaient alors. C'est vrai, mais qu'importe? Le Christianisme n'avait-il pas enseigné le premier que la femme fut, comme l'homme lui-même, *creata ad imaginem Dei;* qu'elle est le temple de Dieu au même titre que lui. Ne lui avait-il pas tendu la main pour la retirer de son abjection : n'est-ce pas lui qui reprenant la loi naturelle, avec les jurisconsultes imbus des belles traditions Romaines, lui assura les droits de la famille, et l'éleva graduellement jusqu'à l'égalité ; n'est-ce pas de ses mains qu'est sortie cette religion si pure, si touchante même pour les athées, de la Vierge des Vierges, consécration définitive de la victoire de la femme du peuple? Et lorsque son œuvre séculaire était renversée, fut-il donc si coupable de relever sa statue défigurée, de reconstituer dans la loi sa doctrine devenue celle de la civilisation et de l'humanité ? Il continuait ainsi son rôle de défenseur de la loi naturelle [1].

Certes les épreuves ne lui ont pas manqué depuis 1816. La Révolution a continué ses glorieuses conquêtes, frappant de ses coups inévitables les préjugés et les privilèges, fondant le suffrage universel, et la liberté de discussion la plus large. Elle s'en prit au mariage, c'était inévitable. Il n'a pas à s'en plaindre. La vérité ne peut que gagner à être discutée. Vers la fin de la Restauration un groupe d'hommes remarquables, apôtres ardents d'une religion nouvelle, puissants par la foi, par l'intelligence, qui ont pour leur très-large part fondé l'état économique actuel, posèrent la question suivante : Dans la société Saint-Simonienne, l'enfant doit-il pouvoir connaître son père ? Il eût été plus franc de demander si la famille devait disparaître. En remettant à la femme seule le droit de déclarer la paternité, le père Enfantin sapait la civilisation par la base : aussi souleva-t-il contre lui jusqu'à ses disciples d'ailleurs si soumis et si dévoués. Ce fut le commencement de la décadence. Un publiciste éminent, procédant de la même doctrine, a proposé que *les Français fussent*

---

[1] A ma douce fille.

C'est chez nous une coutume antique mais impie que les sœurs n'entrent pas en partage avec leurs frères dans la terre paternelle. Moi j'ai pensé que *m'étant donnés tous également de Dieu,* vous deviez trouver tous en moi égal amour, et après mon départ d'ici-bas, jouir également de mes biens. A ces causes, ô ma très-douce fille, je te constitue par cette lettre, à l'encontre de tes frères, égale et légitime héritière en tout mien héritage ; de sorte que tu partages avec eux non-seulement dans mes acquêts, mais dans l'apport paternel.

MARCULF, I-8 et app. 49.

Michelet qui cite cette formule deux fois, et dans l'introduction et dans le corps du livre (*des Origines du droit français,* p. 65), la qualifie d'*évidemment ecclésiastique* et gallo-romaine. Les Francs, ajoute-t-il, ont pu l'employer, mais *elle leur était certainement dictée par les prêtres :* elle contient une réprobation expresse de la loi barbare.

égaux devant la mère, par application du principe de *l'égalité devant la loi*. C'est ce qu'il appelle *la liberté dans le mariage* [1]. Il tirait sa raison principale du nombre toujours croissant des enfants naturels. C'était l'application au mariage du raisonnement des économistes qui veulent supprimer le droit de propriété à cause de l'augmentation incessante du nombre des voleurs. Vieux systèmes soutenus par les Hérésiarques de toutes les époques, et réfutés depuis des milliers d'années. A la suite des sectaires ont marché les politiques, les hommes d'État en petit nombre d'ailleurs, fidèles à la législation du premier Empire. Cabet, mieux inspiré, entourait le mariage Icarien de toutes les précautions qui devaient assurer sa durée. Au cas de désaccord entre les époux, il faisait intervenir la famille d'abord, et la religion ensuite pour les « encourager à « chercher le bonheur ou du moins la paix dans la vertu [2] ». Il n'eut que le tort d'autoriser le divorce lorsque le mal était irréparable. Les sectes ont disparu, les systèmes sont tombés dans l'oubli, et l'indissolubilité s'est conservée inébranlable, parce qu'elle a son assise dans la conscience, et qu'elle est l'expression la plus noble de la loi naturelle.

Le divorce, banni depuis 1816, a plusieurs fois essayé des retours offensifs dans les assemblées législatives. Son heure est celle du désordre et des bouleversements. Voté deux fois par la Chambre des Députés après 1830, il échoua constamment devant la Chambre des Pairs. Crémieux renouvela la proposition, sans plus de succès, en pleine Révolution de 1848.

La question est de nouveau posée. Le divorce doit-il être rétabli ? Nous demandons à notre tour : le mariage est-il

---

[1] *La Liberté dans le mariage*, de Girardin, 1854, Paris.
[2] *Voyage en Icarie*, Cabet, 1848, Paris.

un contrat de dignité, est-il un contrat de volupté ? Dans le premier cas, le lien est indissoluble ; il ne l'est pas dans le second. Il faut donc opter entre la définition de *Modestinus* le jurisconsulte des *justæ nuptiæ* de la République triomphante, et celle de César législateur de la décadence. Il faut se prononcer entre la pure doctrine des Écritures, des hommes de génie qui les ont interprétées, et les turpitudes de la Casuistique. Nous avons choisi la première qui est celle de la loi actuelle et des bonnes mœurs. Les novateurs ont suivi César et les Casuistes. Ils nous proposent de convertir en loi la jurisprudence graveleuse des Officialités. Il leur a suffi pour cela de substituer le mot *divorce* à celui de *nullité du mariage*. Il ne nous déplaît pas de surprendre l'école dite *scientifique* qui jongle avec Dieu comme avec *une hypothèse malsaine*, en parfaite intelligence avec les Casuistes les plus décriés. Mais avant de montrer cet accord aussi touchant qu'inattendu, nous devons dégager la pure doctrine de toute conpromission. Laissons à l'Église ce qui lui appartient ; nous avons d'ailleurs bien d'autres querelles à lui faire. Mais elle a défendu la doctrine de l'indissolubilité quelquefois au prix des plus pénibles sacrifices [1], et les folies de ses enfants perdus ne nous empêcheront pas de reconnaître le service immense qu'elle a ainsi rendu à la civilisation Européenne [2].

---

[1] Notamment contre Henri VIII d'Angleterre.

[2] Les Dubayet et les Sédilez ont fait école. Le premier affranchissait les femmes de l'avarice des pères et de la perfidie des maris en les avilissant par la suppression de l'indissolubilité. Le second les constituait juges des affaires de divorce, en attendant mieux sans doute. Joli point de départ assurément. Avec *l'amour libre*, ce progrès qu'on nous promet au nom de la science, nous ne pouvions pas échapper à *la femme libre*. En effet toute une école, dont le beau sexe a produit les principaux docteurs, s'attache à prouver que les droits de la femme sont également méconnus par la loi religieuse et civile, qui livrent ses biens et sa personne à la discrétion de l'homme. Voyons plutôt. Nous n'avons pas à défendre la loi religieuse, mais il lui suffirait, pour échapper

à l'accusation, de rappeler ses vaillants efforts, pendant des siècles, au profit de la femme dédaignée, abaissée, dans la famille comme dans la cité.

Quant à la loi civile, ayons le courage d'analyser ses cruautés. La femme en se mariant a le choix entre trois régimes pour ses biens : celui de la *communauté*, dont l'effet est de remettre au mari la disposition de sa fortune mobilière ; celui de la *dotalité*, qui ne laisse au mari que la jouissance avec les charges d'entretien; celui de la *séparation de biens*, qui ne lui confère qu'un droit de surveillance, et d'autorisation dans certains cas. Ainsi la femme ne constitue sur ses biens, que les droits qu'il lui plaît d'accorder à son mari; mieux encore, si elle a choisi le régime de la communauté, elle prendra la moitié des bénéfices ; si au contraire la liquidation est obérée, il lui suffit d'y renoncer pour retirer sa mise : ainsi le contrat est *léonin à son profit*. Le mari a mal géré a ses risques, il est ruiné, tandis qu'elle n'a rien perdu.

Quant à sa personne elle est comme celle de tous les citoyens sous la protection de la loi. Montesquieu se plaignait déjà que la justice de son temps était toujours contre le mari jaloux, le père chagrin, le maître incommode : que dirait-il aujourd'hui ? Veut-on rendre la loi plus efficace? nul n'y contredit ; elle n'est pas parfaite, nous le reconnaissons volontiers. Mais de l'homme à la femme la relation ne peut être que celle de la protection, *propter fragilitatem sexus*. Laissons les partisans de l'égalité absolue des sexes défendre leurs systèmes dans les journaux, dans les brochures et même dans les Réunions publiques : la gaîté française n'a rien à y perdre.

CHAPITRE II

Au point de vue religieux, l'indissolubilité établie dans l'Ancienne comme dans la Nouvelle loi.—Les grands Docteurs.—Controverse.

Et creavit Deus hominem ad imaginem suam, ad imaginem Dei creavit illum : masculum et fœminam creavit illos [1].

Dieu créa l'homme à son image ; il le créa à l'image de Dieu ; et il le créa homme et femme. La leçon pouvait-elle revêtir une forme plus saisissante ? Dieu créa l'homme-femme. S'il eût fait l'un sans l'autre, son œuvre restait inachevée, inutile ; car ils sont les deux parties nécessaires du même corps. Hors d'elle, et sans elle, le chef-d'œuvre du Créateur serait informe. La volonté de Dieu comme l'intérêt de la cité proclament la nécessité du rapprochement des sexes. La doctrine contraire est moins immorale qu'impie. Le sens figuré n'a pas même suffi à certains interprètes. Des rabbins en grand nombre ont pris le texte dans son sens littéral ; ils ont cru qu'Adam avait été créé mâle d'un côté, femelle de l'autre. Le doute consistait seulement à déterminer si les deux étaient joints par les épaules, par les côtés ou de toute autre manière ; ces opinions bizarres ont trouvé des défenseurs parmi eux jusque vers le milieu du XVIIe siècle.

[1] *Gen.*, ch. I, v. **27**.

Les corps confondus ne furent que momentanément séparés. Le Seigneur tire une des côtes d'Adam pendant son sommeil, et en forme la femme, il présente sa nouvelle compagne à l'homme qui la reçoit, disant : *Hunc nunc os ex ossibus meis, et caro de carne meâ ; quam ob rem, relinquet homo patrem suum et matrem, et adhærebit uxori suæ ; et erunt duo in carne unâ* [1]. Après la nécessité du mariage, sa durée : les chairs et les os des époux se sont confondus de nouveau ; ils ne forment plus qu'un corps, qu'une âme inséparables à jamais. Vivre et mourir ensemble ; telle est la loi de Dieu, de la conscience, et de la cité. Mais pourquoi cette création nouvelle de la femme? Si elle n'a que le but de préserver Adam des ennuis de la solitude, tout autre hochet pouvait y suffire sortant des mains du divin ouvrier. Mais la femme pouvait seule engendrer et peupler la terre, sa destination était suffisamment indiquée par sa faculté. Ève en a conscience, et elle s'écrie à la naissance de Caïn : J'ai fait naître un homme suivant la volonté de Dieu. Ainsi se trouve réalisé le vœu de la loi naturelle et civile [2].

Et maintenant écoutons le poète inspiré, le Roi-prophète, de la race duquel voudra naître, plus tard, le Sauveur du

---

[1] § 3, v. 23-24.

[2] Les auteurs ont souvent agité la question de savoir si l'indissolubilité était de droit naturel. La solution a varié parce qu'ils ont négligé la précaution de définir ce droit. Il est de deux espèces : *droit naturel* s'entend d'abord de celui que la nature a enseigné aux animaux ; d'autre part il s'étend à celui qui soulève les protestations de la conscience dès qu'il est violé : c'est le droit naturel des hommes. Ce défaut de méthode a occasionné l'erreur dans laquelle est tombé M. Giraud. (*Dissertation sur le divorce et la séparation de corps*, 1852, Paris, Moquet.) En effet il classe les actions humaines en quatre catégories : celles qui sont ou non contraires au droit naturel, celles qui y sont conformes, et celles qu'il impose. Il néglige la première ; sur la seconde et la troisième il démontre l'évidence par la supposition, d'abord d'un voyage qui n'intéresse que le voyageur, et ensuite par celle d'un service rendu gratuitement ; il ajoute : « Mais quand j'honore mon père et ma mère, « quand je ne trahis pas le secret qui m'est confié, quand je res-

monde ; il glorifie la loi, et invite les justes à se conformer à ses préceptes, en leur montrant les récompenses qui leur sont réservées [1].

Beati omnes qui timent Dominum, qui ambulant in viis ejus. Quelles sont donc ces voies providentielles ? *Labores manuum tuarum quia manducabis beatus es et benè tibi erit.* Ainsi le travail, le saint travail des bras et des mains nourrira l'homme ; le travail, principe de la dignité humaine et de la liberté, produit le seul aliment digne de la bouche du juste. Mais le pain arrosé de sueur sera-t-il sa récompense unique ? *Uxor tua sicut vitis abundans in lateribus domus tuæ.* Une femme, une amie, une

« pecte la propriété d'autrui, je ne fais que remplir une obligation
« qui m'est strictement imposée. Et bien, appliquons ces principes
« au divorce ; évidemment l'indissolubilité du mariage n'est pas
« contraire au droit naturel, évidemment encore elle est conforme
« au droit naturel ; mais est-elle imposée par le droit naturel comme
« l'obligation d'honorer son père et sa mère et de respecter la pro-
« priété d'autrui ? Je crois pouvoir répondre négativement. » Cette
solution est-elle juridique ? Non, une affirmation ou une négation sans motifs ne tiennent pas lieu de la preuve. Voyons plutôt.
L'indissolubilité est respectée même chez les bêtes, et scrupuleusement suivie par diverses espèces d'animaux. Elle est donc imposée
par le droit rudimentaire, à moins de soutenir que ces espèces ont
introduit l'arbitraire dans la relation des sexes. Donc l'espèce
humaine en suivant la loi de l'indissolubilité obéira au droit
de ces espèces. D'autre part, où donc l'auteur que nous combattons
a-t-il trouvé que l'indissolubilité n'était pas imposée par le droit
naturel au même *titre* que l'obligation d'honorer son père et sa
mère ? La conscience universelle ne proteste-t-elle pas contre la
femme impudique, contre le mari brutal ou débauché, en un mot
contre celui des époux qui manque à ses devoirs, avec la même
énergie que contre les enfants ingrats ou dénaturés ? L'adultère
comme le parricide n'ont-ils pas été punis également, pendant près
de trois mille ans, par les peines les plus atroces. Jusqu'à l'époque
moderne, le mari qui tuait sa femme avait comme le parricide le
poing coupé avant de subir le dernier supplice. La preuve que
nous cherchons se trouve à chaque page de ces études, et notamment aux chapitres spéciaux à la *polygamie* et à *l'adultère* ; elle est
surtout saillante chez les peuples qui ont admis le divorce. Or ces
protestations contre le mauvais fils et la femme infidèle ont une
origine commune, *la conscience.* Le droit étant identique, la solution critiquée est donc erronée.

[1] Psa. 127.

compagne,doit orner sa maison,comme la vigne féconde qui la tapisse de ses rameaux. Est-ce tout ? Pas encore.*Filii tui sint sicut novellæ olivarum in circuitu mensæ tuæ.* Ainsi devait chanter le poète inspiré par le Dieu de l'âme et de la conscience.Après la journée consacrée au travail pénible, l'homme trouvera sur le seuil de sa demeure,*uxor*,l'épouse, et ses chastes caresses, et autour de sa table des enfants souples et frais comme les jeunes pousses de l'olivier. *Ecce sic benedicetur homo qui timet Dominum.* Certes la bénédiction promise est déjà devenue une précieuse réalité ; mais voici mieux : *Et videas filios filiorum tuorum pacem super Israel.* Ainsi chantaient les premiers législateurs de l'Inde antique [1]. Denys d'Halicarnasse semble s'en être

----

[1] E. Gibelain Procureur Général à Pondichéry, dans l'*Introduction aux Etudes du droit Indou*[1] se demande pourquoi les Indiens si souvent subjugués et si longtemps dominés par des étrangers ont conservé pour leurs lois cette longue vénération dont la constance étonne. Il trouve la cause de leur durée dans leur bonté même. Suivant lui, les lois de *Manou*, purement de tradition d'abord, furent écrites treize siècles avant notre ère. Conservées jusqu'à nous plus ou moins mutilées, elles seraient encore ce que l'homme a produit de plus parfait. Le livre des lois de Manou domine tous les peuples. En particulier, l'institution de la famille, et toutes les lois qui la concernent, étaient placées sous la sauvegarde de la *révélation :* à ce titre elles sont éternelles, et rien ne pourra les altérer La femme n'a d'espérance dans l'autre vie qu'autant que par son affection et ses vertus elle aura mérité de partager le bonheur obtenu par son mari ; mais il faut que les liens qui les unissent soient légitimes, et consacrés par Dieu lui-même. Ainsi l'unité,la sainteté du mariage, l'égalité du droit des deux sexes, le respect de l'homme pour la femme divinité protectrice de son honneur et de son salut, telles étaient les prescriptions de cette loi primitive, la plus ancienne des lois écrites dans les souvenirs de l'humanité.L'auteur ne signale pas seulement les nombreuses concordances de ces lois primitives avec les lois modernes ; il les reconnaît encore dans les institutions religieuses, notamment dans celles des Hébreux qui avaient reçu ces traditions de leurs pères, d'origine Orientale. Il trouve l'explication naturelle de cet accord dans les émigrations de ces Indous qui des hauts plateaux de l'Asie sont descendus dans toutes les directions. Ainsi le fonds commun des religions et des lois des différents peuples trouverait son origine dans les traditions historiques de l'Orient leur berceau commun.

[1] *Études sur le droit civil des Indous*, Pondichéry, Toutin, 1846, 2 vol.

inspiré lorsqu'il décrit les mœurs de la Rome primitive. C'est que la conscience est indifférente à la diversité des climats ; la vérité sous les mythes dissemblables dont elle est enveloppée se dégage partout identique à elle-même, comme pour témoigner de son origine unique.

Les textes précités nous semblent sans réplique. La critique s'est montrée plus exigeante. Elle a même accusé de nouveauté dans l'Église la doctrine de l'indissolubilité du mariage. Elle affirme que le divorce aurait trouvé grâce devant le Maître lui-même, au moins pour le cas d'adultère de la femme [1].

Nous nous réservons d'examiner dans le chapitre suivant les nullités trop nombreuses consacrées par les juridictions Ecclésiastiques, nous rechercherons leur origine, les causes de leur développement, mais l'objection au principe de l'indissolubilité nous semble trop importante pour la laisser passer sans réponse.

Les ennemis de l'Eglise lui disaient avec plus d'habileté que de raison : La doctrine de l'indissolubilité du mariage est toute nouvelle chez vous. En effet, le divorce autorisé par la loi de Moïse a duré au moins jusqu'à la promulgation de l'Évangile. Or cette loi est la vraie, puisque Dieu lui-même la dicta dans les tempêtes du Sinaï. On répondait [2] : Non, Dieu n'a jamais permis à l'homme et à la femme de se séparer une fois unis. Les textes prouvent directement contre la proposition. Jésus-Christ dit positivement, que l'homme ne doit pas essayer de délier sur

---

[1] Bouchotte. *Observations sur l'accord de la raison et de la religion pour le rétablissement du divorce*, 1790, p. 100 et suiv.
Anonyme. *Du divorce*, 1789, de Senne, Paris.
— *Législation du divorce*, 1789, Londres.
Cerfvol. *Parloir de l'abbaye*, 1790, Genève.
L'argument a été repris par M. A. Dumas et plusieurs auteurs modernes.
[2] *Lettres sur le divorce*, de l'abbé de Barruel, 1790, Paris.

la terre ceux que Dieu a liés dans le ciel [1]. Aucune répudiation n'apparaît chez les Patriarches ; elle ne fut tolérée
par Moïse, que pour le cas d'infidélité de l'épouse ; encore
ne permit-il pas expressément au mari d'en prendre une
autre. Si plus tard il subit cette douloureuse nécessité, ce
fut surtout *à cause du caractère violent des Juifs ;* il les
savait capables de se porter aux plus terribles extrémités s'il les eût contraints à garder les femmes qu'ils
supposaient infidèles. Jésus-Christ lui-même déclare,
que cette faculté leur avait été donnée *à cause de
la dureté de leur cœur,* mais qu'il n'en était pas ainsi
dès le commencement. Or la tolérance n'est pas le droit,
elle est son contraire. Solon avouait que les lois qu'il avait
données aux Athéniens n'étaient pas parfaites, mais les
meilleures qu'ils pussent supporter : ainsi fit Moïse. Plus
tard les Juifs abusèrent de la concession obtenue, et le
divorce fut pratiqué *quacumque causa,* sous tous les prétextes, et cet abus se manifesta partout où le législateur
eut la faiblesse d'admettre le divorce. Pour le réprimer,
Jésus-Christ remonte à la loi primitive, et rétablit *l'indissolubilité* du mariage *au profit de la femme,* car le
droit de répudier appartenait à l'homme. La société de
l'avenir était en germe dans cette innovation, si simple en
apparence ; l'égalité des sexes devant la loi fondamentale
de la famille.

Une seconde objection fut puisée en saint Mathieu :
Quicunque dimiserit uxorem suam nisi ob fornicationem.
Jésus-Christ permet en effet le *renvoi* de l'épouse qui a
péché, mais non le convol tant qu'elle est vivante, *car ils
sont deux en un* [2]. « Je vous dis que quiconque renverra
« sa femme, si ce n'est pour cause d'infidélité, et en épouse
« une autre, se rendra coupable d'adultère ; et quiconque

[1] Math., cap. XIX, v. 8.
[2] Math., cap. XIX, v. 9.

« épousera la femme renvoyée sera adultère. » Ainsi le mari ne peut renvoyer sa femme que pour cause d'adultère ; le mariage continue de subsister après la séparation, si bien que le mari qui convole commet un adultère. Et la sanction suit la prescription : Celui qui renvoie sa femme, hors le cas d'adultère, est chargé devant Dieu des péchés qu'elle commet en se remariant [1] et celui qui la renvoie pour le motif légitime de la fornication *et se remarie, elle vivante,* n'en est pas moins adultère ; car l'union est indissoluble. Tous les Apôtres ont également compris que le Maître abolit le divorce arraché à Moïse : 9° Que l'homme donc ne sépare pas ce que Dieu a joint. 10° Et dans la maison, ses disciples l'interrogèrent encore sur ce point : 11° Et il leur dit : Quiconque aura quitté sa femme, et *en aura épousé une autre,* commet un adultère à cause d'elle. 12° Et si une femme quitte son mari, et *en épouse un autre,* elle commet un adultère [2]. 17° Or le ciel et la terre passeront, plutôt qu'un seul mot soit vain. 18° Quiconque renvoie sa femme *et en épouse une autre* commet un adultère [3]. Saint Paul soutient la même doctrine : La femme qui est sous la puissance du mari est liée par la loi tant que son *mari est vivant.* Si son mari meurt, elle est déliée de la loi du mari. Si donc *du vivant de son mari,* elle en prend un second, elle sera *appelée adultère ;* mais *non si c'est après sa mort* [4].

La femme est liée par la loi *tant que vit son mari ; s'il meurt, elle en est affranchie :* qu'elle se marie alors avec qui elle voudra, mais dans le Seigneur [5]. Saint Jérôme se saisit de ces textes et s'écrie : *Aliud Papinianus aliud*

---

[1] Math., cap. v, v. 32.
[2] Saint Marc, cap. x.
[3] Saint Luc, ch. xvi.
[4] Paul. Rom., ch. vii, v. 2 et 3.
[5] Paul. Corinth., c. vii, v. 29.
[6] *Ad Ocean.*

Paulus noster præcipit [6]. Saint Grégoire de Nazianze dit la même chose en d'autres termes. *Divortium legibus nostris prorsus improbatur etiam si Romanæ aliter decernant.* Saint Augustin reprend la même idée en modifiant un peu les termes : Les lois de César autorisent les divorcés à convoler, *sed lege Evangelii reus est adulterii, sicut etiam illa, si alteri nupserit* [1]. Saint Ambroise a, lui aussi, soutenu la lutte contre la loi de César au nom de Celui *cui obsequuntur etiam qui leges ferunt.* Ainsi tous les grands docteurs sont unanimes à rapprocher les lois de César de la loi Nouvelle, pour mettre en saillie cette différence fondamentale. Les citations qui précèdent caractérisent suffisamment la *dimissio* et non le *divortium.* Elle emporte seulement la séparation des époux *à thoro et mensa* comme on a dit plus tard ; mais elle ne s'étend pas *quoad fœdus et vinculum,* puisque celui-là est adultère qui se remarie, tandis que son conjoint vit encore. C'est si bien la pensée de saint Paul, qu'il conseille à la femme répudiée de conserver à son mari un attachement sincère, de vivre dans la continence jusqu'à la réconciliation, et qu'elle en rapprochera le moment par la pratique de la vertu. Admirable enseignement trop peu compris par les législateurs. Et sa doctrine est bien celle de ses successeurs.

Il devait en être ainsi. Dans les sociétés gouvernées par la force, la femme, la plus faible, était sacrifiée aux caprices du plus fort, comme l'esclave à son maître. Or la science nouvelle enseignait *l'égalité* de tous devant Dieu le père commun, le respect des humbles par les puissants, en un mot LA CHARITÉ. La loi ancienne reconnaissait au mari offensé le droit de vie et de mort sur la femme coupable ; les Juifs notamment la lapidaient. Le divorce fut une atténuation de ce droit terrible ; et le pardon des in-

---

[1] Aug. *De nup. et concup.*, lib. I, c. II.

jures, base de la doctrine nouvelle, se substituait à ce moyen de vengeance. Ou le mariage n'était pas un sacrement, ou il fallait conclure à l'indissolubilité [1]. Elle devenait comme l'arche sainte de la nouvelle alliance.Qu'importe qu'elle ait été plus ou moins respectée pendant les premiers siècles du Christianisme ? que les violations, rares et timides d'abord, soient devenues systématiques plus tard, sous des prétextes indignes ou ridicules?

Les saines doctrines sont indépendantes des calculs de ceux qui les enseignent. Est-il une vérité dont les ambitieux et les sophistes n'aient pas voilé la face auguste sous des subtilités ou des mensonges ? leur pureté n'en est pas altérée. L'Église se conforme à la doctrine de son fondateur et de ses Pères illustres lorsqu'elle défend l'indissolubilité du mariage [2].

[1] L'Église gardera l'éternel honneur d'avoir puissamment contribué à la moralisation de la vie privée, en combattant sans cesse les fléaux destructeurs de la famille, le rapt, l'inceste, l'adultère, le concubinat, le divorce, la répudiation ; la répudiation, ce sacrifice de la passion éteinte à la passion qui s'allume. Kœnigswater, *Histoire de l'organisation de la famille en France*, p. 172, éd. 1851.

[2] Du Chap. de Rastignac qui a consacré une grande partie de son livre à l'examen de la question, après avoir cité saint Paul *ad Rom.*, c. VII, v. 1, 1re *ad Corinth.*, c. VII, v. 10, 11 et suiv., établit la tradition à l'aide des citations suivantes :

Hermas. Lib. II, *Mandat.* 4, n° 1.

Justin. Qui ducit repudiatam ab altero viro mœchatur. Apolog. I, p. 52, n° 15.

Athenag. Ad Imp. Pro Christ., n° 33.

Tertull. Nobis et si repudiemus nubere non licet. (De Monog., c. XC.)

Augus. Divortio lex fœderis nuptialis non aboletur inter christianos. (De bon. Conj., n° 78. Summar.)

Il cite à l'appui de la tradition de l'Église latine : la réponse d'Innocent I à Exupère, évêque de Toulouse, an. 405;

Du même Pape à Probus, de saint Léon à Nicétas, évêque d'Aquilée, an. 458;

La messe des noces au missel du pape Gélase I, mort an 496, adoptée plus tard par saint Grégoire le Grand, mort an. 604;

La réponse de Zacharie à Pépin, an. 747;

Du pape Etienne III à Charlemagne, an. 770. Il examine savamment les lettres de la papauté contre les rois et les princes concubinaires et remariés après divorce.

Enfin la collection des Conciles jusqu'à celui de Trente.

Le lecteur nous saura gré d'ajouter à la note l'extrait suivant de la courageuse lettre adressée par Innocent III à Philippe-Auguste. (Lib. I, p. 171, t. I, Paris, 1682.)

Cum inspirante Domino, immutabilem animum et inflexibile propositum habeamus, nec prece, nec pretio, nec amore, nec odio, declinandi à semita rectitudinis; sed via Regia incedentes, nec ad dextram declinabimus, nec deviabimus ad sinistram, sine personarum acceptione facientes judicium, quia non est personarum acceptio apud Deum.

CHAPITRE III

L'action d'impuissance. — Ses origines. — Ses variétés. — Les
Casuistes. — Leur jurisprudence originale. — Les Apôtres du
divorce, simples plagiaires.

La plupart des législateurs n'ont rien dit de l'impuissance. La difficulté ne pouvait naître tant que les femmes étaient communes à tous les hommes de la tribu ou de la famille, tant que cette famille conservait son organisation despotique, et que la volonté du maître était sa seule loi. Elle était d'une solution facile avec le divorce, mais fort délicate, au contraire, dès que le mariage avait pris le caractère de l'indissolubilité. Les expédients ne furent pas très-variés dans les législations primitives. Les lois de Manou [1] autorisaient l'épouse à se rapprocher du frère ou d'un parent de l'infirme, probablement parce que le sang était le même. Mais l'article 66 indique clairement que les Casuistes Indiens avaient introduit cette pratique au mépris de la loi primitive. Coïncidence singulière, cette disposition se retrouve textuelle dans les lois de Solon [2].

Les Juifs y mirent plus de façon. Ils établirent la coutume de la *léviration*. Ainsi le frère épousant sa belle-sœur devenue veuve suscitait des enfants à son frère dé-

---

[1] Liv. IX. Trad. de Loiseleur des Lonchamps.
[2] Plutarque. *Solon*, § 36 et suiv.

cédé [1]. La loi des Gentoux, moins explicite, réduisait, dans ce cas, à une légère amende la peine de mort dont elle punissait la femme adultère. Les maris insuffisants de Lacédémone suppléaient eux-mêmes à leur défaillance, en choisissant celui qui devait tenir leur place, parmi les plus braves des jeunes hommes de la cité [2]. Ainsi personne n'avait à se plaindre [3].

L'action d'impuissance avait traversé, sans grand éclat, la législation Romaine. Il était réservé à l'Église de la rendre célèbre entre toutes. Son histoire est ici nécessaire. Elle établira que les Apôtres du divorce ne sont que les timides élèves des Casuistes, et nous allons voir réunis en un tou-

---

[1] *Deuteron*, c. XXV.

[2] Plutarq. *Lycurgue et ses lois.*

[3] Les Coutumes Allemandes resteront comme le modèle du genre. L'homme qui ne peut suffisamment remplir ses devoirs envers sa femme doit, disent les vieux prud'hommes de l'Allemagne, la mener à son voisin. Si celui-ci ne peut la satisfaire, le mari la prend doucement entre ses bras, ayant soin surtout de ne lui faire aucun mal, puis il la porte neuf maisons plus loin, la pose doucement, toujours sans lui faire de mal, et l'y fait attendre cinq heures ; puis il crie : Aux armes, pour que les gens viennent à son aide. Si on ne peut encore la satisfaire, il la soulève tranquillement et doucement, la pose de même. ne lui faisant aucun mal ; il lui fait alors présent d'une robe neuve, d'une bourse pour frais de voyage, et la fait conduire à la grande foire de l'année. Si alors il n'y a pas moyen de la satisfaire, que mille diables la satisfassent. Dem. Que doit faire le mari qui ne peut donner à sa femme les soins maritaux auxquels elle a droit de prétendre ? Rép. Il la chargera sur le dos, la portera au delà d'une haie de *neuf années* ; quand il la lui aura fait franchir, il lui procurera quelqu'un qui soit en état de la satisfaire comme elle le désire : *Item* je suis d'avis qu'un bon mari qui ne peut répondre aux désirs de sa femme doit, lorsqu'elle s'en plaint, la prendre, la porter au delà de sept héritages environnés de clôtures, et là prier son plus proche voisin de venir à l'aide de sa femme. Si celui-ci y parvient, il doit la reporter chez lui, la poser doucement, et placer devant elle une poule rôtie et un pot de vin Michelet p. 54, *Orig. du dr. f.*). Il ajoute: Les textes qu'on vient de lire sembleront encore plus bizarres si l'on songe que dans le primitif idéal Germanique et Indien du mariage, il ne pouvait être dissous même par la mort. Nous complétons son observation en rappelant que l'adultère était réputé le plus grand des crimes.

chant accord les prétendus serviteurs du Christ et les athées, l'école *scientifique* et celle de la *révélation*.

A quelle date l'action d'impuissance fut-elle admise ? Au VIᵉ siècle d'après les uns [1], au VIIIᵉ seulement suivant les autres [2]. Mais nul ne conteste la répugnance de Rome à admettre cette nouveauté menaçante pour le dogme de l'indissolubilité. L'intérêt de la République Chrétienne était préféré à celui de quelques effrontées révélant au grand jour de la publicité les secrets de la couche nuptiale; suivant le conseil de saint Paul aux Ephésiens, elle décidait que les maris doivent traiter en sœurs celles qu'ils ne pouvaient posséder comme épouses... Mais l'Église de France triompha des résistances du Saint-Siège, et dès le XIIᵉ siècle, au témoignage de Cujas [3], il fut permis de se pourvoir en dissolution pour cause d'impuissance devant les tribunaux Ecclésiastiques. Le clergé de France raisonnait juste. S'il est vrai que le mariage n'a que le double but d'engendrer, et d'éviter la fornication, il ne peut exister qu'à la condition d'atteindre sa fin ; le doute pouvait s'élever sur la nécessité du concours des deux circonstances, question sur laquelle il a été écrit des volumes; et la jurisprudence glissera dans toutes les ignominies des enquêtes scandaleuses, des visites plus scandaleuses encore, et leur insuffisance les conduira jusqu'à la galante expérience du *Congrès*. Tel est le danger des mauvaises définitions. Le divorce a reconquis ses droits ; que lui importe de s'appeler nullité *causa frigiditatis*. L'impuissance fut le prétexte de DIX MILLE annulations de mariage dans le XVIIᵉ siècle [4], la part du divorce était encore assez belle

---

[1] Denisart vᵒ *Impuiss.* — *Conf. de Paris*, liv. I, c. I, § 4.
[2] Du Rousseau de la Combe, p. 279, 1ʳᵉ partie.
[3] Sur les ch. II, III, IV. *De frig. et malef.*
[4] *Recueil général des pièces du proc. de Gesvres*, t. II, p. 150.

malgré son changement de nom. Tagereau [1] n'hésite pas
à affirmer : que la certitude du succès enhardissait les
femmes à engager ces procès : « Qu'e'les y étaient prépa-
« rées et instruites par gens qui savent cette cabale, et en
« profitent » ; que les mesures étaient si bien prises que
le mari devait nécessairement succomber, si tel était le
bon plaisir du juge : et ce juge était un prêtre. Tallemant
est inépuisable sur ceux qui n'ont pas la qualité de *bons
compagnons*. Au chapitre Rohan [2] il raconte qu'une dame
de ce nom avait M. de Candale pour amant ; elle le
brouilla avec sa femme, et fut cause qu'il se démaria.
Celle-ci en effet l'accusa d'impuissance, et lui offrit le *Congrès*, qu'il se garda bien d'accepter : et Candale, l'amant
de toutes les dames de la cour, fut démarié comme *froid !*

Le prétexte de frigidité ne devint pas seulement un
moyen certain de divorce, il se mit au service des passions
les plus détestables ; ce fut un de ses éléments de succès.
Il était l'exception habituelle des femmes surprises en
adultère, dont le délit dégénérait ainsi en *stuprum* non
puni par la loi [3] : les morts eux-mêmes n'étaient pas à
l'abri d'injurieux reproches. Un mari veuf, père d'enfants
adultérins, dont il voulait régulariser la situation, faisait décider que jamais le mariage n'avait existé avec sa
femme morte, pour défaut de l'appareil propre à rendre le
devoir [4]. Madame de Cordouan fit mieux encore : mère de
cinq enfants, poursuivie comme homicide, condamnée par
contumace, exécutée en effigie, ruinée par la confiscation,
seule, errante, abandonnée, fuyant sous un faux nom l'action de la justice, succombant sous le poids des crimes et

---

[1] *Discours sur l'impuissance*, p. 137, 176.
[2] Tome V, édition de 1840, Paris.
[3] Sœfve, *Cent.* 1, ch. I. Fevret, t. I, VIII et X. Bardet, t. II, liv. IX,
ch. III. Henry, etc , etc.
[4] *Biblioth. des av. de Paris.* Collect. Chamlaire,, t. LXXVI, n° 10.

de la vieillesse, elle veut jeter à son mari, à ses enfants, le déshonneur avec son dernier soupir ; elle accuse d'impuissance le père de ses cinq enfants ! Ils meurent l'un et l'autre au cours de l'instance ; une dame Jacquinot, digne sœur de la marquise, reprend l'instance contre le seul des enfants qui eût survécu : et l'official la *reconnut recevable, et ordonna la visite!* Le cadavre fut exhumé, les experts fouillèrent ses débris, et les avis furent partagés [1] ! Mais procédons par ordre. L'impuissance était perpétuelle ou temporaire, absolue ou relative. Il importait encore de savoir si elle avait précédé ou suivi le mariage ; elle pouvait atteindre la femme comme l'homme lui-même : et tous les moyens étaient admissibles pour l'établir. *Omnis honesta ratio expediendæ salutis.*

Qu'est-ce qu'un impuissant ? Et la loi Romaine répond : *Qui generare non potest* [2]. Ils se divisent en deux grandes catégories suivant que la nature ou l'art les réduisit à leur triste état. La première comprend ceux qui naissent sans les signes apparents de la virilité, ceux dont la conformation est défectueuse, ceux encore qui possèdent un appareil complet mais inerte, tous également *frigidi*. La seconde catégorie se composait de l'assortiment aussi nombreux que varié des mutilés. Les femmes, de leur côté, pouvaient être *stériles* ou *clausæ*, ou *castratæ* par l'ablation des ovaires. Suivant la législation Julienne, le mariage était également interdit à tous, *quia generare non possunt.* Nous avons déjà fait observer que les Canonistes étaient moins affirmatifs que les jurisconsultes Romains, par le motif que le mariage ayant un double but, notamment *propter fornicationem,* les *spadones* [3] pouvaient parfaitement y suf-

---

[1] Leridant, p. 649. *Traité sur le mariage.*
[2] *De adopt.,* loi II, § 2.
[3] *Testibus ablatis mentula tamen superstite.*

fire [1].Mais l'Église se montra très-touchée du cri des femmes qui retentit jusque dans les Décrétales : *Volo esse mater, volo procreare liberos*, et la jurisprudence finit par leur donner raison [2]. Tout fut contesté, tout fut mis en suspicion : et d'abord *numerus testium*. Que faire du mari qui en avait trois? La réponse fut simple : *quod abundat non viciat* ; qu'adviendra-t-il de celui qui est réduit à l'unité ? La décision dépendra de la place qu'il occupera ; on le tenait pour suspect s'il était situé à gauche, tandis qu'il inspirait une grande confiance lorsqu'il apparaissait à droite [3]. *Partes dextras et calidiores et fortiores esse sinistris, ideoque exiguam esse vim in sinistro testiculo ad coeundum;* en l'absence de toute apparence d'appendice le défen leur ne sera pas même admis à faire sa preuve au congrès [4].

Quant à la femme, elle pouvait se trouver *nimis arcta*, phénomène si rare qu'Innocent III s'écriait : *Quod incredibibile videtur*. Voltaire partageait l'opinion du Saint-Père ; mais il ne croyait pas à la durée de l'inconvénient. Dans les cas graves, la solution appartenait à la chirurgie, si l'opération pouvait être entreprise sans danger pour l'affligée [5]. L'arctitude était *naturelle* ou *factice* ; la première, due à des causes variées, pouvait prendre huit formes différentes suivant l'abbé Bressolles [6].

C'est ici surtout que le relatif avait son importance ; l'Official prenait en considération *fortitudo* ou *longitudo hastæ* ; la décision variait suivant qu'il s'agissait d'en faire

---

[1] Les dames romaines de la décadence les achetaient à prix d'or à cause de leur mérite spécial.

[2] Ant. de But., *De frigid. et malef.*, expose toute la controverse.

[3] Peleus act. forens., liv. VI. chap. XIV. Le Capitulaire pétillant d'esprit et de verve de l'avocat Rouillard.

[4] Despeysses (t. III), p. 274. Sainte-Beuve. *Cas de cons.*, t. II, c. CLXII.

[5] Collect. Pittaval, t. IX, p. 95 et suiv.

[6] *Traité de la justice ecclés.*, t. II, 2ᵉ Sem., pages 95 et suivantes.

l'application à une vierge ou à une veuve. Elle était parfois très-facile, par exemple au cas jugé par *Hostiensis* ; le mari contesté *habebat virgam in modo verrucæ, testiculos in modum cicerum vix impalpabiles.* Si l'exiguité avait des inconvénients, la grosseur n'était pas irréprochable non plus ; témoin celui dont parle **J.** Andréa et qui ne pouvait pas même franchir *magnam januam.* La longueur eut aussi à répondre de son exagération. *Generatio potest impediri a longitudine membri virilis, respectus mulieris, ex eo quod in uterum hoc, in ejus internum osculum impengens dolorem excitando, seminis profusionem et delectationem remoraretur, imo in totum adimeret præter nonnulla alia non contemnenda symptomata quæ excitare posset* [1].

Les Canonistes n'avaient pas réservé la rectitude au raisonnement ; et son défaut viciait le mariage comme un simple syllogisme; l'abbé Bressolles en explique en détail les causes et les effets [2]. L'Église avait couché les maris sur le lit de Procuste, et ceux qui en sortaient à leur honneur n'étaient pas libérés par cette épreuve. *Sicut puer qui non potest reddere debitum non est aptus conjugio, sic qui impotentes sunt, minimè apti ad contrahenda matrimonia reputantur* [3]. Rien n'est plus juste puisque le mariage n'a que le double but d'apaiser la concupiscence, et d'engendrer. Pas de mariage sans la *potentia coeundi.* Où commencera cette puissance, et jusqu'où s'étendra-t-elle ?

Quant aux enfants il arrive que *malicia supplet ætatem,* témoin celui dont parle saint Jérôme, et qui, à neuf ans, *impregnavit nutricem.* Les vieillards *non sunt generali-*

---

[1] Zacchias, liber IX, t. III. *Quæst.* 36, § 2.
[2] *Traité de la just. ecclés.,* t. II.
[3] *De frig. et malef.,* cap. II, d'Alexandre III, an 1180.

ter apti palestræ veneræ, parumque diligentes fundum uxorium colere. Covaruvias proposait la distinction entre la *faculté* et son *exercice ;* il voulait tenir compte aux vétérans de leur ancienne valeur.

Les Officialités furent moins généreuses. Un débiteur doit payer sa dette, comme il pourra s'entend, mais il faudra payer même à soixante-quatorze ans [1]. En quoi donc consistait cette puissance redoutable hors de laquelle il n'y avait pas sacrement? Zacchias l'oracle de Rome et des Officiaux va nous l'apprendre. *Ad coitum tria requiruntur, ut ubi ab una vel pluribus earum vir deficiat, frigidus dicatur. Sunt vero membri genitalis erectio usque ad operis consummationem perdurans, ipsius intromissio in vas fœmineum, et seminis ejaculatio in ipsum uterum* [2].

Chacune de ces conditions a ses exigences : voyons d'abord la première, que nous appellerons avec les Latins *Priapus mutinus* ou *Strenia.* Le mari accusé *d'imbecillitatis* devait se justifier *organi insurrectione,* aux jour et heure fixés par les experts chargés d'apprécier si elle réunissait les qualités requises au nombre de trois : *tensa firma* et d'une durée *sufficiens ad coitum.* La plaidoirie de Me Bégon dans le procès de Gesvres peut donner une idée de la convenance de ces sortes de débats. Il disait [3] : « Les
« experts n'ont vu en lui que les ombres d'une puissance
« de mauvais aloi, mais des ombres visiblement évoquées
« par les enchantements d'un nouveau *Jannès* et d'un
« nouveau *Membré* qui ont été trouvés auprès de lui.

. . . .

« Les apparences de vie qu'on se donne par de tels arti-

---

[1] Sœfve. *Nouv. rec. de plus. questions not.,* p. 460 et suiv.
[2] *Quæst. med. leg.* lib. IX, tit. III. *Quæst.* 2, n° 5.
[3] Voir le *Recueil des pièces du procès,* 2° volume.

« fices n'ont pas plus de durée que la résurrection des
« morts que la Nécromancie opère . . . .
    « Que faisaient ces chirurgiens allant et venant de la
« chambre à l'antichambre, tantôt introduisant et tantôt
« congédiant les experts . . . . . A quoi bon des ma-
« chinistes si on ne jouait pas une comédie . . . . Ils
« nous donnent en une matinée trois feux d'artifice, mais
« qui n'ont produit que de misérables bluettes. » Vainement les jurisconsultes protestèrent pendant des siècles
contre ces scandaleuses exhibitions. On ne se sert pas,
disaient-ils, *mentulà ut digito ;* un intérêt supérieur à la
pudeur publique rendit leurs protestations inutiles.

Après le *Strenia* venait son congénere *Priapus Saturnus*
La faim ne s'apaise pas à l'odeur des mets. Si le mariage
se propose *concupiscentiæ extinctio* il n'est pas atteint là
où *absit intromissio in sinum pudoris*, et la femme, disaient les Canonistes expérimentés, y fait rarement
obstacle. En sorte que la présomption militait contre le
mari. Mais rien n'est absolu en ces matières. *Si vir ob
debilitatem non possit accedere ad virginem, benè ad
viduam ; tunc licentia datur viro alteram habendi uxorem. Item si mulier tam arcta est quoad sinum cognosci-
bilis viri per alium puta juvenem, licencia est ad alium*[1].
Les maris de cette espèce étaient considérés comme *semi-
frigidi.* Malgré ces facilités, on en trouvait en grand
nombre, paraît-il, qui ne pouvaient remplir ces conditions
atténuées.

Tel était Doinel marié avec Charlotte François. Le 23 juin
1659, les experts constatèrent qu'il était d'un tempérament froid, humide, rempli de pituite qui l'avait rendu
toute sa vie faible et valétudinaire, sans érect... parfaite
en s'approchant d'une femme, et faisant éjac... sans intro-

---

[1] Zach. *De impot. coeund.* lib. 9, tit. *Quæst.* 2, § 21.

mission quoiqu'il eut toutes les parties de la génération
mais sans force et vigueur. Ce rapport sembla obscur à
l'Official ; il fit citer les experts pour expliquer leur pensée.
Ils déclarent qu'ils ont trouvé ledit Doinel d'un tempérament froid et humide qui l'a rendu toute sa vie faible et
valétudinaire, sans érect... parfaite ; qu'il y a tout lieu de
croire qu'il approche d'une femme sans faire d'éjac... et
sans intromission quoiqu'il ait toutes les parties nécessaires
et destinées à la génération, mais sans force ni vertu ; que
lorsqu'ils ont dit que l'érect... n'était pas parfaite, ils ont
voulu dire que ledit Doinel était si faible qu'il ne pouvait
faire aucune intromission dans le vaisseau ordinaire, et
qu'ainsi la mat... ne pouvant entrer dans le vaisseau, elle
s'y répandait par dehors et par conséquent la génération
ne pouvait s'en suivre : que lorsqu'ils ont dit que la partie
du dit Doinel était sans force et sans vertu ils ont voulu
dire, après avoir tout expliqué, que ledit Doinel était incapable de faire l'intromission, n'ayant pas de force.

Par décision de l'Official Chéron du 9 février 1660 la
nullité fut prononcée. Le défaut d'intromission devint le
prétexte le plus meurtrier, le plus inévitable de nullité,
au rapport des jurisconsultes.

Les maris ont prouvé jusqu'à présent leurs bonnes dispositions, et la possibilité de les traduire en effets. Mais
ils ne sont pas encore arrivés à la dernière station de leur
Calvaire. *Nam quamvis masculus instrumentum erigat,
et vas fœmineum reseret, si tamen non possit seminare
frigidus censeri debet* [1]. L'audacieux Casuiste va plus loin
encore : *ubi non est supinatio non est matrimonium*, et
sa logique est irréprochable : Priape *Tutunus* est le vrai
Dieu du mariage. Mais ce *semen* n'aura-t-il pas à justifier
lui-même de qualités efficientes ? On discuta savamment

______

[1] Soto, lib. IV, distinct. 34.

sur sa nature, sur l'àge, les dispositions et la santé de son
auteur, et on tomba d'accord que sa loyauté était suffisamment vérifiée, s'il réunissait les trois qualités *album,
spumosum* et *crassum ;* ce fut le moyen plaidé par le célèbre Pasquier luttant contre le savant Hottmann dans
une affaire de Bray. Le rapport des experts avait constaté
notamment : *substantiam serosam et aquosam extra vas
emiserat quæ nomen seminis non meretur.* Sanchez allait
encore plus loin. Les qualités vérifiées du *semen* ne
suffisent pas, le mari doit le porter *in utero.* Il discute
diverses hypothèses comme celle-ci par exemple : *quod si
fæmina sola seminet, utrum satis sit virum seminare intra
vas, feminâ non seminante.* Il n'indique pas le moyen de
constater la simultanéité des phénomènes; et c'est dommage. La question n'était pas théorique seulement, car la
nimia festinatio fut la cause fréquente de ruptures des
mariages. Elle motiva notamment l'annulation de celui de
Pons de Quellenec, massacré à la porte du Louvre pendant
la Saint-Barthélemy. Sa prétendue impuissance aurait
valu, dit-on, un dernier affront à son cadavre ; la Reine le
fit rechercher parmi les morts : et *pudenda illius cum
suarum pedissequarum numero comitatu inspicit, non
sine magno et effuso risu* [1].

Mais quel sera le nombre canonique de visites qu'un
mari si bien contrôlé devra ren lre quotidiennement à sa
femme? Madame de la Prévotière avait appelé son mari devant l'Official du Mans, elle prétendait qu'un galant homme
doit à sa femme dix ou douze hommages, dans les premières
nuits des noces, et sept à huit à l'ordinaire, faute de quoi la
femme était trompée, et n'obtenait pas les satisfactions
auxquelles elle avait droit [2]. L'Official trouva la prétention

---

[1] Bayle, v. *Quellenec.*
[2] *Bibliothèque des avocats de Paris.* Collection Transson.

exagérée, probablement, et il la débouta de sa demande. Peut-être aurait-elle gagné son procès ailleu.s qu'en Normandie.

En examinant les nullités absolues, nous avons vu que le *non potens virginis* po·vait quelquefois *arare convenienter viduœ fundum*. C'étail là une impuiss·nce *respective*, c'est-à-dire reprochab·e pour partie à chacun des époux. On comprend qu'elle devait mettre la sagacité du juge à de singulières épreuves ; elle n'était pas la seule. Exemple : *superabondante abdomine in utroque conjuge ità ut genitaliter conjungi nequeant*. Ici la difficulté pour l'Official consistait à découvrir *situm convenientem ut commodè Venerem exerceat* [1]; mais l'*abdomen superabondans* pouvait dégénérer en cause de nullité absolue. Grave sujet de disputes : après une série d'arguments à *baroco ad posticum,*les vrais principes prévalurent : tout débiteur doit payer sa dette; mais chacun s'acquitte comme il peut [2].

Le mal de Naples nous valut une nouvelle cause d'impuissance, non pas par le défaut de consommation, mais à cause du danger qu'il pouvait entraîner au préjudice de l'un des conjoints. Nicolas Herbin greffier en chef au grand Conseil en fit le premier la triste expérience [3]. L'arrêt est du 10 avril 1666. La lèpre, l'éléphantiasis, toutes les maladies contagieuses ou incurables devinrent des raisons suffisantes de nullité de mariage.

Quant à l'*absence* elle avait été admise dès l'année 752 par le concile de Verberie dont il suffira de reproduire le texte. *Si quis, necessitate inevitabili cogente in alium*

---

[1] Ant. Gomez, *In leg. taur.*, lib. LX, § 4, indique les expédients les plus propres à rassurer les consciences délicates.

[2] Ceux qui seraient désireux d'avoir une connaissance complète de ces nullités pourront consulter Zacchias, lib. IX, t III. *Quœst.* 2. Nous leur recommandons le § 19, sous la rubrique : *Qui fœces urinam vel flatus coenles reddunt.*

[3] Sœfv. *Cent.* 3, c. LXXV.

ducatum seu provinciam fugerit, aut Seniorem suum cui fidem mentiri non poterat secutus fuerit, et uxor ejus cum valet, et potest amore parentum aut amorem rerum suarum consequi noluerit, ipsa omni tempore, quandiù vir ejus quem secuta non fuit, vivit, semper inupta permaneat. Nam ille vir ejus qui, necessitate cogente, in alium locum fugit, si se abstinere non potest, aliam uxorem cum pœnitentia potest accipere [1]. Les Chinois suivent la même coutume [2].

[1] Jean Filleau (*Rec. gén.*, t. II, p. 4, quest. 14, p. 53) cite un arrêt du Parlement conforme aux conclusions de l'Av. Gén. Séguier, où cette doctrine fut appliquée à un barbier du nom de Jac. Mériault, marié à la Rochelle. L'arrêt porte la date de février 1597. (*Concilio.* Ed. MDCLXXI. *Concil. Vermerien.*, t. VI, p. 1657.)

[2] Les partisans du divorce ne font grâce à l'indissolubilité d'aucun des moyens jadis employés pour la détruire. Ils exhument les *dissentiments religieux* entre les époux, en attendant probablement le tour des dissentiments politiques ou scientifiques. Ici encore ils sont loin d'avoir le mérite de l'invention. En effet les Juifs, qui traitèrent en ennemis ceux qui n'appartenaient pas à leur nation, défendirent les alliances avec les étrangers. Ils prévenaient ainsi tout danger menaçant pour la pureté des croyances ; et telle est certainement la préoccupation des Novateurs. D'ailleurs la Synagogue n'admettait pas que l'union fût possible entre personnes qui n'étaient pas en communion d'idées religieuses. Esdras fit de cette prohibition un usage fatal aux mœurs de sa nation. Pendant la captivité de Babylone, les Juifs en grand nombre s'étaient mariés avec des étrangères qu'ils ramenèrent avec eux au retour de la captivité. Sur l'ordre d'Esdras, elles furent chassées comme si le mariage n'avait pas existé, ce qui le fit tomber en mépris ; les mœurs se corrompirent bientôt, et le divorce, jusqu'alors sans exemple, devint fréquent. Les Chrétiens prirent pour leur compte cette prohibition essentiellement Sacerdotale. Ils ne pouvaient pas admettre l'union plus forte que la mort entre deux époux dont, suivant leur doctrine, l'un était destiné au Paradis et l'autre à l'Enfer. La dissidence religieuse pouvait justifier jusqu'au divorce. Tel fut le cas de sainte Thècle, disciple de saint Paul, qui après avoir embrassé le Christianisme divorça d'avec son mari, Juif ou Païen. *Matrimonium ab infidelibus legitimè contractum dissolvi potest quoad vinculum si alter utro conjuge ad fidem converso nolit alter cum eo pacificè vivere, vel non consentiat habitare sine contumeliá creatoris.* (Perroné[1], *de Matrim.*, c. II, prop. 2.) On a proposé de faire revivre dans la loi civile ce vieux droit des sanctuaires : mais qui donc apprécierait la dissidence ? qui déterminerait lequel

[1] *Cité par Drach. du div. dans la synag.* avec d'aut. autor. P. 97 à la note.

Les procédures valaient les questions à juger, le *Congrès* devint leur *ultima ratio ;* il n'était pas possible d'inventer une façon plus originale, et plus commode à la fois, d'obtenir le divorce par consentement mutuel. Il suffisait aux époux de se coucher paisiblement dans un lit commun pendant l'heure de l'expertise, et de se tourner le dos. Les experts concluaient gravement de l'état du lit à la valeur du mari, et l'Official reconnaissant l'impuissance, démariait les époux. Ainsi les nouveautés proposées par les modernes réformateurs ont été découvertes au panier des Officialités. La jurisprudence des Casuistes s'expliquait par un double motif : lutter contre certains Hérésiarques qui dénonçaient la génération comme impie et sacrilège ; et d'autre part, tenir les chefs de famille à discrétion, et les briser, en les déshonorant sous d'odieux prétextes. Sommes-nous bien sûrs, après ce que nous savons de certains apôtres du divorce, qu'ils ne veulent pas, eux aussi, anéantir la famille, *cette forteresse des injustices sociales,* et la propriété, dont ils n'osent pas contester le principe ? Mais les Casuistes avaient créé leur jurisprudence de toutes pièces. Il faut avoir leur audace, quand on emprunte leurs moyens. Si l'impuissance avec sa nombreuse escorte doit figurer parmi les causes de divorce, il est nécessaire de la définir, d'établir ses caractères, son étendue, d'indiquer les procédures pouvant conduire à la découverte de la vérité, et permettre au juge de se préserver de la fraude, si facile en pareille matière. Il n'appartient qu'au législateur de faire la loi, et au magistrat de l'appliquer. Il ne peut ni ne doit suppléer à l'insuffisance des textes. Soyons assurés d'ail-

des deux époux a tort, lequel des deux suit la bonne ou la mauvaise doctrine ? Les magistrats ne sont pas des Théologiens, et cependant il y aurait nécessité de prononcer contre l'un des conjoints. Respectons les consciences et les sentiments religieux de tout le monde ; mais un Législateur prudent leur interdira le seuil du Prétoire ; ce n'est pas leur place.

leurs que des répugnances bien naturelles le retiendront
dans la stricte et rigoureuse exécution des termes de la
loi. Mais, j'y pense, puisqu'on demande la mise en vigueur de la jurisprudence des Casuistes, pourquoi ne réta-
blirait-on pas leur juridiction ? Les impuissants sont passés
de mode, ou à peu près. Ils foisonneraient sans tarder,
et leur foule envahirait de nouveau les Prétoires.

Disons cependant que le motif de l'impuissance n'a pas
complétement disparu des Législations modernes. En Prusse
elle est une cause de divorce, si elle existait au moment du
mariage, ce qui semble plus rationnel. Dans les Etats de la
Virginie et dela Caroline du Sud, au dit cas, elle ne donne
ouverture qu'à la nullité du mariage. Dans l'Illinois elle ne
produit effet que si elle existe avant et persiste après. Enfin
le Danemarck, la Suède et la Russie l'ont conservée sans
spécification. Nous rechercherons plus tard si le législateur
ne pourrait pas, à l'aide de certaines précautions, prévenir
tous ces procès scandaleux qui ont pour cause les vices apparents de santé ou de conformation. Le congrès fut aboli
par arrêt du Parlement de Paris du 18 février 1677 [1]. Voici
à quelle occasion : le marquis de Langey avait épousé
mademoiselle de Saint-Simon héritière de Courtaumer
en 1653. Quatre ans plus tard la marquise accusa son
mari d'impuissance ; il offrit le congrès et fut vaincu.
Le 8 février 1659, le Parlement prononça la nullité du
mariage. Ce fut un scandale Européen.

Malgré ce fàcheux précédent, le marquis avait obtenu la
main de Diane de Montault de Navailles. Sept enfants na-
quirent de cette seconde union. Or dès le lendemain de
l'arrêt, Langey avait déposé ses protestations chez deux notaires, contre cette condamnation infamante. Il fut admis à
se pourvoir par voie de requête civile. Ainsi tout était remis

---

[1] Le texte en est au *Recueil* des Édits, déclarations, etc., concernant
les mariages, et au *Journal des audiences*, t. III, liv. II, c. VII.

en question. L'Avocat Général Lamoignon voulant en finir avec ces procédures infâmes demanda, par des conclusions formelles, *l'abolition du Congrès*. Le magistrat crut avec raison, quoi qu'en ait dit Bouhier [1], qu'il devait être plus scrupuleux que l'Église, plus délicat que les Saints Pontifes, plus rigide que les Casuistes ; là fut sa gloire. Après un débat qui ne dura pas moins de douze audiences, la Cour faisant droit sur les conclusions du Procureur Général du Roi [2]: « Fit défenses à tous juges, même à ceux des Officia-« lités, d'ordonner à l'avenir, dans les causes de mariage « la preuve du Congrès ; ordonna que l'arrêt serait publié « et enregistré au Chatelet de Paris, et envoyé aux Bail-« liages et Sénéchaussées du ressort, pour y être également « lu, publié, et enregistré aux Officialités : Enjoignit aux Procureurs du Roi sur les lieux, et aux Procureurs du dit Seigneur Roi en Cour Ecclésiastique d'y tenir la main et de « certifier la Cour au mois. »

Cette décision célèbre fut l'arrêt de mort de la procédure « du Congrès, non pas seulement dans le ressort du Parle-« ment de Paris, mais dans tout le Royaume de France, « quel que embuscade fournye de canons, picques, dards et «. traits et autres armes que les affeccions des maîtres-« conducteurs de l'artillerie Canonique ont pu dresser pour « soustenir le fort des lois Pontificales (Guil. Mellier) [2] ».

[1] Traité de la dissolution du mariage, p. 128.

[2] Guy du Rousseau de la Combe s'est trompé lorsqu'il a dit (p. 161) que le Congrès avait été aboli par arrêt de règlement rendu sur les conclusions de M. d'Aguesseau lors Avocat Général et depuis Chancelier de France. Le véritable auteur du *fameux discours sur le Congrès* comme l'appelaient les jurisconsultes, fut *Chrétien-François de Lamoignon* fort zélé, dit Henrys, pour la pureté des mœurs, la sainteté du Barreau, et la dignité du Sénat. Il était fils de Guillaume de Lamoignon auquel Louis XIV put dire en lui apprenant sa nomination de Premier Président : *Si j'avais connu un plus homme de bien, ou plus digne sujet, je l'aurais nommé*. Il fut lui-même Président à mortier. La charge fut conservée dans la famille pendant trois générations. Le succès légitime du *fameux discours* effraya beaucoup le Clergé qui mit tout en œuvre pour en

empêcher la publication. Léridant (v. *Congrès*, p. 320, éd. 1770) exprime le regret que personne ne nous ait donné ce plaidoyer. Dufour, dans ses *Questions illustres*, affirme au contraire qu'il a été publié en 1680. Il nous avait été impossible, malgré nos recherches, de trouver même la trace de cette publication ; mais le Discours existait en manuscrit dans la *collection Ferey* [1] à la Bibliothèque des Avocats de Paris.

Cependant le Procureur Général *Dupin* et *Brunet* lui-même appuyaient l'affirmation de *Dufour*.

Cette fois, nous avons eu recours à *M. Barringer* de la *Bibliothèque Nationale*, et grâce à ses soins obligeants, il nous a été permis de voir le *Célèbre Discours* imprimé à Paris en 1680 (format in-18) mais sans nom d'imprimeur. Il se trouve au volume 150 du *Recueil Fontanieu*.

Il est facile maintenant d'expliquer ce qui s'est passé. Cette publication, fort dangereuse alors, aura été tenue secrète; et quelques privilégiés en avaient eu seuls connaissance. Le *Célèbre Discours* contient une apologie de l'indissolubilité du mariage. D'autre part il nous a semblé intéressant de faire revivre un des documents les plus curieux de l'éloquence judiciaire au 17e siècle. Il sera donc inséré en annexe à la 2e *partie* de ces *Etudes*.

---

[1] Ferey Fçois pde Nic. né en 1735 décédé le 5 juillet 1807, avocat au Parlement de Paris. Rendons un hommage bien mérité au savant jurisconsulte, au chercheur infatigable. Possesseur d'une bibliothèque considérable, il en fit don à ses confrères, ainsi que de ses précieuses collections manuscrites. Ce legs fut l'occasion du Décret de 1810 qui a reconstitué l'*Ordre des Avocats*.

CHAPITRE IV

Un État, quelle que soit la forme de son gouvernement,
ne peut subsister qu'en imposant aux citoyens l'aliénation
d'une partie de leur liberté ; la République sera moins
exigeante que la Monarchie, et sa discrétion lui vaudra les
préférences d'un grand nombre de ses partisans : ce n'est
qu'une question de mesure : nous nous garantissons ainsi
contre les entreprises de l'anarchie ; et la loi peut ainsi
protéger les faibles contre les forts, ceux-ci n'ayant pas
besoin de protection. C'est donc dans *l'intérêt des faibles*
surtout que l'autorité a été constituée. Ils sont sa raison
d'être ; pas de justice possible en dehors d'elle, et sans
elle. Ainsi la liberté individuelle souffre une atteinte nécessaire par la simple acceptation du Contrat Social. De leur
côté les conventions purement privées ont des exigences
souvent cruelles. En sorte que l'homme en société se
trouve rivé à deux chaînes également indissolubles, *le
droit public, le droit privé.* Quelques exemples sont nécessaires pour bien déterminer le caractère de chacun. Com-
mençons par le moins menaçant en apparence.

Le contrat est le concours de deux volontés sur un objet

déterminé. Je veux acheter, vous voulez vendre une certaine marchandise : nous tombons d'accord sur le prix ; je suis lié. Un accident climatérique, une guerre, une invention nouvelle, peu importe l'événement, a rendu mon opération désastreuse ; déclaré en faillite, appréhendé au corps si tel est le bon plaisir du juge, mes biens seront vendus, les créanciers s'en partageront le prix ; et une famille honnête sera précipitée dans la misère et le désespoir. Pourquoi ces effets terribles d'un contrat réfléchi, sagement débattu, et devenu ruineux grâce à un accident que je n'ai pu ni prévoir ni empêcher? Parce que là loyale exécution des contrats sert de base économique à une société bien ordonnée. Telle est la sanction nécessaire de la simple vente d'une marchandise vulgaire, et la conséquence pourrait être la même pour une imprudence, pour un fait en lui-même indifférent, pour un oubli, pour toute la série de circonstances innombrables qui s'agitent entre le contrat et le délit.

Que d'échecs à la liberté individuelle ! Mais si nous pénétrons dans le dédale des obligations imposées par la loi, nous les trouverons innombrables, et nous reconnaîtrons que la liberté individuelle se réduit à ce que le droit des tiers et la loi veulent bien nous en laisser. Telle est la condition d'existence de toute société policée. Quelques citations rendront évidente la vérité énoncée.

Le droit de propriété est assurément l'affirmation la plus large de l'indépendance de l'homme ; il lui confère celui d'*user* et d'*abuser* de sa chose à son gré. Telle est du moins la définition légale. Que de limites cependant à ce droit absolu en apparence ? Le capitaliste ne pourra prêter son argent qu'à certaines conditions, sous peine d'amende, et de prison quelquefois. Si un charretier violent frappe brutalement son cheval, il tombera sous le coup de la loi répressive. Le propriétaire d'une maison de ville n'a pu la bâtir qu'après en avoir obtenu la permission, et la loi déterminera sa forme, la nature des matériaux, et limitera la hauteur de l'édifice. Le propriétaire, dans les zones militaires, perd le droit de bâtir; et celui de planter sur les bordures de chemins. Si du droit *réel* nous passons au droit *personnel,* mais nous n'avons même pas celui de disposer à notre guise de notre patrimoine, sans nous exposer à être privés de son administration, et à retomber en tutelle. Comme citoyens il est une série de fonctions rangées par les jurisconsultes dans le *munus publicum,* que nous devons remplir sous peine d'amende et de prison. Voici mieux : tout citoyen doit à son pays de le défendre. La guerre éclate, et je suis placé entre deux dangers de mort : l'ennemi et la Cour Martiale. J'obéis à la loi ; ma vie sera en péril à toute heure. Une balle au cœur peut être le moindre de mes maux; car si je tombais mutilé sur le champ de bataille, je serais condamné à traîner une vie misérable, à charge aux autres et à moi-même, et j'ai vingt ans ! Telle est la conséquence du devoir de défendre son pays. Les sociétés ne se conservent qu'à ce prix.

Qu'arrivera-t-il du mariage qui participe à la fois du double caractère de la convention et de la loi? Il n'appartient qu'à la première de régler souverainement la question des biens des époux. Le contrat de mariage pourra constituer entre eux une société avec les conditions les plus variées ; il pourra contenir des donations, le partage anticipé de la fortune des ascendants, placer hors du commerce les biens de la femme, en un mot, le contrat de mariage est le plus important, le plus libre des contrats ; mais il est *irrévocable.* Une fois accepté, nul ne peut en modifier les termes. Ainsi l'*irrévocabilité* s'étend jusqu'aux stipulations sur les biens des époux, et le Sacrement serait livré à leurs caprices. Relativement aux personnes, la convention fait naître le mariage puisque les solennités légales n'interviennent que pour consacrer les consentements de vivre et de mourir ensemble : la cité n'ayant pas à se mêler d'un contrat que la condition résolutoire ferait dégénérer en marché de domesticité ou de concubinage. Grâce à ces solennités, l'acte prend le caractère d'une *loi* [1], et il n'appartient qu'au législateur de la maintenir ou de la rapporter. Dès que le mariage a reçu sa consécration, les époux disparaissent, s'effacent comme le soldat dans le rang; une seule chose subsiste après la célébration, la loi avec l'intérêt public comme souverain appréciateur. Le drame conjugal prendra vainement les attitudes les plus lugubres, les plus touchantes pour l'émouvoir et l'attendrir, le droit sera impassible, comme les tables de bronze sur lesquelles il fut écrit dans l'origine ; le droit abdique lorsqu'il devient le très-humble serviteur des mœurs au lieu de leur commander. Nous connaissons ses rigueurs, depuis l'exécution d'un simple achat de marchandises, jusqu'au sacrifice des citoyens sur le champ de bataille. Les sensibleries n'ont rien à faire ici.

Or, les voisins belliqueux ne sont pas les seuls ennemis à redouter ; il en est un, plus perfide que le plus sinistre conquérant, plus meurtrier que les gros bataillons, que les engins de guerre perfectionnés. Il dévora Rome l'invincible, la Dominatrice du plus grand Empire qui fut jamais ; l'histoire l'a désigné sous le nom de *corruption des mœurs*, et a dénoncé le divorce comme son agent le plus actif.

Montesquieu affirme que l'univers n'a pas cessé de se dépeupler depuis que les religions Mahométane et Chrétienne se partagèrent le monde Romain : la première aurait commis la faute d'autoriser la polygamie, et la seconde celle de

---

[1] De là vient que dans les pays despotiques le divorce bien souvent ne peut être prononcé que par l'Empereur.

prohiber le divorce. Sans nous arrêter à la contradiction qu'impliquent ces reproches, le divorce ne constituant qu'une polygamie successive, nous ne voulons pas laisser passer sans réponse cette accusation, si souvent répétée depuis, contre l'indissolubilité rétablie par l'Église. L'auteur cité s'en prend d'abord au vœu de continence, qui condamne à l'improductivité un si grand nombre de prêtres et de religieux de l'un et de l'autre sexe : « En quoi dit-il « je ne les comprends pas, ne sachant ce que c'est qu'une « vertu dont il ne résulte rien [1]. » Il est choqué, d'autre part, de la contradiction des docteurs Chrétiens qui proclament que le mariage est Saint, et que le célibat, son contraire, l'est encore davantage.

Sur la première partie de l'objection, la réponse est trop facile. En effet, qu'y a-t-il de commun entre le vœu de continence et l'indissolubilité du lien conjugal ? D'autre part, ce vœu de célibat se réduit à une règle de pure discipline, car un très-grand nombre de Saints Évêques de l'Église primitive étaient mariés. Si pour favoriser leurs visées ambitieuses, les Papes ont encouragé la multiplication des Eunuques spirituels, le dogme ne saurait en souffrir. Tant pis pour la loi civile si elle a toléré « que ce métier de continence ait anéanti plus d'hommes que les pestes et les « guerres les plus sanglantes n'ont jamais fait. » Lorsqu'elle autorise le célibat de l'égoïsme et de la débauche, elle serait mal venue à prohiber les Vœux Religieux dont les effets sont souvent atténués par certains services qu'on ne pourrait contester sans injustice. Le philosophe, pour être conséquent, aurait dû demander au législateur de son temps de suivre l'exemple des Romains qu'il cite, en notant d'infamie ou en frappant de peines sévères ceux qui se dérobaient au mariage. Il importait d'indiquer le remède au mal

---

[1] *Lett. Pers.*, p. 114, 116, 117 et suiv.

signalé. Ainsi le raisonnement devenait juste, et le grand Montesquieu n'était plus exposé à exonérer le vrai coupable, la loi Civile, au préjudice de l'innocent, la loi Religieuse.

Mais il commet une erreur bien autrement grave lorsqu'il nous montre les femmes des Romains passant successivement dans les mains de plusieurs maris, qui, dit-il, en « tiraient dans le chemin le meilleur parti qu'il était possible (*Lett.* 116) ».

En effet pendant les six premiers siècles de son existence, Rome dédaigna le divorce, et le temple de Janus ne fut fermé que deux fois jusqu'au règne d'Auguste. Le mariage indissoluble pourvut à la consommation effroyable des hommes dévorés par six siècles de guerres incessantes, et Rome ne cessa pas de grandir et de s'étendre jusqu'aux dernières limites du monde connu. Auguste lui donna la paix ; les richesses de l'univers affluèrent de toutes parts ; l'Italie en fut inondée. Les lois Juliennes comblèrent le mariage de faveurs : et la population s'éteignit, et l'herbe crût dans les rues de la Maîtresse du monde. Malthus en a donné la raison : le mal était dans les habitudes vicieuses des Romains [1] et Wolowski, rectifiant Auguste, reconnaît à son tour que le [2] « seul moyen efficace eût été de réformer les « mœurs non par la facilité du divorce, mais par *l'indis-* « *solubilité du mariage* cette pierre angulaire de la fa- « mille»;en d'autres termes, l'homme qui n'a pas la certitude absolue de conserver la famille se refuse à la fonder. Les faits ont prononcé contre César en faveur de l'Académicien. En protégeant le mariage Auguste l'abandonnait en proie à la lèpre stérilisante du divorce, et son but n'était pas atteint. La liberté individuelle avait été respectée suivant le style consacré, mais la cité manqua d'habitants [3].Lorsque

---

[1] Malthus, *Essai sur la population*, c. XIV.
[2] *C. Acad. des scienc. mor. et pol.* Wolowski, t. IX, p. 99.
[3] Les Empereurs surtout depuis Constantin essayèrent vainement

les apôtres du divorce nous promettent en son nom une ample moisson d'enfants, nous nous souvenons malgré nous du bonhomme en quête d'une source, et qui après avoir vainement fouillé la roche vive, se ravise, et va la chercher dans les flancs d'un vieux tronc vermoulu.

Montesquieu tombe dans la même erreur et l'accentue lorsqu'il dit : « Si dans une République comme Lacé-« démone où les citoyens étaient sans cesse gênés par des « lois singulières et *subtiles*, et dans laquelle il n'y avait « qu'une famille qui était la République, il avait été établi « que les maris changeassent de femmes tous les ans, il en « serait né un peuple innombrable. » La République de Lacédémone avait la vertu pour principe. L'adultère y était inconnu comme le parricide. Les lois pénales n'avaient pas même prévu ces crimes, les considérant comme impossibles : et l'un de ses plus grands citoyens, Lysandre, fut condamné à l'amende pour avoir répudié sa femme : toujours en guerre avec ses voisins, vaincue par les Athéniens, écrasée par Epaminondas, elle renaquit de ses cendres, grâce à ses vertus ; puis conquit Athènes, anéantit les Thébains et domina sur la Grèce tout entière.

Telle fut la destinée d'une nation chaste, respectueuse du lien conjugal. Si elle eût sacrifié cette pureté de mœurs qui lui communiqua son indomptable énergie, elle n'aurait laissé dans l'histoire que la trace obscure de ces peuples méprisés, esclaves de la volupté, qui offrirent une proie

d'arrêter la décomposition du corps social. Ils firent de grands efforts pour réhabiliter le mariage déshonoré, restreindre les cas de divorce et punir ceux qui s'exposaient à le faire prononcer. Constantin fit brûler les adultères, ou liés dans un sac ils étaient précipités dans la mer. Théodose les prostituait publiquement ; Justinien les dépouillait de leur patrimoine et les enfermait dans les Couvents. Tout fut mis en œuvre et tout fut inutile. On ne règle pas un abus qui viole la loi naturelle, on le supprime. Le Christianisme l'avait compris, il proposa le remède au mal sous cette formule bien simple : *Quod Deus conjunxit homo non separet.* Il osa l'appliquer, et son succès décida les Législateurs à l'imiter.

facile à quiconque daigna les asservir. *Et somniavit*, di-rons-nous de Montesquieu, comme on a dit d'Homère.

Mais l'auteur de *l'Esprit des lois* reconnaît que partout où il y a un homme, une femme et de la subsistance, il se fait un mariage. Si l'observation est vraie, nous pourrons dire avec Portalis : qu'il y en aura toujours assez pour le salut de la République. Mais les mœurs seront-elles favorables à la prospérité des mariages ? Telle est la question essentielle. Malthus vient à son tour. Il est effrayé de la tendance des êtres vivants à multiplier leur espèce hors de proportion avec les ressources de l'alimentation, et il recommande *la prudence* pour éviter les calamités que ses calculs lui font craindre pour l'avenir. Voltaire de son côté se moque des spéculateurs si habiles à peupler la terre à coups de plume. Après les théories des philosophes examinons les faits. La France est une des dernières des nations de l'Europe sur l'échelle de la progression des naissances, et une des premières sur celle de la longé-vité. Pourquoi en est-il ainsi ? Quant à la longévité, nous pouvons en faire honneur à la salubrité du climat d'abord, mais surtout à l'amélioration générale de la nourriture et de l'hygiène ; l'aisance a presque doublé chez nous la moyenne de la vie depuis moins d'un siècle. La solution du problème est moins simple quant aux naissances. Elles y rencontrent des obstacles communs à toutes les nations de l'Europe ou à quelques-unes seulement ; il en est qui nous sont propres. Parmi les premières figurent d'abord les ha-bitudes des grandes villes. Elles sont telles à Paris notam-ment, que les familles s'y éteignent le plus souvent à la troisième génération. Puis viennent les métiers insalubres, les excès de tous genres, sans en excepter celui du travail, les Ordres Religieux avec le vœu de célibat, et l'ancienne organisation de l'armée. Mais *le sensualisme* qui nous ronge est l'ennemi le plus meurtrier. La bourgeoisie des villes, ardente à la poursuite des richesses rapidement acquises, avide de repos et de jouissances, a calculé la première, ce que coûte l'éducation d'une famille nombreuse. Elle en rejette les charges, et son bien-être est ainsi accru de tous les sacrifices qu'elle évite. Ces calculs sordides et avilissants sont trop souvent encouragés par des femmes qu'une mauvaise éducation a gâtées. Privées de la notion du devoir, destituées de tout sentiment de dignité, la maternité leur apparaît menaçante pour leurs charmes, ennemie de leurs plaisirs, traînant à sa suite la souffrance et le sacrifice. Et elles lui préfèrent une stérilité calculée et dégradante, bien souvent révélée par d'affreuses maladies : dignes couples du troupeau d'Épicure. Le poison a pénétré jusqu'aux campagnes ; la preuve se trouve dans les trois phénomènes se développant parallèlement suivant les statistiques, dans les départements purement agricoles : le morcellement du sol, l'augmentation de la richesse, la stagnation ou la diminution de la population. Jamais amélioration plus légitime assurément que celle de la situation du Paysan, et nous faisons des vœux ardents pour qu'elle se développe encore. Mais sa préoccupation dominante est celle de la conquête du sol. Or, la soif d'envahir n'est jamais satisfaite chez le conquérant. Tout en lui cède à la passion d'acquérir et de conserver. Ainsi se trouve réalisé le désir que son enfant, trop souvent et intentionnellement unique, garde intact le domaine constitué par ses soins : et Grosjean fera souche. La vraie plaie est bien celle que nous signalons : car suivant les statistiques, tandis que le nombre des mariages augmente celui des naissances reste à peu près stationnaire. Ne cherchons pas ailleurs la cause de la dépopulation des campagnes ; les familles nombreuses ont à peu près disparu dans la bourgeoisie comme dans la classe aisée des cultivateurs. Les pauvres en ont seuls le privilège. Les moralistes s'en affligent, les patriotes en sont alarmés ; le divorce ne pourrait qu'aggraver le mal ; le moyen du sensualisme ne saurait réparer ses ravages. En présence de ces faits évidents, point n'est besoin d'être prophète pour annoncer la venue des *nouvelles couches*.

D'autres, plus naïfs, demandent pour les filles mères, non pas de l'indulgence seulement, mais encore des récompenses, avec l'éducation des enfants naturels aux frais du trésor public ; c'est-à-dire que la famille légitime croupirait dans la misère, à côté du groupe illégitime, renté, et exonéré de toutes charges : il est vrai que ceux-là veulent supprimer *le vieux préjugé* du mariage. On croit rêver quand on lit ces énormités. Nous supposons le Législateur peu disposé à primer la débauche pour arriver à un pareil résultat. La loi du **23** Nivôse an **XIII** touchait plus près du but. Elle disposait en effet :

« Tout père de famille, ayant sept enfants vivants, pourra en désigner un parmi les mâles, lequel, lorsqu'il sera arrivé à l'âge de dix ans révolus, sera élevé aux frais de l'Etat, dans un Lycée ou dans une École d'arts et métiers.

« Le choix du père sera déclaré au Sous-Préfet dans le délai de trois mois de la naissance du dernier enfant ; ce délai expiré, sa déclaration ne sera plus admise.

« Si le père décède dans l'intervalle des trois mois, le choix appartiendra à la mère. Si la mère décède dans le même intervalle, le choix appartiendra au tuteur. »

C'était remettre en vigueur le principe des lois Juliennes, dont l'excellence est indiscutable. Le Législateur demandait des enfants à leur source légitime, le mariage : et ses faveurs étaient doublement justifiées. Tout homme en effet représente un *capital*, car son travail produit de la richesse; d'autre part la nation ne peut se protéger efficacement qu'avec des armées nombreuses, composées de citoyens dévoués, et toujours prêts au sacrifice. Ainsi l'intérêt de l'État est deux fois au moins engagé dans le nombre des naissances. Mais l'éducation d'une famille nombreuse constitue une lourde charge pour son chef, et l'État doit lui venir en aide dans la mesure de son intérêt. La loi de Nivôse est-elle suffisante? Nous sommes loin de le penser. Le problème est posé devant les hommes de gouvernement, et il est digne de leurs méditations.

D'autre part, notre législateur doit-il suivre jusqu'au divorce le funeste exemple de César à la suite duquel les novateurs s'efforcent de l'entraîner? Pour l'y décider ils analysent complaisamment les législations Européennes et les cas nombreux de dissolution du mariage qu'elles ont consacrés. N'est-il pas au moins bizarre que des Républicains prétendent soumettre la loi des mœurs de la République à la discipline des États Monarchiques, et qu'ils appellent *progrès* une rétrogradation vers la barbarie? Ont-ils donc oublié que *la vertu* est la base nécessaire de leur gouvernement de prédilection, et que la vertu n'a qu'un sanctuaire, la famille, que le divorce stérilise et pollue. Les ennemis de la République répètent depuis dix ans que la France ne reprendra son influence dans les conseils de l'Europe royaliste qu'en rétablissant la Monarchie. Or ce qui est vrai dans l'ordre des lois politiques est également vrai dans l'ordre des lois civiles et naturelles; et cependant nul ne songe à rétablir la Monarchie. Tous les vrais patriotes s'empressent, au contraire, autour du gouvernement Républicain pour le rendre indestructible. L'argument contre la République ne vaut pas mieux que l'argument contre l'indissolubilité [1].

[1] Treilhard, si souvent invoqué par les partisans du divorce, le comprenait ainsi : « Vous n'attendez pas, dit-il, dans *l'Exposé des motifs* que cherchant à résoudre cette grande question par les autorités, je fasse ici l'énumération des peuples qui ont admis ou rejeté le divorce........ Je ne dirais rien qui fût nouveau pour vous, et *tout le monde doit sentir qu'une question de cette nature ne peut pas se résoudre par des exemples.* »

La France telle qu'elle est aujourd'hui, avec son tempérament propre, avec ses vertus et ses travers, avec ses qualités et ses défauts, a pratiqué pendant plus de vingt années la loi dont on demande le rétablissement ; nous n'en sommes donc pas réduits à des hypothèses risquées, à des raisonnements spécieux, aux expédients empiriques. C'est l'histoire d'hier qui, appuyée sur des statistiques incontestées, va nous révéler ce qu'il en faut penser. « Pendant « l'année qui a suivi l'établissement du divorce il y a « eu en France vingt-sept mille demandes en rupture de « mariage, » et la population n'atteignait pas le chiffre de 24,000,000 d'habitants. A Paris, seulement pendant les vingt-sept mois qui suivirent la promulgation de la loi de 1792, les tribunaux eurent à prononcer 5994 divorces [1]! Or, Paris à cette époque n'avait pas 600,000 habitants. Et Carion Nisas disait au Tribunat, dans la séance du 28 Ventôse an XI: « C'est une chose curieuse que de consulter « les registres des divorces ; sur trente actes de divorce, *on* « *en trouve dix dans lesquels un des époux ou tous deux* « *divorcent pour la seconde fois !* » *Et nunc erudimini.*

Qu'on rétablisse le divorce et le phénomène va se reproduire identique. En effet, à qui l'homme divorcé peut-il demander une nouvelle femme ? La porte des familles honnêtes, soucieuses de leur dignité, du bonheur de leurs enfants, lui sera rigoureusement interdite. Les banquiers

---

[1] *Malleville disait au Conseil d'Etat:* « Pourquoi l'Angleterre, après « avoir établi le divorce pour cinq causes, l'a-t-elle réduit au seul « adultère ? *Pourquoi depuis que nous avons le divorce y a-t-il tant* « *de mariages annulés, quoique les mœurs n'en soient pas devenues* « *meilleures, ni les mariages qui restent plus heureux ? Pourquoi y* « *a-t-il cent fois plus de divorces qu'il n'y avait autrefois de sépara-* « *tions?* »

Les statistiques modernes n'ont que trop justifié les prévisions du magistrat. Paris seul avec moins de 600,000 habitants avait deux fois plus de divorces que la France tout entière n'a de séparations de corps avec 36,000,000.

confient rarement leurs trésors à des caissiers dont la probité leur serait suspecte ; cet homme est donc condamné à descendre jusqu'aux échelons inférieurs de la moralité : il y rencontrera les femmes divorcées, mêlées à toutes celles qui ont besoin de pardon et d'oubli. Tandis qu'on nous parle d'amour, nous cherchons l'estime absente, et rarement possible ; et l'harmonie de la première de nos lois sociales serait troublée dans l'intérêt de quelques mariages douteux, qui, dès leur origine, laissent présumer le scandale plutôt que le bon exemple. Tel fut le résultat statistique de cette loi funeste.

Quant aux désordres qu'elle avait provoqués, ils dépassèrent ce que racontent les historiens des plus tristes jours du bas Empire. Les *mœurs du Directoire* sont restées légendaires dans notre histoire. La rupture des digues est un mauvais moyen de contenir les flots ; *ut qui aquis aperit sic principium litigandi* [1] ; le mariage est démoralisé par la facilité à le dissoudre.

La tourmente révolutionnaire n'était pas apaisée que les protestations surgissaient de toutes parts contre les débordements que le divorce avait provoqués. Dès le 24 Brumaire an V Reynaud se plaint au Conseil des Cinq Cents *que le mariage est anéanti, et changé en un concubinage successif.* Le poëte romain avait accusé les femmes de son temps de compter par le nombre des maris le nombre de leurs années. Le 26 Brumaire an V un autre orateur demande au Législateur de faire *cesser un scandale vraiment alarmant pour les citoyens.* P. Deville appuie la proposition, sur *la nécessité de fermer le marché de chair humaine.* Il revient à la charge le 11 Frimaire an V, et dénonce la loi du divorce comme *ayant organisé le concubinage, et ouvert la porte à tous les désordres avant-coureurs de la*

---

[1] *Prov.*, XVII,24.

dissolution des sociétés, et telle est aussi notre conclusion: *Car sans famille stable point de société, point de République*. En l'an **XI** (1803) Carion Nisas relevait cette statistique instructive et qui semble extraite des registres de la Rome d'Auguste : « A Paris, dans l'an **IX**, le nombre des « mariages a été de 4,000, et celui des divorces de 700. « En l'an **X** celui des mariages d'environ 3,000 seulement, « et celui des divorces de 900. » Ainsi le nombre des mariages diminue *d'un quart* environ, d'une année à l'autre, et celui des divorces augmente presque *d'un tiers ;* la même institution produisant les mêmes effets à dix-huit siècles de distance !! et conséquent avec les faits signalés, il ajoutait : « Le divorce loin d'être un remède est un mal « de plus ; et au lieu d'appeler les citoyens au mariage « comme on l'a prétendu, *il les en dégoûte et les en écarte.*» Nous en savons la raison. Voilà ce qu'Auguste n'avait pas compris. Veut-on renouveler ces saturnales, veut-on encore une fois *légaliser le concubinage successif, recommencer ces désordres avant-coureurs de la dissolution des sociétés, et rétablir le marché de chair humaine ?*

Ceux qui veulent anéantir la famille, et entraîner la propriété dans sa chute, ceux-là doivent redoubler d'efforts pour le rétablissement du divorce. Le coup serait également fatal à l'une et à l'autre ; car pas de famille en France sans l'indissolubilité du mariage, pas de propriété sans famille, et nous ajoutons : pas de République sans mœurs, pas de mœurs avec le rétablissement du divorce.

CHAPITRE V

Le mariage de la loi française est essentiellement indissoluble. —
Exposé des motifs. — Essence du contrat. — L'homme. — La
femme. — La famille. — L'Etat. — Loi des contrats. — Moralité
publique.

Nous connaissons par le chapitre précédent, les effets d'un
simple contrat d'acquisition de marchandises ; nous avons
ensuite mesuré la conséquence inexorable des obligations
imposées par la loi. Faisons l'application au mariage de
ces principes élémentaires. Il ressortira de cette étude,
qu'avant de décréter le divorce il faudrait d'abord changer notre législation tout entière des contrats, et plus
spécialement celle du mariage, sous peine de retomber dans
la choquante contradiction qui avait échappé au législateur
de 1803.

Cinq volontés au moins concourent à la création du mariage : 1° et 2° celle de l'homme et de la femme ; 3° et 4° celle
de leurs parents ; 5° celle de la cité ; et chacune de ces
volontés fait naître des droits différents, des obligations
distinctes. Nous ne disons rien de la solennité religieuse
puisque nous raisonnons en jurisconsulte seulement ; mais
on peut remarquer, en passant, que tandis que, dans la
foule indifférente, se forment chaque jour des contrats par
milliers, disposant de valeurs de toute sorte par milliards,

une simple bergère du plus modeste hameau [1] ne peut pas
se marier sans mettre en mouvement la Cité tout entière.
Cette circonstance a échappé aux novateurs peu familiers, pour la plupart, avec les théories juridiques. Voilà
donc un contrat qui n'est pas ordinaire, puisqu'il n'est
possible qu'avec le concours de tout ce que les hommes
honorent, les magistrats de la loi, les ministres de la
religion [2]. Il est en effet la charte irrévocable de deux exis-
tences au point de départ. Pourquoi donc cette solennité
s'il n'est pas indissoluble [3], s'il dépend du caprice d'un seul

[1] *Rapport du tribun Cillet, S^ce du 23 Ventôse an XI :*
« On aurait en effet une idée bien peu exacte de son importance
« et de sa dignité si l'on ne voulait y voir qu'un pacte naturel ou
« une *convention* civile : il est encore-plus que tout cela, un *enga-*
« *gement social et comme un traité public* dont les époux sont à la
« fois et les parties et les ministres. »

[2] *Rapport de Savoie Rollin au Tribunat, S^ce du 27 Ventôse
an XI :*
« En prenant le mariage dans la société instituée, qu'aperçois-je
« d'abord ? C'est que les peuples les plus ignorants comme les plus
« éclairés l'ont soumis à deux ordres de lois bien différents, les lois
« Civiles et les lois Religieuses. Il résulte de cet accord étonnant et
« unanime, que cette institution, du moment qu'elle a eu quelque
« consistance, a rempli le cœur humain de tant de joie, et comblé
« la société de tant de bienfaits, que les hommes ne se sont pas
« rassurés par leurs propres lois sur la solidité d'un lien admirable;
« ils ont invoqué le Ciel en témoignage de leur bonheur : ils l'ont
« senti trop grand pour croire qu'il ne fût que leur ouvrage.
« Et si l'on veut examiner combien le perfectionnement du ma-
« riage a lui-même perfectionné les sociétés, qui oserait blâmer la
« quantité de cérémonies dont on l'environne, et l'intercession de
« la Divinité, pour qu'elle imprime son caractère à l'acte le plus
« important de la vie. »

[3] *Exposé des motifs :*
Portalis le définit : la société de l'homme et de la femme qui
s'unissent *pour perpétuer leur espèce*, pour s'aider par des secours
mutuels à porter le poids de la vie, et pour partager leur commune
destinée. C'est la définition de Modestinus modifiée à tort par addition,
mais respectée dans son essence. Aussi dit-il plus bas : le mariage
est donc aujourd'hui ce qu'il a toujours été, un acte naturel, nécessaire, institué par le Créateur lui-même.
Savoie Rollin, rapporteur au Tribunat au nom de la section de
Législation, disait à son tour (S^ce du 27 Ventôse an XI) :
« Ce n'est pas au sein de l'ignorance et de la barbarie des pre-
« mières institutions qu'on a reconnu que le mariage était un con-
« trat dont la durée n'avait pour terme que la vie de l'un des époux.

ou des deux contractants de le rompre [1]? l'analyse des droits
et obligations qu'il engendre en rendra la cause évidente.

L'homme en se mariant *change d'état*, c'est-à-dire qu'il
s'interdit sous peine d'amende et de prison, ce qui lui était
précédemment permis ; il a donc aliéné une partie de sa
liberté originelle. De ce sacrifice naissent les obligations de
fidélité, de secours, d'assistance et de protection au profit
de sa femme [2]. Quant aux enfants à naître, il est tenu de
les nourrir, entretenir et élever [3]. Comme gendre, les père
et mère de sa femme étant devenus les siens, il leur devra
des secours, des aliments [4]. Ainsi trois générations sont
intéressées au mariage ; celle qui contracte, les vieillards
et les enfants à naître, le présent entre le passé et l'avenir ;
et les obligations ainsi prises dans toutes les directions
sont également d'*ordre public*.

« Cette perfection, qui est tellement essentielle au mariage que sans
« elle il n'aurait jamais produit les biens immenses qu'il a fait aux
« hommes, n'a été sentie et sanctionnée que par la raison humaine
« plus éclairée et plus attentive. »

[1] *Discours du Tribun Gillet au Corps législatif, S^ce du 30 Ventôse
an XI* :

« Sans doute à ne contempler dans le mariage que le principe de
« son institution, la permanence est son état, la perpétuité son
« vœu, l'indivisibilité entre les deux époux sa condition naturelle. »

[1] *Savoie Rollin, loc. cit.*

« Si vous considérez la plupart des peuples qui ont existé ou qui
« existent, il vous sera facile de remarquer que les différents degrés
« de civilisation qu'ils ont parcourus *sont dans un rapport constant
« avec les divers degrés de stabilité qu'ils ont accordés à leurs ma-
« riages*. Vous verrez que depuis les peuples nomades jusqu'aux
« peuples les plus avancés de l'Europe, *il n'en est aucun* qui ne
« confirme la règle. Et comment cette stabilité est-elle a la fois la
« condition si essentielle du mariage et la cause de la prospérité
« des nations. Ces deux propositions qui paraissent si éloignées
« par leurs termes sont cependant très-immédiates par leurs con-
« séquences : *le mariage a partout fondé les familles et les familles
« ont fondé les Etats ; et comme un tout n'est composé que de ses par-
« ties, de même la prospérité générale d'un Etat ne se forme que du
« bonheur particulier de chaque famille.* »
Et c'est après ces aveux qu'il conclut au divorce !

[2] Art. 212, 213, C. c.
[3] Art. 203.
[4] Art. 206.

Ces charges si lourdes [1] sont-elles sans compensation ?
L'homme en se mariant a cessé d'être seul : il s'est donné
une compagne de son choix ; il a obéi à la loi naturelle, il
a obéi à sa conscience, et placé le devoir comme une sentinelle vigilante chargée de régler ses passions [2]. Débiteur
loyal, il s'est mis en mesure d'acquitter *la dette des aïeux ;*
en faisant acte de bon citoyen il a gagné en dignité tout
ce qu'il a perdu en liberté. Auguste Comte [3], le savant ana-
lyste du cœur humain, va plus loin : « L'obligation de
« conformer sa vie à une insurmontable nécessité, loin
« d'être réellement nuisible au bonheur de l'homme, en
« constitue ordinairement, au contraire, pour peu que
« cette nécessité soit tolérable, l'une des plus indispen-
« sables conditions, en prévenant ou contenant l'incon-
« stance de nos vues, et l'hésitation de nos desseins ; la
« plupart des individus étant bien plus propres à poursuivre
« l'exécution d'une conduite dont les données fondamen-

[1] Le sentiment du sacrifice est le plus noble de la conscience ;
l'antiquité l'avait limité dans les devoirs de l'hospitalité, dans le
dévouement au pays, ou à l'amitié jusqu'à la mort. Le Christianisme
l'étendit au genre humain tout entier. Ce sacrifice nouveau était la
conséquence de l'origine des hommes en Dieu leur auteur commun.
Ainsi la Charité Chrétienne réchauffait, dans ses bras toujours ouverts, les vainqueurs et les vaincus, les amis et les ennemis, leur
rendant le bien pour le mal Le croyant trouvait sa récompense en
Dieu, et l'homme de cœur dans sa générosité satisfaite. L'application de cette doctrine à la discipline conjugale n'avait besoin que
d'être indiquée : elle supprimait le divorce, non pas comme immoral, mais comme inutile.

[2] Portalis. *Exposé des motifs :*
« La raison et la vertu qui fondent et assurent la dignité de
« l'homme en lui laissant le droit de rester libre et en lui ména-
« geant le droit de se commander à lui-même, n'opposeraient sou-
« vent que de bien faibles barrières à des désirs immodérés, ou des
« passions sans mesure : ne craignons pas de le dire, si dans des
« choses sur lesquelles nos sens peuvent exercer un empire tyran-
« nique si l'usage de nos forces et de nos facultés n'eût été cons-
« tamment réglé par des lois, il y a longtemps que le genre humain
« eut péri par les moyens mêmes qui lui ont été donnés pour se con-
« server et pour se reproduire. »
[3] T. V, p. 311 et suiv.

« tales sont indépendantes de leur volonté, qu'à choisir
« convenablement celle qu'ils doivent tenir. On reconnaît
« aisément, en effet, que notre principale félicité morale
« se rapporte à des situations qui n'ont pu être choisies,
« comme celle par exemple du fils au père. » Observation
profondément humaine [1]. Pélisson n'avait pas choisi son
cachot de la Bastille ; et grâce à ses soins ingénieux, l'a-
raignée qui tendait sa toile dans le soupirail égaya sa solitude. L'homme rivé à une chaîne indissoluble en capitonne
les anneaux pour la rendre supportable : il fait de nécessité vertu, il s'habitue à son sort ; il y trouve la paix
sinon le bonheur. Celui au contraire, dont les liens ne dé-
fient pas la force, s'épuise en violents efforts, jusqu'à les
rompre. Ainsi procède la nature, ainsi doit procéder la
loi.

D'autre part, à son patrimoine personnel, l'homme ajoute
le plus souvent celui de sa femme, il améliore ainsi son
instrument de travail ; le concours d'une famille nouvelle
lui est acquis pour aider à ses succès. L'autel de la famille
a désormais son sanctuaire, et sa prêtresse, et la ruche son
abeille comme disait Proudhon. Antée s'est rapproché de
la terre. Il a trouvé pour sa raison un conseil quelquefois
éclairé toujours affectueux, il a conquis pour ses fatigues
un délassement qui décuplera ses forces [2], pour ses joies un

---

[1] Auguste Comte semble s'être inspiré de Denys d'Halicarnasse.
Après avoir déclaré que le fondateur de Rome avait fait le mariage
indissoluble, il ajoute (liv. II, ch. VIII, § 5) : « Ainsi les femmes devaient s'accommoder à l'humeur de leurs maris parce qu'ils étaient
leur seule ressource : elle n'obligeait pas moins les hommes à traiter leurs femmes comme des compagnes nécessaires dont ils ne
pouvaient jamais se séparer. »
Le Christianisme avait repris cette doctrine *de la nécessité* comme
base de la morale, et en a fait l'application notamment aux devoirs
du Sacerdoce et du mariage.

[2] L'école de *l'amour libre et de la suppression de l'héritage* rai-
sonne comme si l'application de ses principes devait ne rien changer à notre état économique. Elle n'a pas pris garde que la ruine

cœur qui les partage, pour ses douleurs une consolation, pour ses espérances un complice tendre et dévoué. *Domus jucundo risit odore.*

Tel est le contrat, onéreux sans doute, mais avec ses très-larges profits.

Quant à la femme, le mariage fut son acte de rédemption malgré ses sacrifices apparents [1]. Son individualité propre se fond dans celle du mari. Elle prend d'abord son nom, car elle devient *quasi filia* [2], elle s'est assuré un protecteur

publique serait sa première conséquence. L'homme qui travaille est défini par Rousseau, *un animal dépravé.* En effet, dans l'état de nature, celui-là évite la fatigue qui est sans besoins, et la somme du travail produit par chacun suit la progression mathématique des besoins à satisfaire. Il suffit de comparer un Lazzarone de Naples à un Hollandais d'Amsterdam pour vérifier l'assertion. Mais si l'actif social ne bénéficiait que de la somme représentant la satisfaction du producteur, le bilan général se balancerait en perte. Dans ce système, avec quoi nourrirait-on les enfants, les vieillards, les improductifs de tout ordre? Nous cherchons l'alvéole dans laquelle s'élaborerait *l'épargne*, cet élément créateur des merveilles que la civilisation fait éclore de toutes parts. La nature prévoyante nous a contraint d'y pourvoir, en plaçant dans notre cœur la plus douce récompense du labeur pénible. C'est grâce au travailleur, fils, mari et père, que l'aisance est au foyer, pour les forts et pour les faibles, et que la famille prospère ; il sait que ses enfants, même après lui, jouiront du fruit de ses efforts, et cette espérance l'a rendu infatigable. Une jouissance toute morale est donc la source intarissable de la richesse publique et privée. On nous promettra vainement la litière fraîche de la promiscuité, et les auges abondamment pourvues du Communisme avoué ou dissimulé ; la nature humaine proteste. Tant pis pour qui ne comprend pas qu'en l'avilissant on la stérilise.

[1] Savoie Roll. *loc. cit.* : « C'est au mariage surtout qu'est dû « l'affranchissement de la moitié de l'espèce humaine. Dans cet état « grossier de nature où l'on va chercher les plus vives notions du « droit naturel, la faiblesse d'un sexe ne pouvait rien opposer à la « brutalité de l'autre : celui-ci trouvait des droits dans l'effronterie « même de ses désirs, et leur fonction dans la puissance de les sa-« tisfaire. Le mariage, qui ne se conçoit pas sans un accord et des « conditions qui le précèdent, a donc été le premier et le plus fort « régulateur des affections humaines. »

[2] Ce simple mot que le jurisconsulte romain a trouvé dans sa conscience contient pour nous la solution de la question du divorce. Un fils a eu des torts graves envers son père, un père a été cruel envers son fils, ce fils pourra-t-il changer de père ? Ce père pourra-t-il dépouiller son fils de son nom, de la qualité qu'il tient de la

de sa faiblesse, un directeur intéressé de son inexpérience : sa malléabilité la soumet si bien à son influence, que l'opinion rendra le mari responsable de ses écarts. C'est l'éternel éclat de rire de l'Olympe au moment où Vulcain surprend Vénus dans les bras du Dieu de la guerre. Michelet remarque très-justement qu'elle appartient si intimement au mari, que le fruit de sa faute en rappellera l'image. Les obligations de fidélité, secours et assistance sont mutuelles [1]. Elle lui doit obéissance en échange de la protection qu'il lui a promise. Le Législateur devait parler ainsi : la puissance est du côté de l'homme. Mais je suis un peu perplexe sur l'exacte exécution de la loi : heureux les maris qui obéissent [2]. C'est surtout dans l'intérêt de la femme que le mariage doit être indissoluble. Il assura son salut dès l'origine, elle n'a existé que par lui : et la servante est devenue dominatrice grâce à lui. Sujette plus que l'homme aux maladies, aux accidents ; plus exposée à la rigueur des années, privée du bras qui lutte, du cerveau qui calcule, c'est pour elle surtout que le contrat doit garder son caractère de perpétuité. Tout relàchement du lien conjugal lui serait fatal, il constituerait à son préjudice une déchéance en même temps qu'une rétrogradation morale pour la société : c'est à cause d'elle d'abord que tout contrat soluble autrement que par la mort ne serait plus le mariage. Mais continuons cette analyse instructive.

Les parents sont parties nécessaires au contrat. Ils y

nature ? Mais ce fils va déshonorer le nom des siens ! Qu'importe ? la nature est plus forte que la volonté : et la loi civile garde le silence. Avec l'ensemble de nos lois tel qu'il existe le divorce n'est pas plus possible que l'exclusion de la famille, par la volonté du chef, d'un fils ingrat ou coupable. L'épouse est la plus proche parente du mari, il est temps de conformer la loi successorale et sociale à cette vérité.

[1] Art. 212 C. c.

[2] On disait des Romains qu'ils commandaient à toutes les nations, mais qu'ils obéissaient à leurs femmes. Montesq., *Lettres Pers.*, 38.

représentent l'immense intérêt du groupe, dont ils sont les chefs ; les étrangers d'hier vont devenir les alliés, les successibles de demain ; et leurs enfants continueront la famille dans la génération future. Si nous nous reportons à la discussion des articles 148 et suivants au Conseil d'État, nous verrons le législateur hésitant à maintenir la faculté d'exhéréder de l'ancien droit, pour les pères dont la légitime autorité aurait été méconnue. Leur intervention ne dérive plus du droit du maître disposant de sa chose : elle est un hommage rendu à leur tendresse, à leur autorité. Ils sont les garants du consentement de leurs enfants. Aux sacrifices de toute nature que leur coûta leur éducation, ils ajoutent, le plus souvent, celui d'une partie de leur fortune ; ils s'obligent en outre à leur venir en aide s'ils étaient frappés par le malheur ; il est vrai qu'ils gagnent, en échange, une créance de secours et d'aliments ; ils acquièrent encore des droits même sur les enfants à naître.

Mais la volonté dominante du contrat est celle de l'État : il en prescrit les formes, il en dicte les conditions rigoureuses. Malheur à qui les méconnaît : la loi impitoyable annule l'acte, et frappe ceux qui ont violé ses ordres. Si l'État a intérêt à multiplier les alliances, il doit aussi placer les mœurs à l'abri de toute atteinte, ne pas laisser dégénérer les races, prévenir les erreurs, les violences, les surprises, en un mot éviter toute occasion de scandale ou de lésion pour les tiers de bonne foi. Il est vrai que grâce à la soumission à la loi, les conjoints obtiennent sa protection efficace, ils s'assurent pour eux-mêmes, ils assurent à leurs enfants tous les effets utiles de l'alliance et de la parenté. Les Romains avaient-ils raison de considérer le mariage non pas *comme un contrat*, mais *comme une loi* dans laquelle les parties contractantes disparaissaient dès qu'elle était devenue définitive. Cette doctrine a été consacrée par le Législateur moderne, au moins depuis 1816 ; il est unanimement reconnu qu'un contrat aussi solennel, hérissé d'obligations de tout ordre, rayonnant en tout sens, ne peut être conclu qu'en vue de la *perpétuité* ; que telle est l'intention des parties et de la loi ; que la perte du caractère de perpétuité changerait son *essence*. Et on invoque la maxime de droit commun que la volonté des époux peut délier le nœud qu'elle a formé. S'ils avaient été seuls présents à l'acte l'objection pourrait être admise à discussion. Mais nous avons compté jusqu'à *cinq parties* dont le concours était nécessaire à peine de nullité : et l'acte serait anéanti [1] (par consentement mutuel) c'est-à-dire au gré de deux d'entre elles. Dans ce système que

[1] Nous ne faisons pas un commentaire de la loi du divorce, mais nous ne pouvons pas nous empêcher de remarquer la singularité de la raison donnée à l'appui *de la dissolution par consentement mutuel :*

« Parmi les causes déterminées de divorce il en est quelques-« unes d'une telle gravité, qui peuvent entraîner de si funestes con-« séquences pour l'époux défendeur (telles par exemple que les « attentats à la vie), que *des êtres doués d'une excessive délicatesse* « préféreraient les tourments les plus cruels, la mort même, au « malheur de faire éclater ces causes par des plaintes judiciaires. » (Treilhard, *Exposé des motifs.*)

Voilà le motif :

Ainsi la disposition a pour but de protéger *les êtres doués d'une excessive délicatesse :* nous serions curieux de savoir à quel signe le juge doit les reconnaître ? Mais allons plus loin ; voilà un mari qui a attenté à la vie de sa femme ; c'est donc un assassin. La femme se taira, l'assassin restera impuni ; il se remariera sans doute, et cette fois il est probable qu'il ne manquera pas son coup : autant valait dire franchement le mot vulgaire : qu'il *aille se faire pendre ailleurs.* Et c'est un Législateur qui écrit ces choses ? D'autre part, nous avions cru que la loi avait pour fin de régler *quod plerumque fit ;* les maris assassins seraient-ils très-nombreux ? Enfin l'*Exposé des motifs* n'indiquant pas à quel signe peuvent être reconnus *les êtres doués d'une excessive délicatesse*, il est certain que beaucoup qui en manqueront vont se servir du moyen, et que les prétextes ne feront pas défaut. On peut même affirmer que la dernière catégorie sera la plus nombreuse, et alors quelle est la valeur de la loi ? Les Casuistes avaient inventé le *Congrès*, et l'*Exposé des motifs* le *consentement mutuel* ; l'un vaut l'autre, sauf la mise en scène ; tant il est vrai que les mauvaises institutions ne s'appuient jamais que sur de mauvaises raisons, et de mauvais moyens.

deviennent les droits acquis aux tiers, par exemple, l'engagement d'assistance et d'aliments pris au profit des parents, leur droit, consacré par une jurisprudence aujourd'hui constante, de voir leurs petits-enfants [1], d'exiger qu'ils soient conduits chez eux, que devient l'engagement matériel et moral tout à la fois, de nourrir, entretenir et élever les enfants, le plus rigoureux des contrats et dont l'exécution loyale exige le concours des deux époux [2]? Nous

[1] On évite la difficulté en faisant intervenir les parents à l'acte de divorce ; mais ces obligations tiennent au droit naturel, et sont classées parmi celles qui appartiennent à *l'ordre public* ; elles échappent à la convention, et existent malgré elle.

[2] L'intérêt des enfants serait, suivant Treilhard, une des raisons justificatives du divorce. Les parents se préserveront du désordre grace au convol, et trouveront une occasion de réhabilitation dans une union nouvelle; de la sorte ils pourront reconquérir l'estime et le respect. Ainsi le remariage est proposé comme un préservatif de la débauche ; encore son efficacité est-elle douteuse, puisque le divorce reste toujours possible. Triste certificat de moralité donné par le Législateur aux hommes de son temps. Et d'abord nous n'avons qu'une foi limitée dans les vertus conjugales de ces époux si enclins à mal faire. Le sentiment de la dignité n'existait donc pas à cette époque ? Mais si la raison est vraie, tous ceux qui vivent seuls, par goût, ou par état, mènent donc une vie fatalement désordonnée.... Treilhard ne soupçonne ni la puissance du droit, ni les pudeurs de l'amour paternel. Séparé ou non de sa femme, un père ne s'expose généralement pas à rougir devant son enfant ; et fût-il un scélérat, il veut faire de son fils un honnête homme ; voilà la nature : là est la garantie contre les débordements et les excès ; séparé ou non, ce père a parfaitement conscience que ce fils peut seul soutenir la famille, en porter le nom, hériter les biens, continuer ses traditions, relier le passé au présent ; séparé ou non, il veillera à l'éducation de cet enfant ; plus tard il le présentera dans le monde auquel il appartient, préparera son avenir, sera fier de ses succès; et ce fils recevra partout un accueil empressé ; car il est né de l'accomplissement d'un devoir. L'enfant illégitime, au contraire, est né au mépris du droit et de la pudeur, et rien n'effacera la tache originelle. Sans nom, sans famille, sans patrimoine, il reste légalement étranger au groupe de celui qui le fit naître. S'il dut la vie à un père séparé, il sera flétri du nom d'*adultérin*. Telles sont les garanties de l'enfant légitime, promises par la loi au moment du mariage et confirmées par la conscience publique. Mais si les parents, après leur séparation, peuvent constituer une nouvelle famille, ces garanties protectrices des enfants du premier lit disparaissent. Enveloppés dans les haines qui divisent le père et la mère, les nouveaux venus prendront au cœur des parents la place des premiers; et les marâtres n'y feront assurément pas obstacle. Tel était le sen-

demandons à notre tour : Un débiteur peut-il se dispenser de payer sa dette ? Nous avons suivi [1] le sort d'un acquéreur de marchandises devenu insolvable : nous l'avons vu réduit à la misère et au déshonneur par l'impossibilité d'exécuter son obligation : même à ce prix, il n'était pas libéré ; car la dette impayée continuera à le dévorer jusqu'à son dernier jour, impitoyable comme le vautour de Prométhée. Suffirait-il à un débiteur de frapper son créancier à la face pour être quitte envers lui ? l'acquéreur se créerait-il un moyen de résolution en injuriant son vendeur ? le procédé a été employé quelquefois, mais sans succès ; en tous cas, il n'a pas encore obtenu l'approbation du Législateur. Et telle est cependant la conséquence de la loi du divorce. Le contrat de mariage mérite-t-il moins d'égards qu'une vente de denrées coloniales, l'État y est-il moins intéressé ? le paiement exact des denrées achetées pèse-t-il, dans la balance de l'intérêt public, d'un poids plus lourd que l'accomplissement des obligations matérielles et morales contractées au moment du mariage ? Les mœurs sont-elles moins intéressantes que le commerce ? la sanction acquise à celui-ci échappera-t-elle à celles-là ? nous sommes dans les limites étroites du droit privé, et nous avons pressé la déduction jusqu'à l'absurde. Nous reconnaissons volontiers que *nemo potest cogi ad factum* : mais la mauvaise volonté du débiteur se résout en dommages-intérêts ; ainsi le droit du créancier reçoit toujours une satisfaction équivalente au préjudice éprou-

----

timent de M. de Bonald. Le concubinage, quelle que soit sa variété, peut produire des enfants comme le mariage, mais il est inhabile à les *conserver* ; à quoi bon leur apparition et en quoi profite-t-elle à la société ? d'autre part, il est incapable ou indigne de les *élever*, c'est-à-dire d'en faire des citoyens utiles, le concours du père et de la mère nécessaire pour atteindre ce double but faisant généralement défaut. Les statistiques n'ont que trop justifié les assertions du philosophe.

[1] Chapitre IVe de la deuxième partie.

vé. Donc, en théorie pure, l'obligation perpétuelle dans son principe doit rester perpétuelle dans son exécution, ou la foi des contractants serait trahie : sa rupture légale ne serait qu'un acte arbitraire, lésif des droits acquis, aussi injuste qu'immoral ; la résolution n'est donc pas admissible à ce premier point de vue [1].

Mais si nous cherchons la raison de décider dans les principes du droit public, élément principal en cette matière, nous trouvons qu'il dispose de nous jusqu'à la perte des membres et de la vie : et ce droit inexorable fléchirait devant des contrariétés que la volupté déclare insupportables, devant une mauvaise humeur momentanée, devant même un accès de colère ; mais la loi cesserait d'être égale pour tous ; le bon ordre exige de chacun le même dévouement, le même sacrifice au poste qu'il occupe: le bon ordre ne peut exister qu'à la condition que chaque rouage qui le constitue, depuis le plus puissant jusqu'au plus humble, remplira sa fonction régulière, *quoi qu'il en coûte ;* singulière morale que celle qui imposerait aux uns jusqu'au sacrifice de la vie, tandis que les autres seraient déliés sous des prétextes futiles ou même sur le motif vrai de quelques souffrances réelles. Est-ce ainsi qu'on espère fonder des mœurs vraiment Républicaines ; est-ce avec des lois licencieuses qu'elles doivent devenir austères, et se purifier des habitudes malsaines léguées par vingt ans d'Empire? Droit étrange que celui qui tendrait à exonérer le coupable des obligations solennellement contractées, et ferait peser sur lés innocents le poids de sa faute ; c'est

---

[1] On a objecté que les Vœux Religieux perpétuels dans leur principe pouvaient être cependant rompus; on n'a pas pris garde que les Vœux Monastiques, fait de pure conscience, échappent à la loi civile: on oppose encore la nullité des contrats de domesticité à vie ; l'objection prouve à elle seule l'estime que nos contradicteurs accordent au mariage ; mais je n'ai pas à enseigner la différence de ce qui est de l'*essence* ou de la *nature* des contrats.

grâce à ces tolérances que les lois s'énervent, que les institutions les plus respectables s'avilissent. Le serment du
mari sur la loi Civile, du prêtre sur les Évangiles, du chevalier sur le glaive, répondent au même besoin de la
conscience. C'est toujours l'homme vouant, au profit de sa
dignité, sa vie tout entière à la protection de la famille,
à la gloire de Dieu, à la défense de la patrie. Si le prêtre,
si le chevalier en péril, oubliaient leur serment, le premier
ne serait qu'un *renégat*, et le second qu'un *lâche*. Et le
mari pourrait impunément fausser le sien ?

Nous comprenons, les transactions, et même les expédients, en matière de conventions qui n'ont pour objet que
les intérêts purement matériels. Mais lorsque l'état des
personnes est en jeu, lorsque leur dignité, leur situation
morale sont engagées sous la garantie de l'autorité publique, lorsqu'il n'est plus possible de replacer les contractants *in integro statu*, que les compromissions sont
devenues irréparables, l'équité, le droit, la raison, l'intérêt
de la famille et de la cité protestent à l'unisson contre la
rupture d'un contrat solennel. Sachons faire le sacrifice
de quelques traînards, pour assurer le salut de l'armée [1] ;
il coûte quelquefois beaucoup plus cher, et nul ne pense
à s'en plaindre. La République est le gouvernement *du droit*
substitué à la volonté d'un seul ; on lui demande comme
don de joyeux avènement la violation des lois naturelles,
civiles et politiques, le divorce, c'est-à-dire la négation de
son principe. La République ne se suicidera pas.

---

[1] Mirabeau avait dit avant nous : il faut que le petit nombre pé-
risse pour sauver la masse du peuple.

APPENDICE AU CHAPITRE PRÉCÉDENT

Les secondes noces objet de réprobation universelle dans l'antiquité. — Persistance de ce sentiment jusqu'à l'époque moderne. — Sa cause. — Sa conséquence.

Nous avons vu dans le huitième Chapitre de la première Partie de ces études les saintes colères des Pères de l'Eglise contre le remariage des veuves. Entendaient-ils leur appliquer la doctrine de la continence, leur moyen par excellence de la perfection, ou les détourner d'une union nouvelle en haine des turpitudes du gain et de la volupté qui avaient dégradé les relations des sexes [1], Non, ils se conformaient simplement à la tradition des Législateurs qui les avaient précédés. A quelle époque remontait-elle ? Quelle en fut originairement la cause ou le prétexte ? Pourquoi s'était-elle conservée intacte à travers des civilisations si diverses ? Aurait-elle donné satisfaction à un scrupule de la conscience ? Etablissons d'abord que les protesta-

---

[1] Cicéron avait répudié sa femme pour se remarier avec sa pupille, une enfant fort riche, et dont il employa la fortune à payer ses dettes.

Le libelle de divorce n'était pas d'une rédaction difficile à Rome. Le mari envoyait à sa femme un esclave qui lui disait : vos yeux rougissent, votre nez coule, votre peau se parchemine, sortez d'ici; vous êtes remplacée par une épouse plus jeune et plus agréable que vous. Il n'en fallait pas davantage chez les Juifs. Ils obtenaient le divorce contre la femme qui leur avait servi *un plat sentant le brûlé*.

tions ont retenti violentes contre la veuve remariée, dès l'origine de l'histoire, et que leur écho affaibli est encore perceptible dans les Codes modernes ; peut-être aurons-nous ainsi mis en évidence une preuve nouvelle *de l'indissolubilité traditionnelle* du mariage. La réprobation contre les secondes noces était à peu près universelle dans l'antiquité. La femme appartient au mari dans ce monde et dans l'autre ; vivant ou mort elle lui doit une fidélité inaltérable. Cette loi, que Manou a formulée quinze siècles avant notre ère, fut universellement acceptée, et son application entraîna des conséquences abominables. Dans l'Inde comme dans la Gaule ou la Germanie, la femme qui consentait à mourir, sur le bûcher ou dans la fosse de son mari, était réputée Sainte. Des colonnes s'élevaient en son honneur : et sa famille acquérait un haut rang dans l'opinion publique. Ainsi, vivre et mourir ensemble pour jouir ensemble, après la mort, des récompenses réservées aux justes, telle est la loi dès l'origine. Lorsque la foi s'attiédit les séductions et les menaces furent tour à tour mises en œuvre pour déterminer la survivante au sacrifice. Elle eut à choisir, dans ce monde entre la gloire et la honte, et dans l'autre entre les félicités et les peines éternelles. Celle qui préférait la vie, maudite et damnée devenait un objet d'opprobre : le convol lui était interdit, le mariage étant le privilège des vierges [1]. Là où il est toléré, par impossible,

---

[1] Manou avait dit (liv. V) : Les prières nuptiales sont destinées seulement aux vierges, et jamais, en ce monde à celles qui ont perdu leur virginité : car de telles femmes sont exclues des cérémonies légales. Tacite (*de mor. Germ.*, cap. XIX) semble traduire la loi : *melius quidem adhuc eæ civitates in quibus tantum virgines nubent, et cum spe voto que uxoris semel transigitur.* Ce n'était donc pas une loi particulière aux Germains. La femme, dit le législateur Chinois, doit son cœur à son mari vif ou mort ; et elle ajoute impitoyable : s'il est suivant son cœur c'est pour toute sa vie, s'il est contre son cœur c'est pour toute sa vie. A Athènes, la veuve remariée était méprisée en public et exclue des cérémonies religieuses.

elle tombe dans le mépris public, et son fils sera désigné sous le nom ignominieux *d'enfant de la remariée.* Les Romains, dépositaires fidèles de la tradition, la stigmatisent elle-même, *mater jam secundis nuptiis funestata.* Les Chinois la condamnent, dans certains cas, à recevoir cent coups de bambou, et annulent encore son mariage. Les mœurs se sont adoucies ; la veuve a trouvé grâce devant l'opinion qui ne lui impose plus le sacrifice de la vie. Elle sera même honorée, et sa chasteté lui conservera la considération dans ce monde et le Paradis dans l'autre, car la réunion des deux époux n'est qu'ajournée. La loi civile lui vient en aide, et lui assure d'abord les gains nuptiaux, partout reconnaissables malgré la variété de leurs formes. Elle recueillera les dons et legs dont le mari l'aura gratifiée : mieux encore, la loi lui assure *une part d'enfant* dans la succession du mari prédécédé, en cela bien supérieure à nos Codes modernes. Nous sommes loin de la veuve brûlée ou enfouie vivante. Mais si méconnaissant les faveurs dont elle est devenue l'objet, elle perdait le titre glorieux d'*univira*, ou si elle violait les lois de la chasteté, les sévérités seraient de nouveau déchaînées contre elle.

Les peines des *secondes noces* sont énumérées au titre du Code *de secundis nuptiis.* Elles furent modifiées dans quelques Novelles, et les édits de nos Rois, notamment celui de juillet 1560, confirmèrent généralement les dispositions du droit Romain. Et d'abord la peine *de l'infami* frappait la femme qui se remariait *intrà annum luctus.* Elle perdait, comme celle qui *libidine furens* avait malversé dans le même délai, tous ses avantages nuptiaux, les donations et legs du mari, et toute participation aux biens de la succession. Astruc [1] en donne cette raison « qu'il

---

[1] Astruc, *des Peines de secondes noces,* 1774, Toulouse.

« n'était point juste que les femmes qui déshonorent la
« mémoire de leurs maris par des noces précipitées, re-
« çussent aucuns avantages de leur chef et sur leurs biens. »
Dolive avait dit avant lui : « Cette précipitation inconsi-
« dérée offense si fort les bonnes mœurs, et traîne après
« soi des inconvénients si dangereux et si pleins de scan-
« dale, que cette punition que les rois ont ordonnée pour
« arrêter ce déréglement ne peut être taxée d'injustice[1]. »
La femme qui se remarie *intra annum luctus* est frappée
dans sa faculté de disposer. Elle ne pourra donner au
second mari, même par testament, que le tiers de ses
biens, n'eut-elle pas d'enfants. Elle est atteinte dans sa
faculté d'acquérir, car elle ne pourra recevoir même d'un
étranger, ni hérédité ni legs ni fidéicommis. Elle sera
exclue des successions *ab intestat* ouvertes dans sa propre
famille ; le droit est le même pour celle qui a malversé :
et peu importe qu'il existe ou non des enfants du premier
lit : « Les lois, dit Astruc[2], ont moins considéré l'intérêt
« des enfants que l'honnêteté blessée par des noces pré-
« cipitées ou par une malversation honteuse ; l'injure faite
« au mari entre encore dans les motifs de ces lois, *car*
« *elles supposent que le mari vit encore pendant cette*
« *première année et que le mariage se continue*, ce qui
« a servi d'origine aux pensions viduelles que l'usage a
« établies pendant la première année de deuil. » Et la
fiction est si près de la réalité que les docteurs demandaient[3] que ces veuves indignes perdissent leur dot
comme la femme adultère. Ne croirait-on pas lire les interprètes de la loi de Manou, à peu près ignorée en France
à cette époque. La disposition était différente au cas de

---

[1] *Quest. notab.*, liv. III, ch. XI, cité par Astruc, p. 25.
[2] P. 37.
[3] Paul de Castres, sur la loi *Sororem* et J. de Garonibus *de iisdem pœnis*, cités par Astruc.

divorce. Il suffisait alors de prendre les précautions voulues pour éviter la confusion des sangs ; la femme ne devait rien à qui l'avait répudiée, et pas davantage à celui qui mourait noté d'infamie, au traître, au suicidé, au condamné au dernier supplice : tous ces indignes avaient également perdu le droit aux honneurs dus seulement à celui qui, vivant, avait respecté le contrat de dignité.

A l'expiration de l'année de deuil, le Législateur se préoccupe surtout de l'intérêt des enfants, de la conservation de leur patrimoine. Mais il n'oublie ni les bonnes mœurs, ni l'honneur des familles : s'il autorise les secondes noces c'est malgré lui ; et sa réprobation se traduit par des déchéances. Les veuves remariées perdent la propriété des biens profectifs ; elles seront privées de la succession *ab intestat* de leurs enfants du premier lit. Ces peines ayant pour but de protéger l'honnêteté publique, un consentement quel qu'il fût, même une transaction avec la famille du mari, seraient impuissants à arrêter les déchéances. Si la veuve mineure avait agi sous l'autorisation de son père, celui-ci assumait *la note d'infamie,* et sa fille encourait les déchéances. Quant à celle qui malverse, elle est traitée encore plus durement. La déchéance pour elle s'étend aux biens profectifs et adventifs indistinctement, en sorte que la malversation, après l'année de deuil, est punie plus rigoureusement que les secondes noces après le même délai. Les maris eux-mêmes étaient soumis aux peines des secondes noces. Elles étaient pour eux celles appliquées à la veuve qui se remarie *post annum luctus.*

Nous renouvelons la question posée au commencement du chapitre : D'où dérive ce droit rigoureux, quand il a cessé d'être cruel, contre le remariage ? Pourquoi s'est-il conservé jusqu'à nous ; à quel besoin, à quel scrupule, à quel sentiment donne-t-il satisfaction ? Le penseur soucieux de remonter aux causes, ne détourne pas la tête lorsqu'il rencontre une répulsion générale comme celle que soulèvent les secondes noces, répulsion transmise d'une Législation à l'autre pendant plus de trois mille ans, ou se manifestant spontanément dans des pays étrangers les uns aux autres. Il reconnaît, sans hésiter, que la loi naturelle a pu seule produire ces effets uniformes. Puis il descend dans sa conscience, il y cherche l'impression intime que lui laisse le remariage de la *materfamilias*. Quel que soit le sentiment de généreuse tolérance qui l'anime, il est obsédé d'idées pénibles de devoir violé, de dignité méconnue, d'incontinence, d'impureté, d'égoïsme. Il a ainsi trouvé la raison de la sévérité des Législateurs d'abord, et ensuite de celle des Pères de l'Église. Ils avaient repris la tradition fondée sur la loi naturelle au profit du lien indissoluble, même après la mort. Mais la Cité ne saurait consacrer cette exagération d'un scrupule légitime dans son principe. Il lui suffit, pour le bon ordre, que le lien du mariage engage les vivants, et que la mort seule puisse le dissoudre.

CHAPITRE VI

Le principe du mariage civil était si nouveau dans la Législation, que les auteurs du Code de 1803, fidèles aux vieilles maximes du droit commun sur les contrats, purent croire juste de laisser aux volontés la possibilité de dissoudre l'union qu'elle avait fait naître. Élevés, pour la plupart, à l'école des Encyclopédistes, ils s'étaient trouvés, dans les Chambres Révolutionnaires, mêlés à la lutte implacable engagée contre le Catholicisme ; leur ressentiment dut venir en aide à leur erreur qui atteignait cette indissolubilité si chère au cœur de l'Église. D'autre part, la sévérité des mœurs dans la famille n'était pas de mise à une époque sceptique et dissolue comme celle du Directoire. Ces soldats élevés sur le pavois par le hasard des batailles, ces hommes d'État à conscience abaissée, dont chacun avait dû renier quelque chose pour se rattacher à Bonaparte, tous parvenus de la veille, à peine assis au banquet des jouissances, ils voulurent s'en rassasier. — Le divorce était leur commensal obligé : Aussi verrons-nous bientôt Portalis s'excuser auprès du maître d'avoir voulu « ôter le divorce à un peuple

« qui en était en possession depuis dix ans [1]. » Le maître d'ailleurs n'aimait pas plus que son modèle ne les avait aimés, les hommes à *figure pâle* qui lui rappelaient Brutus et Cassius : Il préférait les Antoine aux frais visages, qui passant les nuits dans les bras des amours, ne pensaient pas à conspirer. Il avait un intérêt plus intime encore à l'institution du divorce. Depuis sept longues années, il demandait vainement un héritier aux flancs muets de Joséphine. Qu'importe la moralité publique ? Il faut d'abord que César ne meure pas sans postérité ; il soutint ardemment le divorce au Conseil d'État ; et tandis que la séparation de corps était seule autorisée dans les *Statuts organiques de sa famille,* il répudiait, en 1809, Joséphine

---

[1] Malgré ces déclarations, Portalis laisse percer en toute occasion la répugnance que lui inspirait l'institution du divorce.

Voici comment il en parlait alors qu'il était libre de toute contrainte :

« Toutes les vertus sociales ont leur plus solide base dans les
« vertus domestiques, et ce sont les mœurs de la famille qui finissent
« par former celles de l'Etat. Ces mœurs ont été étrangement alté-
« rées par nos institutions Révolutionnaires ; on eût dit que pour
« fonder la République il fallait étouffer la nature. Hâtons-nous de
« réparer nos erreurs, et de rappeler le mariage à sa véritable insti-
« tution.... Quels désordres ne verrions-nous pas résulter de nos
« délais ! Combien de familles désolées ! Quelle confusion dans
« la société ! Des frères nés de divers mariages aussitôt dissous que
« formés ne se reconnaîtront plus. Des femmes qui auraient succes-
« sivement et rapidement passé dans les bras de plusieurs maris,
« n'appartiendront proprement à aucun. On verrait s'établir une
« sorte de communauté et de promiscuité civile qui dégraderait
« l'espèce humaine et la livrerait à des passions violentes, qui fini-
« raient par la dévorer. Les enfants seraient presque étrangers aux
« auteurs de leurs jours. Ceux-ci ne sauraient plus où est leur fa-
« mille. Les noms de père, de fils, d'époux ne rappelleraient plus les
« sentiments tendres qui s'y rattachent. On verrait disparaître tout
« ce qu'il y a d'humain dans le cœur de l'homme, toute moralité
« s'évanouirait ; les crimes naîtraient bientôt des vices ; nous ne
« connaîtrions plus nos relations que par les malheurs et les vices
« qui nous accableraient au milieu des nations policées ; notre
« existence entière serait, pour ainsi dire un scandale public. »
(*Disc. au Cons. des Anc.*)

Telle était l'opinion *vraie* du plus illustre entre les fondateurs du divorce en 1803.

stérile, et plaçait dans son lit la fille des Césars d'Autriche[1].

L'Exposé des motifs sur le divorce est si faible, si dénué, que nous en sommes réduits à chercher dans l'histoire les raisons vraies de son admission. Nous allons voir qu'elles échappent dans les documents officiels. Les philosophes, les penseurs et les jurisconsultes en très grand nombre, s'accordent à reconnaître que le divorce est un mal ; les plus favorables lui font l'honneur de le classer parmi *les remèdes dangereux*, qu'on ne saurait appliquer avec trop de réserve. Etablissons d'abord que telle était bien l'opinion des Législateurs de 1803. Nous examinerons ensuite le singulier syllogisme qui valut au divorce l'honneur de figurer dans nos Codes.

Écoutons d'abord Portalis [2].

« Quand on voulut rétablir les mœurs par l'austérité des
« Lois on mit des entraves au divorce : et chose étonnante
« l'Évangile qui interdit le divorce, a été suivi en ce point par
« tous les Législateurs ; ceci est peut-être la preuve la plus
« forte que les mœurs corrompues ne repoussent pas tou-
« jours les Lois sévères. Tous les hommes aiment naturel-
« lement la morale quoique peu la pratiquent ; et les lois
« morales *ont du moins l'avantage de restreindre les*

---

[1] Bonaparte avait désiré, et pour cause, faire consacrer le divorce par le Code civil, il tenait plus encore à justifier ses préférences, à mesure qu'il se rapprochait du moment où il devait sacrifier Joséphine à ses calculs. Dans ce but il fit, en 1806, convoquer l'Assemblée des notables Juifs, et lui posa la question suivante : le divorce est-il permis par la Religion Juive ? Des émissaires à sa dévotion ne laissèrent pas ignorer la réponse que souhaitait l'Impérial questionneur

Il fut trompé dans son attente ainsi qu'on va le voir. Voici la réponse :

« Avant que les Israélites eussent été admis en France à la
« jouissance des droits des autres citoyens, et lorsqu'ils vivaient
« sous une Législation particulière qui leur permettait de se régir
« suivant leurs usages Religieux, ils avaient la faculté de répudier,
« *mais il était extrêmement rare qu'ils en usassent.* »

[2] Conseil d'État, S^{ce} du 14 Vendémiaire an X.

« *vices ;* elles *leur impriment une flétrissure d'opinion*
« qui les rend moins actifs en les obligeant à se cacher. »
Plus bas il défend les mœurs du pays contre d'injustes accusations. « Les Français sont légers mais ils ont des vertus :
« *C'est dans les départements, c'est dans les campagnes,*
« *qu'il faut aller chercher les mœurs Françaises ; là le*
« *scandale du divorce a été rejeté avec mépris* [1] *; là on*
« *n'a point usé du divorce ; les tribunaux l'attestent :*
« *voilà le vœu de la nation.* »

La réponse est vraiment trop facile. Le moyen d'épurer
les mœurs a été d'entraver le divorce ; l'Évangile plus audacieux le supprima ; tous les Législateurs suivirent impunément son exemple ; les vraies mœurs Françaises le
rejetaient avec mépris : et vous l'introduisez dans la législation! quelle logique !

Après Portalis écoutons Treilhard [2].

« Le divorce en lui-même *ne peut pas être un bien :*
« C'est le *remède d'un mal ;* le divorce ne peut pas être
« signalé comme un mal s'il peut être un remède quelque-
« fois nécessaire. » Il revient sur ce caractère du moyen
dans la séance du Corps Législatif du 23 Ventôse an XI : il
répète « que l'action en divorce est un remède à un grand
« mal, mais elle n'est qu'un remède et *un remède qu'on*
« *ne saurait appliquer avec trop de réserve* ». Peut-être
parce que le remède est encore plus dangereux que la
maladie elle-même.

Le tribun Savoie Rollin dit à son tour [3] : « Mais ce qui
« est remarquable c'est *qu'aucun peuple d'une civilisation*
« *commencée ou achevée n'a méconnu le caractère de*
« *perpétuité attaché au mariage, et n'a refusé de l'ad-*
« *mettre ;* il se retrouve même chez les nations adonnées

---

[1] Rien dans ces dispositions n'est changé depuis un siècle.
[2] *Exposé des motifs.*
[3] 27 Ventôse an XI, au nom de la Section de Législation.

« à la polygamie, qui malgré le mélange bizarre de faux
« et de vrai dont elles souillent leurs coutumes, *sont for-*
« *cées de reconnaître le principe qu'elle déshonorent* [1] *;* et
« cependant ce qui n'est pas moins remarquable aussi,
« c'est que dans cet accord unanime sur la manière d'en-
« visager ce contrat, aucune Législation avant l'établisse-
« ment du Christianisme soit politique soit religieuse, n'a
« assigné au caractère de perpétuité celui d'une indisso-
« lubilité absolue. » Nous avons établi précédemment que
cette assertion est inexacte de tous points. Le contraire
serait beaucoup plus vrai. C'est donc en se fondant
sur une grosse erreur historique qu'il va conclure à l'admission du divorce.

Le tribun Carion Nisas est d'une opinion absolument op-
posée. (Séance du 28 Ventôse an XI.)

Il expose que tous les systèmes philosophiques se
réduisent à deux : *l'un contemporain de toutes les déca-*
dences, est celui-là même qui favorise le divorce ; l'autre
contemporain de la prospérité des États, est celui qui le
proscrit ; il les réduit l'un et l'autre à ces deux formules :
suis ton plaisir ; suis ton devoir : l'un conduit Aristippe
à la cour de Denis, l'autre ramène Régulus dans les prisons
de Carthage : l'un nous provoque éternellement à chercher
un être aimable que nous ne trouverons jamais ; l'autre
nous enseigne à nous accommoder d'un être faible et imparfait, parce que nous ne sommes nous mêmes qu'imper-
fection et faiblesse ; l'un nous dispose à la rebellion l'autre
à l'obéissance, l'un excite les désirs, l'autre affermit notre
âme ; il reproche au divorce d'anéantir toute espérance de
retour ; « il y a dans le repentir une beauté plus mâle,
« une plus solide garantie que dans l'innocence même ;
« et le projet y fait obstacle. Divorce, nouveau lien, éter-

---

[1] Voir à la première partie le chapitre spécial à la Polygamie.

« nelle recherche du bonheur, systèmes décevants qui
« jettent l'homme dans une inconstance sans terme et
« sans fin, et ne produisent en dernier résultat que le dé-
« goût et le désespoir, etc. etc. » Voilà ce que Treilhard
qualifiait de *vaines déclamations* : façon commode de se
dérober à une discussion fort génante. Reste à savoir qui
des deux a déclamé ?

Nous croyons avoir suffisamment établi la juste appréciation du Législateur pour son œuvre. Comment donc a-
t-il franchi l'obstacle, et conservé une institution qui lui
semblait mauvaise en soi ? Écoutons d'abord son aveu.
Dans la séance du Conseil d'État du 14 Vendémiaire an X,
Portalis pose la distinction fondamentale entre les lois
Civile et Religieuse. Le mariage dépend de la première : il
n'appartient qu'à elle de déterminer les empêchements dirimants, et les cas de dissolution. La Religion dirige le mariage par sa morale, et le bénit par un sacrement : le Législateur doit donc autoriser le divorce s'il y est sollicité par
l'intérêt politique. Vous attendez après ces prémisses l'exposé de cette raison *vraiment politique*, c'est-à-dire *humaine* et *civile* ; voici ce qu'il nous donne : « Le véritable
« motif qui oblige les lois civiles d'admettre le divorce
« c'est ...... *la liberté des cultes*. Il est des cultes qui
« autorisent le divorce, il en est qui le prohibent, *la loi
« doit donc le permettre afin que ceux dont la croyance
l'autorise puissent en user*. Voilà pourquoi le système
« du divorce doit être conservé dans la législation civile. »
Le premier Consul relève ce raisonnement vicieux, avec
sa sagacité ordinaire : « Le système de M. Portalis se réduit
« à ceci : *le principe de la liberté des cultes* exige qu'on
« admette le divorce ; l'intérêt des mœurs demande qu'on
« le rende difficile. Ainsi dans ce système *ce n'est pas par
« des vues politiques que le divorce est admis ; il ne le
« serait pas s'il n'était dans les principes d'aucun culte.*

« D'un autre côté il deviendrait si difficile et si deshono-
« rant qu'il serait en quelque sorte impraticable.

Portalis répond qu'il ne propose point d'ôter le divorce
à un peuple qui en est en possession depuis dix ans : qu'il ne croit pas que toute demande en divorce soit dés-
honorante : qu'au surplus il ne veut rendre le divorce en soi ni déshonorant ni impossible [1]. » Mais sur l'objection capitale, pas un mot ??? et nous allons voir qu'elle subsiste entière après l'Exposé des motifs et les discours offi-
ciels qui ont précédé le vote de la loi. « *L'autorisation*
« *du divorce,* dit Treilhard [2], *serait inconséquente chez*
« *un peuple qui n'admettrait qu'un seul culte, s'il pen-*
« *sait que ce culte établit d'une manière absolue l'in-*
« *dissolubilité du mariage.* Ainsi la question doit recevoir
« une solution différente *suivant le génie et les mœurs des*
« *peuples,* l'esprit des siècles, et *l'influence des idées Reli-*
« *gieuses* sur l'ordre politique. C'est pour nous dans la
« position où nous sommes que la question s'agite; pour
« un peuple dont le pacte social garantit à chaque in-
« dividu *la liberté du culte qu'il professe,* et dont le Code
« civil ne peut par conséquent recevoir *l'influence d'une*
« *croyance particulière.* Déjà vous voyez que la *ques-*
« *tion doit être envisagée sous un point de vue pure-*
« *ment politique.* Les croyances Religieuses peuvent diffé-
« rer sur beaucoup de points, *il suffit pour le législateur*
« *qu'elles s'accordent sur un article fondamental, sur*
« *l'obéissance due à l'autorité légitime.* Du reste per-

---

[1] M. Portalis commet là une grave erreur. Sa conscience lui révèle que le divorce en France sera déshonorant. Bonaparte qui a ses projets, comme la suite l'a prouvé d'ailleurs, a intérêt à ce qu'il n'en soit pas ainsi. Portalis reporte sur son intention ce qui n'en dépendait pas. Il devait répéter ce qu'il avait dit précédemment ; *le scandale du divorce sera toujours rejeté avec mépris en France,* quoi que dise la loi.

[2] A l'*Exposé des motifs.*

DURRIEUX.   11.

« sonne n'a le droit de s'interposer entre la conscience
« d'un autre et la Divinité, et le plus sage est celui *qui res-*
« *pecte tous les cultes.* La question du divorce doit donc
« être discutée *abstraction faite de toute idée Religieuse,*
« et elle doit cependant être décidée de manière à ne gêner
« aucune conscience, à n'enchaîner aucune liberté, *il serait*
« *injuste de forcer le citoyen dont la croyance repousse*
« *le divorce à user de ce remède,* il ne le serait pas moins
« d'en refuser l'usage quand il paraît compatible avec la
« croyance de l'époux qui le sollicite. »

Il dit plus bas :

« Mais le pacte social *garantit à tous Français la li-*
« *berté de leur croyance : des consciences délicates*
« *peuvent regarder comme un précepte impérieux l'in-*
« *dissolubilité du mariage.* Si le divorce était le seul re-
« mède offert aux époux malheureux, ne placerait-on pas
« des citoyens dans la cruelle alternative de fausser leurs
« croyances, ou de succomber sous un joug qu'ils ne pour-
« raient plus supporter ; ne les mettrait-on pas dans la
« dure nécessité d'opter entre une lâcheté ou le malheur
« de toute leur vie ?

« Nous aurions bien mal rempli notre tâche si nous
n'avions pas prévu cet inconvénient : en permettant le divorce la loi laissera l'usage de la séparation : l'époux
qui aura le droit de se plaindre pourra former à son choix
l'une ou l'autre demande. »

Le ton hautain de cette volonté qui s'impose n'a pas le
don de nous charmer. Il ne nous suffit pas quant à nous
de l'accord de tous sur l'obéissance à l'autorité légitime ;
tandis que nous cherchons un motif annoncé nous ne trouvons que des raisonnements défectueux, contradictoires,
et des menaces qui ne les rendent pas acceptables. Si l'o-
béissance à l'autorité légitime suffit au Législateur, pourquoi
se met-il en peine des sentiments Religieux de ceux qui n'ont

qu'à obéir ? N'a-t-il pas répété à satiété que la question doit
être résolue *abstraction faite de toute idée Religieuse ?* et
bientôt après, il déclare lui-même que l'autorisation du
divorce *serait inconséquente chez un peuple soumis à
une Religion unique consacrant l'indissolubilité.* Donc
la solution n'est pas *politique* mais *religieuse* seulement. Treilhard avait-il oublié que le mariage appartint
d'abord à *la loi naturelle,* à ce principe de *sociabilité* qui
règle nos devoirs envers nos semblables ; que le mariage
fut *social* avant d'être *politique* ou *religieux,* et que son
caractère d'origine est indélébile. Que fallait-il donc faire ?
s'attacher à l'examen de ce caractère primordial, l'étudier
en lui-même, dans son essence et rechercher s'il était compatible avec l'institution du divorce. Tel avait été le procédé de Carion Nisas ; et il n'a pas été réfuté. Mais alors la
vraie raison politique apparaissait évidente malgré tous
les prétextes. Il entrait dans les calculs de Bonaparte de
détruire l'austérité des mœurs dans la famille. Il suivait
ainsi l'exemple de César Auguste. Le despotisme Oriental
a placé la démoralisation au foyer où elle est devenue son
agent le plus utile : les harems sont les vraies écoles de la
servitude. Les novateurs n'y prennent pas garde. Comment une République démocratique pourrait-elle s'accommoder de ces moyens ; la polygamie *successive* ne vaut pas
mieux que sa congénère la polygamie *collective.* Elle serait
également inhabile à former des citoyens vertueux, jaloux
de leur dignité, respectueux de la loi, et prêts au sacrifice.
Les mains du divorce ne sauront jamais forger cette chaîne
du respect, de l'affection, et du dévouement, dont le premier anneau est fixé à la famille, et qui s'étend jusqu'à la
Patrie [1]. Il n'appartient qu'au mariage indissoluble de nous

---

[1] Madame de Staël Holstein accusait le divorce (*de l'Allemagne,*
t. III, p. 238) « d'introduire dans les rapports de famille une anar-

assurer ces bienfaits. Donc le divorce a été admis, au moins en apparence, parce qu'il était *dans les principes de certains cultes ;* son admission n'a donc été qu'une concession purement Religieuse. Que si le législateur de 1803 s'est décidé par un motif politique, il a pris la singulière

« chie qui ne laisse rien subsister dans sa vérité ni dans sa force. » Cette accusation vaut d'être examinée. Nul ne conteste que la famille peut seule former les bons citoyens, les hommes vertueux ; que les mœurs de la famille finissent par envahir les mœurs publiques. Ceci admis, sachons ce qui va se passer. Voici le ménage de deux époux précédemment divorcés ; ils ont l'un et l'autre des enfants issus de leur première union. Arrivés à l'âge de raison l'esprit de ces enfants se portera naturellement sur leur situation. S'ils ont gardé pour leurs parents un sentiment filial, ils ne verront dans le mariage qu'un contrat vulgaire, qui finit comme il a commencé, à la volonté des parties ; et les voilà portés à imiter leurs parents, sans qu'il leur en coûte le sacrifice d'un scrupule. Le dilemme est celui-ci : ou le mépris pour le contrat le plus saint de la cité, ou le mépris pour les parents qui l'auront violé. Mais que se passera-t-il dans cet intérieur ? Ecoutons Siméon (au Conseil des Cinq-Cents) il va nous l'apprendre : « L'on parle de dissenssions « entre les époux et l'on passe sous silence les querelles et les « haines entre les enfants des divers lits ; tantôt méprisant une « mère sans pudeur qui les a sacrifiés à sa passion ; tantôt ressen- « tant l'injure qu'elle a éprouvée de leur père qui l'a reçue pure et « chaste, et qui la renvoie flétrie par sa fécondité même.... Vous « voulez des mariages, et vous en ôtez ce sentiment de l'âme, cette « pudeur qui les distinguent des cohabitations fortuites, et vous « en faites une véritable prostituée ! Si vous ne les avez pas encore « corrompues sans retour, c'est que la nature se fait obéir encore, « et que comme l'on peut vivre au milieu des tombeaux, la société « peut résister longtemps aux mauvaises Lois qui tendent à la dé- « truire. » Enfin si l'Apôtre a pu dire, même avec le mariage indissoluble : *rara est cordia fratrum,* qu'adviendra-t-il au décès de ces parents, à postérité de toute origine : que de haines ne demandant que des prétextes pour s'assouvir ; que de fraudes pour détourner l'actif de sa destination légitime, que de simulations, que de dons manuels pour créer des insolvabilités apparentes, que d'interminables procès sur la tombe de ces femmes à plusieurs maris, de ces maris à plusieurs femmes : que de récriminations, que de violences, que de scandales : et les mœurs publiques doivent s'épurer dans ces oraisons funèbres d'un nouveau genre, que certains journaux livreront avec empressement à l'avidité malsaine de leurs lecteurs !

A un autre point de vue, la prohibition du mariage entre le frère et la sœur est fondée sur des raisons de tout ordre, physiologique, économique, politique, mais surtout moral. En défendant ces unions la loi sauvegarde la pudeur dans la famille, où vivent en

précaution de le tenir secret. Il appartient aux jurisconsultes de bonne foi de le divulguer dans l'intérêt de la vérité ; Treilhard comme Portalis, ayant esquivé l'objection de Bonaparte.

Après l'Exposé des motifs, examinons le rapport du tribun Savoie Rollin (Séance du 27 Ventôse an XI). Il critique la loi de 1792 qui en excluant la séparation de corps attaquait les croyances religieuses jusque dans leur dernier asile, la conscience. Il continue : « le « rétablissement solennel du culte Catholique ne peut « donc s'allier *avec une loi qui avait médité sa ruine*. Il « faut donc ou l'abolir ou la modifier. Mais *ce qui est* « *essentiel à la liberté d'un culte l'est nécessairement à la* « *liberté de tous* ; la plupart des doctrines Religieuses répandues en France autorisent le divorce, sous quel prétexte leur interdiriez-vous ? La violence qui forçait un « dogme à recevoir le divorce qu'il proscrivait, ferait la « même violence pour le dogme obligé de proscrire ce qu'il « approuve. La justice des Lois est dans leur impartialité. « Ces considérations ont déterminé le gouvernement de « préférer la modification du divorce à sa suppression « absolue : il vous a dit : *que s'il était inconséquent de* « *l'introduire dans un état qui n'a qu'un seul culte éta-* « *blissant l'indissolubilité du mariage*, il ne le serait pas « moins de le refuser à un peuple divisé *par des Religions* « *diverses et dont le pacte social garantit à chaque indi-* « *vidu la liberté de sa croyance* : forcé de décider entre

toute liberté des jeunes gens qui se respectent, se sentant séparés par une barrière infranchissable : nous sommes inquiet sur la moralité intérieure des ménages de nouvelle espèce qu'on nous propose : ils abriteront des enfants d'origines diverses, étrangers les uns aux autres, vivant dans l'intimité de la vie commune. Qui les protégera contre leurs passions ? sans doute l'exemple permanent de parents qui auront sacrifié le devoir au plaisir ? Telle est l'école que veulent fonder les novateurs dans l'intérêt de la moralité publique et privée.

« de si grands intérêts il a cru les concilier en rendant à la
« Religion Catholique la séparation de corps que ses prin-
« cipes admettent, et le divorce aux Religions qui ne le pro-
« hibent pas. »

Nous allons trouver le même vice de raisonnement dans
le discours du tribun Gillet, orateur du Tribunat au Corps
Législatif (Séance du 30 Ventôse an XI). Il expose les deux
systèmes de la séparation de corps et du divorce nés de la
différence des idées Religieuses ; puis il ajoute :

« Entre ces deux doctrines rivales, Citoyens Législateurs,
« pourquoi nous mettrions-nous dans la nécessité de
« choisir? choisir l'une serait rejeter l'autre, et toutes deux
« cependant peuvent avoir leurs avantages, suivant les
« sentiments, les personnes et les circonstances. Il semble
« même qu'en concourant ensemble elles s'enlèvent mu-
« tuellement quelques-uns des inconvénients qu'elles
« pourraient avoir dans la pratique si elles étaient exclu-
« sives; d'ailleurs la Loi que vous avez portée sur le mariage
« a déjà établi le divorce, et votre respect scrupuleux pour
« la liberté de conscience vous avertit de ne point pro-
« scrire la séparation de corps. » L'objection du premier
consul subsiste entière : ce n'est pas dans un intérêt politique que le divorce a été admis; la raison vraie de sa consécration, nous l'avons déjà expliquée. Bonaparte voulait
répudier Joséphine stérile, et chercher dans un second mariage l'héritier de la couronne Impériale [1] et le prétexte

____

[1] Nous citons en entier le passage suivant de la brochure de
M. Giraud, p. 36.

« Le divorce lui (à Portalis) répugnait, ainsi qu'à d'autres membres
« illustres du Conseil d'Etat; mais il dut subir la volonté absorbante
« du Premier Consul. Napoléon haïssait le divorce (Locré, *Législat.*
« *civ. de la France*, t. I, p. 93), car il sentait que c'était là un prin-
« cipe dissolvant et fatal ; *mais il fit tout céder à des vues person-*
« *nelles.* Son union avait été jusqu'alors stérile, il songeait à donner
« un héritier à son pouvoir. Il faut voir dans les discussions du Con-
« seil d'Etat, combien luttèrent Malleville, Portalis et Tronchet, pour
« restreindre la faculté du divorce.

de son admission a été purement Religieux ; c'est donc à
tort que le Législateur se vante d'obéir à une préoccupation
politique.

Nous comprendrions dans une certaine mesure cette ca-
pitulation du Législateur si le double système adopté avait
donné satisfaction à *toutes les croyances*. Mais c'est le
contraire qui arrive ainsi que nous allons l'établir.

Les *Marcionites* n'autorisent que les plaisirs purement
spirituels ; pour eux la continence absolue est le premier
devoir, le *mariage un crime*. Le Dieu créateur de l'Ancien
Testament est *le mal ;* la matière est son œuvre, créée pour
le malheur des âmes filles du *Dieu bon*, et les empêcher de
s'unir à lui.

Les *Encratites* traitent le mariage de *contrat de débauche,* les débris de cette secte se trouvent dans les États
des Massachussets.

Sabbas, fondateur des *Messaliens*, accusait la prière de
n'être qu'un moyen insuffisant de préservation du péché ;
il s'en prit à la cause, et se fit eunuque. L'Eunuchisme eut
son école avec *Origène* et *Valésius ;* et, ce qui semble incroyable, leurs disciples furent nombreux. Il en existe
encore aujourd'hui notamment en Russie [1].

Origène l'impur accusait le mariage *d'être une invention
du démon*. L'homme peut impunément obéir aux pen-
chants les plus déréglés, sans cesser de plaire à Dieu, *à la
seule condition d'empêcher la génération* : c'était une
variété de l'amour libre.

« Il dit, plus bas, p. 37, le Premier Consul qui n'était pas habitué à
« la résistance s'emporta et dit à Portalis : Vous n'admettriez pas le
« divorce si vous en étiez le maître ; *si j'avais à faire à un peuple
« neuf*, répondit Portalis, *je ne l'admettrais pas*. Le jurisconsulte
« avait passé la parole au courtisan. »

[1] Les Skoptzy, ils préviennent la tentation en supprimant l'instrument du péché.

Manès *condamnait aussi la génération* et sa source légitime, le *mariage*.

Les *Adamites* avaient pris leur nom d'Adam leur modèle; *le mariage leur était en horreur*, par la raison qu'Adam n'avait connu sa femme qu'après le péché. Ils y suppléaient, comme les disciples de Manès, par la promiscuité, ou l'amour libre pour parler le langage moderne.

Les *Gnostiques* ne croyaient arriver à Dieu que par *l'impureté* ; l'âme de celui qui n'avait pas accompli toutes les débauches, devait passer successivement dans différents corps, jusqu'à l'acquittement de cette dette sacrée. *La génération était d'ailleurs un crime*, et ils y mettaient obstacle jusqu'à l'avortement systématique.

Mahomet vint à son tour, autorisant quatre femmes légitimes, et un nombre de concubines calculé sur les ressources des vrais croyants. Luther moins généreux n'en passa que deux au landgrave Philippe de Hesse : il est vrai que son Altesse obéissait à la *sollicitation simultanée du corps et de la conscience*.

On a écrit des milliers de volumes, fort intéressants d'ailleurs, sur les folies de toute espèce sorties des hallucinations Religieuses. Nous en avons indiqué quelques-unes, au hasard, pour établir que le Législateur en inscrivant seulement le mot de *mariage* dans nos Codes, trouble les convictions Religieuses des Sectes qui l'ont en horreur. D'autre part la loi monogamique est en contradiction flagrante avec les dispositions du Coran, et nous comptons les vrais Croyants par millions dans nos colonies. Permettra-t-on la polygamie pour rendre hommage *à la liberté des cultes* ?... S'il suffit au Législateur que les Religions s'accordent sur l'article fondamental de l'obéissance à l'autorité légitime, Mahomet est justifié, et la polygamie figurera sans danger dans nos Lois. Ainsi chacun en usera suivant ses croyances, et Treilhard et Consors recevront une entière satisfaction. La conséquence est forcée, puisque telle a été *l'unique motif* de l'admission du divorce. Enfin nous avons vu qu'en indiquant seulement la fin ordinaire du mariage, la loi commet une *impiété abominable* pour ceux qui exècrent la génération.

Donc la raison politique annoncée n'existe pas, et le principe de la liberté des cultes n'est pas respecté. Proudhon n'avait-il pas raison lorsqu'il demandait une *loi athée,* il aurait du écrire *laïque,* c'est-à-dire écrite seulement en vue de l'*intérêt public,* et indépendante de toute autre préoccupation. Un Législateur qui voudra donner satisfaction aux idées Religieuses n'atteindra jamais son but. Il fera trop ou trop peu. Celui de 1803 en a montré l'évidente preuve ; s'il s'était inspiré d'un sentiment purement politique, le divorce, de son propre aveu, n'aurait pas été admis dans nos Codes. La transaction proposée par Carion Nisas aurait eu au moins l'avantage de préserver la moralité publique. « La seule opération rai-« sonnable pour le Législateur qui reconnaît plusieurs « religions, serait de calquer ses lois civiles sur la *religion* « *la plus austère :* car alors il n'ordonne à ceux-ci rien « de plus, il ne fait que permettre à ceux-là, quelque chose « de moins. »

La loi naturelle est toujours conforme à ce qui est honnête : *Quod enim honestum et justum est, omnium utilitati convenit* [1] ; et le Législateur soucieux de la durée, de l'utilité de son œuvre, doit se conformer au vœu de cette Loi immuable.

____

[1] *Frag. vet. jurisc. de juris specieb.*

CHAPITRE VII

Résumé de ce qui précède. — Les mauvais ménages. — Causes
principales. — Un conseil d'Ozanam.

Nous avons combattu le rétablissement du divorce au
nom du droit naturel d'abord, mais plus spécialement au
nom de la conscience Française dont la loyauté l'a constamment repoussé avec dédain. Nous l'avons combattu au nom
du droit civil, c'est-à-dire au nom des conventions légalement formées. Remontant à son essence, nous avons établi
qu'il était un contrat de devoir, et comme tel indissoluble
au for intérieur et extérieur. Nous l'avons combattu au nom
de la famille dont il attaque la base; au nom du bon ordre
et des mœurs publiques. Nous l'avons combattu au nom de
la République qui a besoin de racheter la mauvaise réputa-
tation que lui ont faite les fous, de génie quelquefois, de
1792 et de 1793, de la République dont l'existence ne peut
être abritée que sous la protection de lois sages et honnêtes,
de la République en péril le jour où elle admettrait les
institutions chères au despotisme. En voilà plus qu'il n'en
faut pour faire repousser le divorce.

Mais nous nous demandons en outre à quel besoin il
pourrait donner satisfaction ?... La discipline de la famille
en France, les relations de ceux qui la composent sont généralement bonnes, grâce à nos habitudes d'ordre, à l'aisance qui en résulte, grâce aussi à notre caractère généreux,

et à la modération que le travail impose aux mauvaises passions. La mère n'est, dans aucun pays, entourée de plus d'égards, l'objet d'attentions plus justement soutenues. Les chefs de famille dirigent avec sollicitude l'éducation de leurs enfants, et reculent rarement devant les sacrifices pour leur assurer une situation avantageuse; on peut même affirmer que l'exagération de ce sentiment, louable dans son principe, est une des causes principales de la dépopulation dont on se plaint. Sans doute il y a de mauvais ménages, en nombre d'ailleurs relativement restreint; mais combien de raisons pour qu'il en soit ainsi.

Et d'abord, le défaut d'éducation livre l'homme sans défense à la grossièreté de ses instincts; aussi les ignorants, les déshérités fournissent-ils son principal contingent à la criminalité, comme à la séparation de corps[1]; l'éducation vicieuse ne remédie qu'insuffisamment au mal : ce qu'il faut enseigner aux hommes c'est d'abord leurs devoirs de fils, de mari, de père, de citoyen. C'est au cœur qu'il faut parler, tandis qu'on ne s'adresse qu'à la tête. Cherchons la vertu, la science viendra par surcroît. Quant à nos jeunes filles, on semble ignorer qu'elles sont destinées à la triple fonction d'épouse, de mère et d'administratrice. On leur apprend à peu près tout ce qui leur sera inutile, le moment venu, et rien de ce qu'il leur importerait de savoir, l'abnégation, le devoir, le dévouement, le sacrifice et ses pénibles épreuves; c'est à l'école surtout qu'on doit leur inspirer l'amour de la patrie, et de tout ce qui est honnête, grand et beau. L'âme mène le corps. Grâce à leur ascendant irrésistible, ces sentiments seraient bientôt ceux des enfants et des

---

[1] La statistique des séparations de corps à Paris de 1872 à 1879 inclusivement donne les résultats suivants :

Séparations prononcées *sur autorisations données par l'Assistance judiciaire* 3,095 : Sans le secours de l'assistance 1,712. Les séparations de corps sont donc moins fréquentes à mesure que l'instruction et l'aisance se développent.

hommes eux-mêmes. Les vaillantes femmes font les vaillantes nations. Mais ces choses-là ne s'apprennent pas chez les sceptiques[1].

D'autre part les mariages sont *baclés*, dans un certain monde, avec non plus de difficulté qu'un contrat de domesticité ; les jeunes gens, rapprochés par le hasard, autorisés à se voir en costume de gala, au feu des bougies, tout juste assez pour se saluer s'ils se rencontrent en traversant la rue ; dans ces rares entrevues en présence de témoins, préparés par les conseils des parents, ils se montrent non pas tels qu'ils sont et seront, mais étudiés, gênés, contraints, dissimulant trop souvent leur caractère, leurs goûts, leurs habitudes. Comédiens d'accident, on les met en scène, et ils jouent leur rôle bien ou mal appris. Ainsi la raison principale du mariage, la convenance personnelle, est reportée aux accessoires ; la dot et le bilan des espérances ont pris sa place ; en sorte que le jour des noces les époux se regardent, fort surpris d'être si rapprochés ; ils se sont engagés comme dans l'inconnu ; est-il étonnant qu'ils y fassent quelquefois de mauvaises rencontres ? Et la Loi serait rendue responsable des effets fâcheux de ces pratiques dont le bon sens s'indigne.

---

[1] « Le scepticisme de l'athée isole les hommes autant que la « Religion les unit ; il ne les rend pas tolérants mais frondeurs, il « dénoue tous les fils qui nous attachent les uns aux autres ; il se « sépare de tout ce qui le gêne, et il méprise tout ce que les autres « croient ; il dessèche la sensibilité ; il étouffe tous les sentiments « spontanés de la nature, il fortifie l'amour propre, et le fait dégé- « nérer en un sombre égoïsme ; il substitue des doutes à des « vérités ; il arme les passions et est impuissant contre les erreurs; « il n'établit aucun système, il laisse à chacun le droit d'en faire ; « il inspire des prétentions sans donner des lumières ; il mène par « la licence des opinions à celle du vice; il flétrit le cœur, il brise « tous les liens, il dissout la société. » (*Rapp. de Portalis sur le concordat.*)

Voilà ce que Portalis aurait dû répéter au Conseil d'Etat dans la discussion sur la loi du divorce; s'il est vrai que le scepticisme et le divorce se tiennent comme la cause et l'effet.

Nous avons indiqué sommairement quelques-unes des causes des mauvais ménages, et proposé les moyens d'y remédier. Ajoutons qu'il faut encore tenir compte de l'influence malsaine d'une littérature nauséabonde et abjecte, qui n'est qu'une perpétuelle calomnie contre les mœurs nationales ; œuvre de photographes dégradés et myopes, qui de notre merveilleux Paris n'ont su voir que les Vespasiennes dans lesquelles ils trempent leur plume souillée. Platon avait chassé de sa République ces artistes de l'égout ; les sévères Censeurs les envoyaient jadis en exil, et les Lois de tous les peuples condamnent les empoisonneurs publics. Laissons les immondices aux journaux et aux livres dont elles assurent le succès ; mais ne les reportons pas dans nos Codes. Comment le divorce saurait-il remédier aux maux que nous venons de signaler ? La femme adultère ou le mari brutal pourraient-ils, en convolant, se dépouiller de leur caractère ou de leurs habitudes vicieuses, et restituer au mariage l'estime, le respect et la perfection qui lui feraient défaut. L'institution est innocente des travers de ceux qui la déshonorent. Le divorce ne saurait qu'opérer le triage de ces difformités éparses, et les rapprocher : Ainsi le sacrement aurait sa *Cour des Miracles*. Nous ne voyons pas comment l'intérêt public pourrait profiter de ces unions, quoique bien assorties cette fois. Les sociétés comme les individus doivent avoir la pudeur de dissimuler leurs plaies. Il ne suffit pas de les montrer aux gens pour les guérir. D'autre part, comment des artistes délicats, croisés généreux qui portent *la femme* sur leur bannière, ont-ils pu s'égarer à la suite des novateurs ? Notre maison conjugale sur ses assises inébranlables nous semble préférable à la tente Orientale malgré l'élégance de sa forme, et la vivacité de ses couleurs [1]. La foi jurée sous réserves, l'exécution de

---

[1] Le divorce a ce singulier privilège de laisser les femmes mariées toujours *disponibles*, au même titre que les jeunes filles.

la loi soumise à une condition potestative, ne doivent qu'amoindrir la conscience en rendant légal ce qui n'est pas honnête. Pour développer ses qualités superbes la femme a besoin de confiance, de stabilité ; sans attache elle est comme le navire sans lest ; son âme vit de sentiments nobles, ou se déprave : la femme sans foi qui lie son âme et son cœur nous est suspecte ; le simple doute la paralyse, l'accomplissement de ses devoirs s'en ressent ; la possibilité de la répudiation la diminue, et sa délicatesse en souffre. Elle descendra par une pente fatale de la froideur à l'aigreur, de l'aigreur à la colère, de la colère à la rupture rendue possible. Messieurs les partisans du divorce votre remède prétendu n'est qu'un dissolvant [1].

Ozanam disait aux catholiques [2] : Si vous êtes avides

La princesse de B.... en fut quitte pour un séjour de six mois dans un Comté inconnu de l'Allemagne, au grand scandale de toute l'Europe. Le moyen a été simplifié tout récemment au dire des journaux.

La Princesse Car.... Ben.... de Berlin a pensé que le fils d'un illustre Chancelier lui vaudrait mieux que son Prince pour mari. Elle part pour la Sicile où le diplomate va la rejoindre bientôt après. Le scandale de cette fuite a rendu le divorce facile : et la Princesse devenue libre changera de mari au prix d'un voyage d'agrément. Voilà certes une procédure facile à suivre, et à la portée de tout le monde. Objectera-t-on que la loi peut prohiber l'union de l'adultère et de son complice ? Les prétendants se tiendront pour avertis, et sauront échapper à la disposition. Ils rechercheront la femme du voisin comme sa fille, très-respectueusement et *pour le bon motif*. Singulière façon d'épurer les mœurs, et de consolider la famille, avec une institution qui équivaut à la suppression du mariage.

[1] *Mélanges*, I, 183.

[2] La France accumule des richesses que ses voisins ne comptent pas sans envie ; d'autre part, la forme républicaine de son gouvernement est peu sympathique aux Royautés et aux Aristocraties qui gouvernent encore l'Europe ; enfin, sa situation géographique l'expose à d'incessantes attaques, sa prospérité matérielle a pour effet inévitable d'énerver la nation. La statistique des naissances ne laisse aucun doute à cet égard. En cet état on propose le rétablissement du divorce, c'est-à-dire une loi de dissolution et de décadence. Ne profiterons-nous jamais des leçons de l'histoire ? Que sont devenus les empires de Lydie, de Babylone, de Perse, de Rome enfin et de tant d'autres ? Ils périrent tous également par l'excès des richesses, du luxe et de la volupté. Que faut-il donc

de domination laissez rétablir le divorce, toute famille honorable, tout père qui se respecte viendront demander à l'Église le mariage que rien ne peut dissoudre ; et vous grouperez ainsi autour de vous l'élite de la nation. La conséquence était fatale. Demandez aux mères simplement séparées de corps si l'établissement de leurs filles se fait sans difficultés ? Que serait-ce des enfants de parents divorcés ? La société se partagerait bientôt en deux camps bien tranchés ; d'une part, les familles soucieuses de leurs traditions, de leur dignité, qui ne livreraient leurs filles qu'à des familles animées des mêmes sentiments sur la stabilité du mariage, sur son indissolubilité ; de l'autre, celles qui n'y verraient qu'un marché comme un autre, avec ses chances de pertes et de profits, résiliable à volonté ou à terme, à l'heure de la ruine, de la maladie, ou après la passion satisfaite; et nous aurions ainsi une catégorie nouvelle s'agitant dans la région intermédiaire qui sépare le demi-monde de celui des honnêtes gens, une variété du concubinat légal, le mariage des espèces inférieures dont Proudhon s'était fait l'avocat d'office. L'ordre et la moralité publique auraient-ils quelque chose à gagner à ce nouvel arrangement? Le législateur doit respecter les scrupules des sociétés pour lesquelles il fait les lois. Le rétablissement du divorce ne serait qu'une œuvre éphémère. On rature en vain la loi naturelle.

La doctrine de l'indissolubilité est celle de la conscience contre les mauvaises passions, du devoir contre la fantaisie, de la dignité contre la volupté enseignée par tous les Législateurs auxquels l'humanité reconnaissante a dressé des autels, depuis *Manou* jusqu'à *Confucius* et *Zoroastre*,

faire? Réagir contre les tendances actuelles, et chercher le salut contre les périls qui nous menacent dans des lois sévères sur le mariage et l'organisation de la famille, sur le service militaire et l'accomplissement de tous les devoirs de la Cité.

puis le fondateur de Rome jusqu'à celui du Christianisme. Cette doctrine acceptée et suivie par les Germains et les Gaulois nos glorieux ancêtres, est devenue pour nous une espèce de loi du sang. Le divorce se détacha de la tempête révolutionnaire comme un coup de foudre, et couvrit la France de scandales ; poursuivi en ennemi public, il tomba sous la réprobation universelle. Il a fait de vains efforts pour se relever de sa défaite. Nous ne méconnaissons pas la valeur des hommes de premier ordre enrôlés parmi ses apôtres. Mais combien formidables ses ennemis ! Les Aug. Comte et son École, Proudhon, Michelet, Thiers, J. Simon, la plupart des philosophes et des penseurs que ce siècle comptera parmi les plus illustres, et le très grand nombre des jurisconsultes. Le divorce n'a pas encore franchi le temps des épreuves, malgré les chants de triomphe de ses partisans.

Hercule à peine adolescent fut un jour abordé par deux femmes d'apparences toutes contraires. La première grande, belle, aux contours souples et gracieux, rehaussés par l'élégance de sa parure, à la voix de sirène, souriait doucement au milieu de l'essaim des plaisirs qui lui faisaient escorte. Elle invita le héros à la suivre lui promettant tout son cortège et plus encore. L'autre, aux allures modestes, simplement drapée, aux formes chastes, à l'œil calme, à la voix ferme, au visage austère, lui proposa, à sa suite, la fatigue et les périls, les travaux et les veilles, avec la gloire pour récompense. Le héros païen n'hésita pas : il dédaigna la volupté, et suivit la vertu jusqu'à la mort [1]. Ainsi fera la République.

―――――

[1] Prodicus de Chio, cité par saint Basile. *Dis. sur la lect. des liv. prof.*

CHAPITRE VIII

PLAIDOYÉ SUR LE CONGRÈS.

Par M. de la Moignon avocat général au Parlement de Paris.

MESSIEURS [1],

« Il seroit à souhaiter que toutes les causes semblables à celle-cy loin de paroître aux yeux de la justice pussent estre ensevelies dans un éternel silence, car outre que ceux qui portent ici la parole ont peine à trouver des termes pour en expliquer les circonstances sans offenser leur propre pudeur et blesser les oreilles des juges [2], les véritez les plus essentielles sont cachées dans une impénétrable obscurité qui se couvre à l'esprit sous des objets honteux et des idées désagréables. »

« Mais on peut dire qu'il ne s'est jamais présenté de cause

[1] N.-B. nous reproduisons le texte, l'orthographe, et les majuscules de l'imprimé de 1680. Voir la note bibliographique p. 136.

[2] Tout le monde connaît les vers suivants tirés de la 8e Satire de Boileau :

> « Jamais la Biche en rut n'a pour fait d'impuissance
> « Traîné du fond des bois un Cerf à l'audiance,
> « Et jamais juge, entre eux ordonnant le Congrès,
> « De ce burlesque mot n'a sali ses arrêts.

Si on en croit la remarque de l'Edition de Genève de 1716. M. le Premier Président de Lamoignon en avait été très ému, et ne laissa depuis échapper aucune occasion de manifester son sentiment contre cette épreuve. Ainsi le Satirique aurait eu le singulier honneur de préparer l'arrêt de Règlement qui en prononça la suppression.

plus ambarassée ni de plus importante que celle-cy. La qualité des personnes ; le nom des parties ; la nouvauté des faits et des questions ; l'attente et la curiosité publique ; tout ce qui peut rendre une cause célèbre et difficile se rencontre dans celle sur laquelle vous avez à prononcer aujourd'huy. Et quoique vous n'ayez à prononcer que sur des lettres en forme de requeste civille cependant l'estat d'un grand nombre d'enfants qui composent deux familles si considérables et certains points importants, demandent que vous fixiez leur qualitez par votre arrest et que vous fassiez connoître quels sont vos sentiments sur cette preuve d'impuissance qui s'est introduite dans les Officialités et que l'on veut soutenir par l'authorité de vos jugements. »

« En l'année 1653, René de Cordoan marquis de Langey épousa Marie de St-Simon de Courtaumer petite-fille de monsieur Magdeleine Conseiller en la Cour. Elle était jeune ; le sieur marquis de Langey n'avait que 25 ans, on croyait ce mariage tranquile et heureux, jusqu'en l'année 1657 [1]. L'amitié qu'ils avoient l'un pour l'autre paraît par les lettres qu'ils s'écrivoient pendant que le sieur de Langey étoit à l'armée. Il n'y avoit pas pour lors d'apparence que cette femme fût mécontente de son mary. Le contraire paroit par l'empressement qu'elle témoignoit avoir de son retour, et la crainte de le perdre, dans la guerre. Il a gardé les lettres comme autant de marques de l'amour de la Demoiselle de Courtaumer. Mais bientôt après elle voulut en avoir d'autres gages. Et soit qu'elle eut appris avec le temps ce qu'une femme doit attendre de son mary, soit qu'elle écoutât les mauvais conseils de ses parents, comme on prétend, elle confessa ses caresses, où plutôt l'erreur qui l'avait obligée à les faire.

---

[1] Ce chiffre est erroné.

Elle adressa sa plainte à Mademoiselle Le Cocq sa tante, et à Monsieur Magdeleine son aïeul maternel ; n'oubliant rien pour faire croire que les apparences l'avoient trompée, et que l'expérience de plusieurs années ne l'avoit que trop éclaircie de son malheur. Toute sa famille fit ses reproches au sieur de Langey de l'avoir abusée. Mais tachant de tirer de sa bouche un aveu de son impuissance, il en rejetta la proposition avec toute la fermeté d'un homme asseuré du contraire. Ces remontrances estant inutiles, on eut recours à la justice. Comme les parties étoient de la Religion prétendue Réformée, la demande en dissolution, ou plutôt en nullité de mariage fut portée au Châstelet [1] ; et elle fit tant d'éclat que cette affaire qui ne regardoit que des particuliers, devint l'affaire et l'entretien du public, et partagea les esprits par de différents motifs d'intérest ou de curiosité. »

« Le respect qu'on doit à la majesté de ce lieu nous empêche de dire ouvertement toutes les demandes que le sieur de Langey fit à la demoiselle de Courtaumer. La bien-séance et la pudeur ne nous permettent pas de rapporter les circonstances de ces privautés entre deux jeunes époux dans les premiers feux de l'amour conjugale. En vain ·il la sollicita de se souvenir des temps, des lieux, des marques essentielles de la consommation du mariage.

« En vain il les cita devant elle comme autant de témoignages certains de la fausseté de son accusation ; soit qu'ils ne fussent pas véritables, ou qu'elle en eust perdu la mémoire, elle les dénia. »

« Il demanda que sa femme fust visitée ; elle consentit à l'estre. Après la visite ordonnée, les experts ayant assuré que la Demoiselle de Courtaumer n'estait pas vierge, et

[1] Les questions de mariage étant du ressort des Officialités, les Protestans ne pouvaient y avoir recours : ce qui leur valut de rester soumis à la juridiction civile c'est-à-dire à celle du Chatelet à Paris.

que le Sieur de Langey pouvait estre son mary, elle dit pour sa défense, que quand il seroit vrai qu'elle eust perdu sa virginité, elle estait assurée de n'être pas femme et que le sieur Marquis de Langey scavait les actions honteuses qu'il luy avoit faites, sans luy laisser l'espérance d'en recueïlir aucun fruit. »

« Nous voudrions pouvoir obmettre ces particularitez si essentielles à cette cause, et nous empêcher de faire entendre, au travers des voiles du discours, des choses qui ne devroient jamais paroistre dans des audiances publiques. »

« Ce fut apparemment sur ces circonstances que la demoiselle de Courtaumer appuya sa demande en justice pour faire ordonner la dissolution de son mariage. Elle voulut ensuite faire interroger M. de Langey sur plusieurs faits. Elle demanda la permission de faire preuve, comme entre autres il avait avoué son impuissance. Pour ôster ces doutes, ou pour abréger tant de difficultés qui se rencontrent dans les procédures, le sieur de Langey creut que le plus court estait de demander le Congrès. Il le demanda avec confiance entière de convaincre sa femme d'imposture ; ou si elle s'y opposoit, sa résistance le confirmeroit dans sa résolution. Le juge ordonna donc le congrès. »

« Il y eut appel de la sentence qui fut porté à la Chambre de l'Édit [1]. Le sieur de Langey soutint le bien jugé de la sentence. On creut que la partie la plus intéressée voulant bien se soumettre à cette dure loy on ne devoit pas le refuser. L'arrest ordonna qu'avant de faire droit sur la demande principalle les parties seroient admises au Congrès. Toutes les formalitez requises y furent observées :

[1] Henri IV ayant admis les Protestans au libre exercice de leur culte en France par Edit du 13 avril 1598, il créa dans les Parlemens une Chambre pour connaître de leurs contestations : elle prit le nom de *Chambre de l'Edit.*

cinq médecins, cinq chirurgiens et autant de matrones y assisterent. Mais soit que le sieur de Langey eut trop présumé de lui ; soit que la honte eust fait en sa personne l'effet de la foiblesse, il est certain que le succès ne lui fût pas heureux [1] et qu'il y donnât toutes les marques d'une véritable impuissance. »

« Pour dissimuler son infortune [2], ou pour la réparer il

----

[1] Langey eut le sort de tous les maris soumis à la même épreuve. On a signalé cependant 2 *exceptions* suivant *Denizart*. *Questier* semble plus généreux : *sed vix unus ex mille in Venerem armatissimis ab hoc impari et publico duello victor discedit (de natura-lib. p. 86. G.).* Ces miracles étaient prévus, paraît-il, et pour sauver l'honneur des Procès-verbaux de visite qui avaient constaté leur état de virginité, les femmes avaient ordre de crier comme pour exprimer la douleur d'un premier abord. La preuve de la rareté du fait est dans le succès qu'obtint un meunier victorieux : sa femme lui disait, tandis qu'il remplissait son devoir : Jacob, pourquoi ne fais-tu pas de même *quand je sommes cheux nous, je n'aurions pas la peine de venir ici.* (Aux *Ménagiana*, Bayle. Tallemant des Réaux.)

[2] En réunissant les renseignements fournis par les chroniqueurs, notamment Jean Rou et Tallemant, voici comment les choses se seraient passées. Le procès était devenu l'objet de toutes les conversations à la Cour et à la ville : on ne parlait que de cela. Mme de Sévigné dit un jour au Marquis : *pour vous, votre procès est dans vos chausses.* On disait des ordures dans toutes les ruelles. La rencontre fut fixée au 31 août 1658 chez un baigneur du faubourg Saint Antoine nommé *Turpin*. M. de Lemonon médecin se rendit chez Langey pour le dissuader de son entreprise : ce fut en vain. Il le quitta, disant : Il n'y a rien à gagner auprès de vous, mais souvenez-vous que dans ce que vous entreprenez, il faudrait être *cheval* ou *chien* pour y réussir. Lui au contraire criait victoire : on n'a jamais vu tant de fanfaronades. La canaille amassée au coin de la rue de Seine, où habitait la plaignante, l'insulta au moment où elle se rendait au lieu désigné pour l'épreuve. Les laquais répondaient à qui demandait ce que c'était : *C'est Mme la Duchesse du Congrès.* Ils furent visités par 5 médecins 5 chirurgiens et 5 sages-femmes. On baigna la dame d'abord pour détruire l'effet des astringeants ; ensuite ses cheveux furent défaits, *de peur de quelque sortilège.* Sa cornette inspirant la même défiance, on la coëffa d'une autre empruntée à la femme du baigneur. Quant à Langey il prit un bain, fit ses préparatifs, et s'écriait en marchant à la chambre préparée pour l'épreuve : *apportez-moi des œufs que je lui fasse un garçon tout du premier coup.* Malgré ces dispositions belliqueuses il ne put se mouvoir : les drogues l'avaient tellement échauffé qu'il dut changer de chemise deux fois. Ne sachant à qui s'en prendre, il se mit à prier : Mais vous n'êtes pas ici pour

soûtint que les expers avoient été corrompus ; que sa femme l'avoit troublé par des contre-temps , qu'on s'éstoit servi de charmes et de maléfices pour le réduire en cet éstat ; mais qu'il prendroit si bien ses précautions si la Cour lui permettoit de retourner au Congrès que ce malheur ne lui arriveroit plus. Sa demande fut rejettée. Il soûtint que cette épreuve n'était pas juridique ! qu'on devoit luy permettre de la reïtérer. L'arrest sans s'arrêster à sa demande, déclara la nullité de son Mariage, le con-damna à rendre à la Demoiselle de Courtaumer, la dot et les fruits depuis le jour de la célébration, faisant compen-sation des dommages intérêts et nourritures, *lui fit défenses de contracter mariage et permit à la Demoiselle de Cour-taumer de se marier.* »

« Lors de la signification de cet arrêst le sieur de Langey

cela, lui disait la Dame en l'accablant de reproches. Or entre les matrones se trouvait une vieille folle du nom de Pezé qui fit cent sottises. Elle allait de temps en temps vérifier l'Etat du patient, et revenait disant : *c'est grand pitié, il ne nature pas,* l'avocat *Jean Rou* est bien obligé d'avouer la défaite de son ami ; mais Turpin, suivant lui, n'était qu'un scélérat qui, gagné par Mme Lecocq, avait mêlé dans le bain des drogues qui l'énervèrent ; il ajoute que la Marquise s'escrima de ses pieds de ses dents et de ses ongles contre le Marquis, et *lui sauta au collet.* (*Nudus cum nuda,* le mot est fort.) « Lorsqu'il voulut l'embrasser elle se débattit contre lui « avec une telle rage que toutes les Bacchantes des anciennes or-« gies, les Euménides d'Oreste, et les Thraciennes d'Orphée, n'au-« raient été au près d'elle que de simples novices en fait d'empes-« chement et de fureur. » Langey était vaincu ; ses domestiques s'enfuirent honteux à travers la foule qui s'était réunie autour de ce beau lieu de tournoi. Un laquais raconta naïvement à un autre : « Il n'a jamais pû se mettre en humeur. Pour Mlle de Courtaumer « elle était en ch...... il n'a pas tenu à elle. » Mme de Lavardin et Mme de Sévigné étaient en carosse à deux portes de là. On les en-tendait rire du bout de la rue. Celle-ci voyant passer Langey, dont le chagrin n'avait pas diminué la bonne mine, oh ! le bel homme dit-elle à sa compagne qu'elle tenait par dessous le bras ; l'autre qui le cherchait ailleurs, ayant enfin jeté les yeux sur lui : oh ma chère dit-elle en frappant des mains, quelle est la malheureuse qui n'y serait pas attrapée.

De ce moment les impuissans changèrent de nom : on les appela des *Langey.*

protesta que ce qui avoit été jugé ne pourroit pas l'empêcher
de contracter Mariage, et quelque temps après il présenta
ses comptes en exécution de cet arrêst. Cependant la
Demoiselle de Courtaumer, sur la permission que l'arrêst
lui avait donnée, épousa sans aucune opposition du Sieur
de Langey, le Sieur de Caumont de la Force dont elle a eu
trois enfants. »

« Aussi-tost le Sieur Marquis de Langey, sans avoir égard
aux défenses portées par vostre arrêst, épousa Diane de
Montault de Navailles dont il a sept enfants. La Demoiselle de Courtaumer estant morte en 1669, quelques
années après le Sieur de Langey vous a demandé permission de reïtérer son mariage pour asseurer l'estat de ses
enfants. En 1675, on a jugé en la troisième des enquêtes
le Compte que le sieur de Langey avait présenté. Il se
plaint aujourd'hui de cet arrêst ; et comme c'est une
suite de celui qui a prononcé en 1659 la dissolution de son
mariage, la requête civile qu'il nous a plaidée est obtenue
contre l'arrêst. Elle contient encore la clause de restitution
contre le consentement qu'il a donné pour le Congrès. »

« Il vous a dit que pour faire connoître le juste sujet de
sa plainte contre cet arrêt il suffit de l'expliquer, et que
le seul nom des parties qui paroissent en cette Audiance
fournit asses de moyens pour la soûtenir. L'arrêt rendu en
1655 liquide la somme à quoi se peut monter la dot de la
Demoiselle de Courtaumer à la restitution jugée en 1659,
c'est la suite de ce premier arrest qu'il veut principalement
combattre. »

« Il dit qu'on a jugé en 1659 qu'il ne pouvait pas être
père : aujourd'hui 7 enfants se présentent en cette Audiance pour nous montrer l'erreur et la surprise sur lesquelles cet Arrêt a été rendu. A la vérité ce moyen est
nouveau pour arrester une requête civile ; mais il est réel
et pressant ; et on peut dire que le nombre en augmente

la vérité ; ainsi le premier moyen qui juge le Sieur de Langey impuissant, sont 7 enfants qui prouvent et démontrent qu'il est père. »

« Mais sur quelle preuve cet arrêst a-t-il esté rendu ? Les expers ont dit que le Sieur de Langey ne pouvoit être mary ! leur rapport asseure le contraire[1]. S'il a demandé le Congrès, s'il n'y a pas réussi ; ni la demande, ni le succez n'ont deu estre d'aucune considération. Car outre que cette preuve est indigne, elle est incertaine et on en peut tirer des inductions toutes contraires. Car si l'expérience du passé luy eût donné quelque méfiance de ses forces, s'y fût-il exposé, lui qui avoit le rapport des experts en sa faveur ? »

« La jeunesse imprudente, qui présume toujours de ses forces m'y a, dit-il, engagé ? On ne peut dans ce malheur m'accuser que de trop de témérité. Qui peut répondre de soy dans ces occasions ? Que est l'homme à qui la présence des juges, des experts, des témoins, ne glace l'imagination, et n'ôte l'usage des sens ? Aussi le demandeur soûtient que la demande qu'il a faite du Congrès pour abréger les procédures ne doit pas estre considérée. Le Mariage étant de droit public le consentement des particuliers ne peut lui donner atteinte. Il est libre de se marier, ou de ne pas se marier ; mais quand on est lié par ce nœud sacré il n'y a que la mort qui rende la liberté. »

« Quant au succès de cette épreuve, il dit qu'elle est moins considérable : Premièrement Parce qu'elle n'est pas de droit ayant été inventée par gens que la pureté et la sainteté de leur ministère, empêchoient de connoître de la matière sur laquelle ils avoient à prononcer. Seconde-

---

[1] Le rapport des experts qui avaient procédé à la visite, antérieurement à l'épreuve du Congrès, concluait en faveur de Langey. Mais le second rapport, sur le Congrès lui-même, constata sa défaite.

ment Parce qu'elle est incertaine, sujette à beaucoup de supercheries. »

« Le demandeur prétend [1] qu'on luy a fait tort en cette occasion, il vous a dit qu'un baigneur corrompu par sa femme, l'avait affaibli ; qu'un Chirurgien lui avait causé de grandes douleurs ; qu'un des experts et sa femme l'avoient troublé par des contre-temps, et qu'il s'imagina dans ce moment qu'on s'estait servi de charmes pour le réduire, et qu'il ne se connoissoit plus. »

« Que ces enchantements aient été vrais ou faux, il assure que son imagination fut troublée, et que l'imagination est maitresse de l'évènement. Il ajoute que le procez verbal n'a pas ésté fait en bonne forme, que les experts ne l'ont pas signé, qu'il n'a pas été reçu par les juges, qu'il n'a pas été produit. D'ailleurs que cette procédure est inutile puisqu'il rapporte un témoignage contraire par les lettres de sa femme toutes pleines de l'impatience de le revoir. En quelques unes même elle lui mande qu'elle croit estre grosse. Un homme peut errer dans l'opinion de ses forces, mais une femme ne peut pas croire êstre grosse si elle n'a sujet d'en êstre persuadée. »

« Ainsi il dit que la Demoiselle de Courtaumer n'a osé dénier la vérité de ce fait devant le Lieutenant civil quand il l'a pressé de se souvenir des marques les plus essentielles de la consommation de son Mariage, dont elle estoit seule

---

[1] Langey avait confié sa défense à deux avocats fort distingués. *Le premier Jean Rou*, reçu avocat au Parlement en 1659, et Protestant comme lui. Il devint secrétaire aux États Généraux de Hollande depuis l'année 1689 jusqu'à sa mort arrivée en 1711. Il fut admirable de dévouement pour son client qui était en même temps son coreligionnaire et son ami. Le second était *Réné Pageau* reçu le 26 mai 1649 et mort le 7 juin 1683. L'un de ses fils *Nicolas Pageau* fut lui-même reçu Avocat au Parlement le 5 novembre 1695. Le plaidoyer de Pajeau fut découvert en manuscrit le 26 août 1841 par M. de Monmerqué chez le libraire Tabary. Il a été vendu en décembre 1865 avec la bibliothèque de M. Gillet conseiller à la Cour de Nancy. Peut-être nous déciderons-nous à le publier plus tard.

témoin. Son silence ne fut pas alors un effet de sa pudeur
ce fut un effet de la haine de Monsieur Magdeleine irrité sans
sujet contre luy, lequel l'avoit incitée depuis longtemps à
servir d'instrument pour toutes ses persécutions. »

« Un homme ajoute le demandeur, que je croyois l'appui
de ma famille s'est changé en un ennemi irréconciliable.
il m'a suscité une accusation honteuse ; il m'a conduit de
tribunaux en tribunaux et a troublé le repos de mon
Mariage. Bien loin que la Demoiselle de Courtaumer
fût capable de ces extrémitéz, elle m'a donné pendant sa
vie des marques qu'elle étoit dans des sentiments
contraires. Elle m'a laissé des preuves après sa mort
par cette clause de son testament où elle a voulu que
toutes les contestations qu'elle avoit avec moi fussent
terminées par M. Jacques Caillard [1] ainsi qu'elle luy a
dit. »

« Cette déclaration assure dans l'interprétation que lui
donne le Sieur Marquis de Langey que sa femme a voulu
qu'on luy remit, non seulement les fruits qu'il avoit été
condamné de restituer, mais qu'on le remboursast des
dommages qu'il avoit souffert par une longue procédure.
Cette déclaration est venuë depuis peu à la connaissance
du Sieur de Langey ; il s'en sert aujourd'hui pour soutenir
sa Requête civile. Il prétend que les fins de non recevoir
ne sont d'aucune considération, puis qu'il s'agit d'une
matière où le mal jugé soit reçu, qu'il a pour luy la déclaration de sa femme, et sept enfants qui le reconnoissent
pour père. »

« Le sieur De la Force, qui soutient ici l'intérêst de ses filles
répond à tous ces moyens, qu'il a un grand avantage dans

[1] Jacques Caillard avocat au Parlement, reçu le 16 juillet 1638. Il
dut une grande situation à l'honorabilité de son caractère. Il était
père de Jacques Caillard reçu le 22 novembre 1677, plus tard Lieutenant Général du siège de la Connétablie et Maréchaussée de France
du Palais à Paris.

cette cause, puisque parlant pour la mémoire de sa femme il se trouve obligé à défendre vos arrêts, arrêts solennels, rendus contradictoirement après une longue contestation. Vous avez jugé que celle qu'on veut calomnier devant vous a eu sujet de se plaindre ; qu'elle a suivi les règles les plus étroites de son devoir. Son dessein n'est pas de montrer que le congrès soit une preuve juridique de l'impuissance d'un homme ; au contraire il souhaiteroit qu'on effaçât de cette cause ces termes honteux dont la seule idée salit l'imagination. Le Sieur de Langey a cru que cette épreuve étoit nécessaire, Mademoiselle de Courtaumer a eu une répugnance entière ; et si la conscience lui eust permis de taire son malheur, la crainte de cette expérience l'aurait obligée de se taire. Souvent elle a prié le Sieur de Langey de la regarder comme sa sœur, puisqu'il ne pouvait pas la traiter comme sa femme. Si elle n'avoit perdu que l'espérance d'estre mère, elle se seroit consolée de cette disgrâce par les marques d'une amitié pure ; mais elle n'a pu souffrir l'impureté, et on nous a dit qu'elle a ésté tourmentée par les plus étranges violences qu'une passion aveugle et désespérée peut inspirer à un homme qui désire des choses dans son cœur dont son malheur lui refuse la jouissance [1]. »

« Il serait inutile de vous retracer l'image des persécutions que cet amour stérile et furieux fit endurer à Mademoiselle de Courtaumer pendant quatre années, c'est assez de vous faire connoître qu'une femme en cet estat est au comble de tous les maux, puisqu'elle voit tous les jours redoubler ses souffrances auxquelles il ne peut y avoir de

---

[1] Ce raisonnement est celui de tous les Casuistes sans exception. Saint Paul conseillait aux hommes mariés de traiter comme sœurs celles qu'ils ne pouvaient pas posséder comme épouses. Les Casuistes échappaient à la prescription sous le prétexte du salut des femmes qui resteraient ainsi exposées aux entreprises coupables des impuissants.

fin que par la dissolution du mariage ou par la mort. En vain le Sieur de Langey, oppose-t-il le rapport des experts; il l'a acheté pût-être mandié, soit par les visites faites sur sa personne avant que d'en venir à l'épreuve publique, soit pour avoir corrompu leur fidélité. Il a reconnu lui-même, l'incertitude et l'inutilité de ce rapport, sa propre conscience lui a reproché l'erreur des experts. Il savait trop bien la raison de tous les faits avancéz contre lui, il n'a osé les denier ayant vécu dans une profanation entière et violé les droits de la nature. Car de dire qu'il ait demandé le Congrès et que cette demande jointe au procèz fasse preuve de sa suffisance, comme n'estant qu'une marque de sa témérité, qui le pourra croire? Un homme dans son impuissance espère toujours ce moment qui n'arrivera pas pour luy. D'ailleurs il connaissoit bien la vertu de sa femme: il croyait qu'elle ne s'exposeroit pas à cette épreuve, et que sa résistance achèveroit de le justifier; mais il est arrivé autrement, et cette résistance a achevé de le confondre. »

« La demoiselle de Courtaumer, il est vrai a appelé de la sentence qui ordonnoit le Congrès; mais cette résistance à une épreuve si honteuse a été une marque de son honnêteté. Le Sieur de Langey soutenoit le bien jugé de la sentence, elle a été confirmée par arrêt, elle a été exécutée. Il a succombé dans cette expérience; et aujourd'hui il veut être restitué contre son consentement, et contre deux arrêts. La force de la justice qui les a rendus ne sera-t-elle considérée que comme un titre variable. Ces lois saintes et constantes soûs lesquelles nous vivons; ces décisions qui font le principal fondement du respect et de la félicité des familles, seront-elles renversées selon le caprice d'un homme qui veut y obéir et y désobéir. Vous avez en 1659 déclaré la nullité du mariage du Sieur de Langey. *Vous l'avez condamné en l'aumône envers les pauvres et les prisonniers pour avoir abusé du mariage* [1], vous l'avez condamné à la restitution de la dot et des fruits depuis le jour de sa prétendue célébration ; votre arrêst a esté exécuté : il a présenté son compte à la Demoiselle de Courtaumer. S'il a protesté contre cet arrest, c'est qu'il lui faisoit défense de contracter aucun mariage. Mais il a souffert que la Demoiselle de Courtaumer se mariàt sans former d'opposition ; il s'est marié malgré vos défences. Et maintenant après une épreuve publique ; après un silence de plusieurs années, après une exécution volontaire, il se pourvoit par des lettres en forme de requêste civile. Quand les moyens qu'il allègue seroient aussi suffisants qu'ils sont frivoles ; les choses sont-elles entières. Il a épousé une autre femme : la Demoiselle de Courtaumer s'est remariée ; il y a quelques années qu'elle est morte. Peut-il demander que les parties soient remises dans le même état qu'elles étoient avant l'arrêst, comme si la Demoiselle de Courtaumer était libre et en vie ? Hé que deviendront les enfants d'un Mariage contracté sous la bonne foi de votre arrest ? qu'elle sera même l'infamie de ceux qui paroissent dans cette audiance. »

« Celui que l'on produit comme leur père a osé contracter un mariage au préjudice de vos défenses ; lui qui s'étoit conneu impuissant ; que les experts avaient jugé tel ; que vous avez déclaré incapable de porter le nom de mary, l'usurpe une seconde fois ; s'expose à rendre la vertu d'une femme de qualité, ou suspecte ou malheureuse. Si le nombre des enfants, si leur présence, peut vous toucher de compassion, elle doit se changer en indignation contre celuy qui s'en dit le père. Hasarder par un motif d'intérêst l'état d'un si grand nombre d'enfans ; sacrifier les fruits

---

[1] La partie souslignée est dans la copie manuscrite, mais non dans l'imprimé.

d'un mariage contracté au mépris de vos arrêsts ; est-ce un sentiment de tendresse ? peut-il être un moyen de requeste civile ? »

« Les défauts de formalités qu'on oppose ne sont pas de meilleurs moyens. Le procès-verbal est en bonne fórme, les experts l'ont signé, il a ésté produit, reçeu, contredit ; le défendeur soûtient que la déclaration de sa femme dans le tems de sa mort ne lui peut nuire, et qu'on n'en peut tirer d'autre induction que la pensée et le désir que toutes les contestations qu'elle laissoit à ses enfans fussent terminées par l'àvis de Mᵉ Jacques Caillard. Enfin, il n'enferme toute la défense de sa cause dans les fins de non recevoir, dans l'autorité des choses jugées, dans les respects qu'il a pour vos Arrêts. »

« Ce sont là, Messieurs, les principaux moyens dont les parties se servent pour défendre leur cause, nous avons sujet de craindre de nous être trop ou trop peu étendu pour éclaircir une matière si difficile et si désagréable. Mais quelque scrupule que nous ayons d'avoir passé légèrement sur certaines circonstances, nous aimons mieux dérober quelque chose à la clarté des preuves que de manquer à l'honnêsteté des mœurs, ayant l'honneur de porter la parole devant vous dans un lieu, ou la pudeur couverte d'un voile fait voir la vérité toute nue et à découvert. »

« Une des premières questions qui se présentent à l'esprit dans cette cause est de savoir, si l'impuissance est une cause légitime pour ordonner une dissolution de Mariage. Il semble qu'il n'y ait pas lieu d'en douter puisque les lois civiles et les dispositions canoniques en conviennent. »

« Justinien dans le livre X, au Code de *Répudiis* a ajouté l'impuissance aux autres causes du divorce. Les empereurs qui l'ont suivi ont confirmé cette disposition. L'Église se sert d'un autre terme, et, pour ne pas donner atteinte au mariage, elle dit que quand l'impuissance précède il n'y a point eu de mariage ; Quelques-uns ont cru que l'Église de France a déclaré que non-seulement l'impuissance qui précède le mariage est une cause de dissolution, mais encore celle qui survient depuis le mariage contracté [1]. »

« De là vient que quelques églises voisines de la France semblent avoir reçu cet usage comme il paraît par la Lettre de Grégoire second à Boniface, archevêque de Mayence. Ce Prélat l'ayant consulté pour savoir ce que devoit faire un jeune homme dont la femme éstoit devenue tellement infirme qu'elle ne pouvoit plus luy servir. Le Pape lui répondit qu'il conseilloit à ce jeune homme de ne pas se marier ; mais s'il ne se sentoit pas assez fort pour rester dans cet éstat de continence qui luy permettoit d'en prendre une autre. »

« Un concile tenu en 687 où présidoit le Pape Estienne régla cet usage de la France et ne voulut plus qu'il y eust d'autre cause de dissolution que la lèpre et la possession du démon. L'Église Romaine n'a pas voulu que ces deux causes fussent suffisantes pour ordonner la dissolution du mariage. Nous voyons dans les *Decretales,* au chap. second du titre *de Frigidis et Maleficiatis* un ancien usage de l'Église Romaine, contraire à celui des Églises de France qui dit que : quoyque la coûtume de la France soit de dissoudre le mariage en cas de lèpre ou de possession de démon, [2] cependant ce n'est pas celle de l'Église Romaine. Les autres Papes sont dans le même sentiment. Que si nous ne voyons pas de Constitutions Canoniques décider cette question c'est que l'Église n'en prenoit pas connais-

---

[1] La jurisprudence avait consacré cette seconde opinion ; et elle était d'une pratique constante dans les Officialités.

[2] Nous établirons ci-après que la *possession du démon* ne fut aux mains du Clergé de France qu'un instrument politique; il devint bien autrement formidable dans les pays qui eurent le malheur d'admettre l'Inquisition.

sance. Les Empereurs seuls ordonnoient : et les Lois qui permettoient le divorce permettoient la dissolution du Mariage dans ces occasions. »

« Quoiyqu'il en soit, la disposition du droit civil suivie du droit Canonique veut que le consentement des parties soit essentiel à la validité du mariage, cependant les Lois et les Canons qui ont estably cette maxime, demandent quelque chose au-delà du simple consentement pour sa perfection. La Loi Julia vouloit que ceux qui se marioient jurassent que c'étoit dans le dessein d'avoir des enfants. Ce n'est pas que la stérilité soit une cause de divorce chez nous comme chez les Romains [1]. Les Lois de ces peuples n'avoient d'autre but que d'augmenter le nombre des Citoyens, mais cette union toute sainte nous est donnée pour d'autres usages ; elle sert aux uns de remède à l'incontinence, aux autres de consolation et de secours ; en sorte

---

[1] Charlemagne s'était marié en 770 avec Ermengarde fille du Roi des Lombards dans le but d'assurer la paix entre les deux peuples. Le Pape Étienne III redoutant un voisin si puissant fit tant que le mariage fut rompu devant les Evêques assemblés, *causa sterilitatis*. Il est vrai que la Chronique nous représente Charlemagne comme *muliebrosus*.

Dagobert I avait épousé *Comentrude* qu'il répudia, autorisé par des bulles motivées sur la *stérilité de la Reine*.

Louis XII fit rompre son mariage avec Jeanne de France fille de Louis XI, après 26 ans de cohabitation. Fevret (*Traité de l'Abus*, t. I, p. 519) nous a conservé le texte de la bulle d'Alexandre VI, de sainte mémoire; et dont voici le principal motif : *Quod præfatus Ludovicus modernus Rex, per tempus a jure statutum, præfatæ Johannæ co-habitaverit, consommationi matrimonii operam dando, nec tamen dicta Johanna Liberos parere potuit.* Il est vrai que la *bulle accuse* aussi le mariage d'avoir été décidé *per vim et metum.* Et R. Chopin en conclut (*de Policiâ lib. 2, cap. 7, nº 22*) *sterilitatem alterius conjugum in hujus modi personis, justam fuisse Gallis rescendi matrimonii causam, licet illud Ecclesia Romana non admitteret.*

Disons donc que si le mariage ne pouvait être, en principe, rompu pour cause de stérilité, la règle ne s'appliquait pas au mariage des Rois. D'autre part nous avons vu précédemment que les Casuistes avaient fait de l'exception une règle sur le motif que le mariage avait été institué *liberorum quærendorum causâ.*

qu'il y ait quelque espérance d'en voir naîstre des enfans. »

« Mais cette espérance est souvent trompée. La nature toujours incertaine dans ses productions retarde ou avance la fécondité par des ressorts de la Providence : que si après plusieurs années il ne paroissoit aucun fruit de ce Mariage, alors on accuse à tort le mari d'impuissance ; cette stérilité peut avoir d'autres causes. Le Dieu d'Abraham ne répand ses bénédictions que quand il lui plaît. Les sujets peuvent n'être pas disposés à les recevoir soit par un vice de la nature, soit par une perversité de jugement, soit par des qualités de tempéramment trop semblables, ou trop contraires. Mille raisons font croire un homme impuissant et ne fournissent que trop souvent des prétextes très-injustes de divorce. »

« Les médecins reconnoissent plusieurs sortes d'impuissances. En quelques uns la nature oublie d'achever son ouvrage : en d'autres elle arrive par un amour impatient et précipité d'être Père. Et soit que dans les plus tendres années on ait détourné toutes les sources de fécondité, et rendu l'arbre stérile en desséichant ses principales racines, soit que dans un âge plus avancé on l'ait dépoüillé de toute sa vertu, la jalousie et la volupté ont trouvé des inventions cruelles et ingénieuses à la nature humaine qui ne sont plus en usage, et qui, chez les Nations Barbares passent pour un crime capital [1]. »

« Insensiblement, le genre de vie que l'on mène, et le climat qu'on habite causent la stérilité, dit Hypocrate. Par exemple, les peuples qui passoient toute leur vie à la guerre étoient pour la plus part stériles : cela venoit de ce qu'ils estoient dans un exercice violent, qui de soi-

---

[1] Cette affirmation est inexacte. Ces *inventions cruelles et ingenieuses* sont encore en usage en Orient, et en Afrique et furent pratiquées à Rome jusqu'à une date relativement moderne.

même dissipoit les causes de la génération, et leur causoit de grandes douleurs dont ils se guérissoient en se faisant couper une veine derrière l'oreille. Ce remède qui empêchoit la douleur les rendoit impuissants, et parcequ'ils n'en connaissoient pas la cause ils l'attribuoient à une fausse divinité, et se ravissoient la qualité d'homme pour se consacrer au culte de ses Autels [1]. »

« Ainsi la nature, l'exercice immodéré, tous les remèdes violents peuvent estre les causes premières ou secondes de la stérilité. Il est encore des hommes parfaits en ce qui paroist au dehors, qui n'ont de vigueur naturelle que dans leurs dernières années. Il y en a d'autres qui ne sont impuissans que pour certaines femmes. Les qualités de leur tempéramment trop semblables, trop contraires, l'antipathie des humeurs, les jalousies, les haines qui naissent dans le Mariage, et mille autres raisons s'opposent à la fécondité. Tel est la fragilité de cet argile impur dont l'homme est formé ; un seul moyen peut luy donner la vie, mille moyens peuvent l'empêcher de la recevoir ou la lui oster après l'avoir receue. Rien n'est si bizarre, ni si sujet à de différens mouvemens, que cette passion qui nous est commune avec les bêtes. Cette loy de la chair qui répugne toujours à la loy de l'esprit ne suit que son caprice, quelque fois elle s'irrite dans les austéritez ; quel que fois elle s'endort dans les délices, tranquile pour certains objets ; émeuë pour d'autres, toûjours inégale et furieuse comme les vagues de la mer, dont cependant la retenuë fait connaître une Divinité qui préside à cet élément. »

« Après cela doit-on s'étonner s'il y a des impuissances ; puisqu'outre ces causes il y a des charmes et des maléfices qui empêchent la génération [2]. Les Médecins recon-

---

[1] Chez les Scythes notamment.

[2] Le monde du Christ comme celui de Jupiter fut envahi par les Démons, Fantômes, Lamies, Vampires, Esprits malins, et Sorciers

noissent que les minéraux et certaines plantes peuvent
éteindre le feu de l'amour. Les Talismens, les sorts, les
nœuds, les sacrifices sanglans à cette infâme déesse des

de tout ordre, avec cette différence que sous le reigne de Jupiter
ils agissaient dans la plénitude d'un droit privatif qu'on ne leur
contestait pas, tandis qu'il fut avéré plus tard que leur action n'était
possible qu'avec le consentement exprès de Dieu. Les Diables de
toutes les époques ont cultivé une spécialité bizarre : ils *lient* les
jeunes mariés, et les rendent impropres à l'accomplissement du
devoir conjugal. Chez les Payens, le fait ne se produisit qu'à l'état
d'espieglerie rarement renouvelée, et qui prêtait à rire aux dépens
de l'affligé. Chez les Chrétiens, au contraire, l'accident, isolé d'abord,
passe à l'état de système. *De Lancre*, grave Conseiller du Parlement
de Bordeaux (*Tableau de l'Inconstance etc.* 1610. *Buon, Paris*) se
demande pourquoi les Démons sont si nombreux de son temps au
pays de Labour. Il en donne une raison admirable : plusieurs bons
Religieux les ayant chassés des *Indes* et du *Japon*, ils s'étaient
jettés en foule sur la Chrétienté, et avaient choisi un lieu où les ha-
bitans étaient disposés à leur faire bon accueil. Mais le Diable avait
trop d'esprit pour s'enfermer dans une spécialité gaie sans doute,
mais monotone. Aussi agissait-il trop souvent en sens contraire,
notamment dans les Couvents de Nonnes.
  Rien d'ailleurs n'était plus facile que de produire le phénomène
tant redouté dans les jeunes ménages. Il suffisait de nouer un cordon au moment où le prêtre bénissait l'union, ou de dérober celui
de son caleçon au fiancé, et de le pelotonner sur des fèves ou des
rognons de coq, etc., etc., etc.
  Les femmes y étaient exposées comme les hommes. L'un des
moyens employés était celui qu'un prêtre sorcier jugé par *De Lancre*
(liv. 6, p. 504) avouait avoir expérimenté sur une jeune mariée de
Monjoubert: un liard engagé dans une aiguillette en prononçant le
nom de Diable. Telle fut la raison de la Coutume de la célébration
des mariages pendant la nuit : *ne quis malus conjugum votis illudat.*
(*Delrio, Disquisit. Mag. 58 Quœs. 4*). Voilà les choses que discutait
sérieusement à la fin du 17ᵉ siècle un Lamoignon, homme de grande
doctrine, un des jurisconsultes les plus considérables de son temps.
  La science elle-même, qui n'avait pas encore pénétré dans les
secrets de l'organisme, expliquait par les malefices les accidens
dont les causes lui échappaient. Le grand Fernel accuse bien un
peu l'épuisement des forces, l'imbécillité des organes, mais dès qu'il
a franchi ces limites, il va chercher la solution dans la magie.
Houllier, grand médecin de Paris, se moquait déjà des Théologiens
et des Exorcistes. Mais un jour de 1552, mis en présence d'une
jeune fille de Mesnil près Dammartin, il reconnut son impuissance,
avouant qu'il y avait un malin esprit (Bodin 166). L'opinion de la
Faculté nous semble sensiblement changée depuis le 17ᵉ siècle. On
s'était demandé quel intérêt le Démon pouvait avoir à martyriser
ses victimes. Le voici: il les tourmentait dans leur chair pour s'emparer des âmes: et sa combinaison était des plus simples: car
chacun sait que les maris cessent d'être affligés s'ils se donnent à

jardins [1] et tout ce que la magie a inventé de plus extravagant ; toutes ces choses, dit-on, peuvent abbattre la vigueur naturelle. »

« Quoique les lumières du Christianisme ayent dissipé ces erreurs, on n'a pas laissé de croire que les maléfices pouvoient produire ces étranges effets. L'Église dont les saints oracles ont ôsté la voix aux Démons fulmine ses anathèmes contre ceux qui se servent de ces moyens. Les lois condamnent ces gens avec sévérité, et punissent vigoureusement ceux qui nuisent à la fécondité par ses voyes magiques, ou par des moyens naturels ; voulant qu'ils soyent traitez comme des ennemis communs du genre humain et des étrangers de la nature. *Natura peregrini communis omnium salutis hostes.* »

« Quand les Empereurs accordaient grâce à des criminels, soit dans une réjouissance publique, soit par un esprit de douceur, ces sortes de criminels en estoient exceptéz. C'est ce que nous voyons dans le Code Théodosien au titre *de indulgentiis criminum* et dans la Loi sixième *alienum ; ab indulgentiâ censemus qui magicis artibus aut diris inventionibus venena composuit* [2]. »

---

lui ; la tentation était violente, bien que la guérison coutât la vie éternelle. Et les Conciles ne cessèrent pas de fulminer leurs Anathèmes contre les Sorciers, les Exorcistes, de les condamner, et les bourreaux de leur faire subir des supplices atroces. La phalange des suppôts de l'Enfer est à peu près dispersée. Il en reste encore quelques rares débris *au pays de Labour.* Viennent les Instituteurs avec l'Instruction obligatoire, les derniers Sorciers rendront à Belzébuth sa procuration démodée ; et les jeunes mariés pourront paisiblement vacquer à l'accomplissement de leurs devoirs.

[1] *Dea quæ præsidet pudenda mulierum.*

[2] Les Empereurs considéraient les Sorciers et Noueurs d'aiguillettes comme indignes de leur clémence. Et ce fut cependant leur bon temps si on le rapproche de celui de la domination de l'Eglise. Et d'abord, il n'est pas sans intérêt de savoir de quelles garanties les accusés de Magie étaient entourés devant la justice Ecclésiastique. Cette procédure mériterait un traité spécial : un bourreau l'entreprendra tôt ou tard.

On procède en cette matière sur la dénonciation ou sur la dépo-

« Toute l'antiquité a creu que les sortiléges, les filtres, les anneaux n'avaient pas moins de pouvoir sur les esprits que sur les corps ; et qu'ostant la vie des sens ils pouvaient altérer la raison. Car que signifie autre chose ce que fit Circé aux compagnons d'Ulisse par ses enchantemens ?

sition de deux témoins *qui auraient entendu dire.* Leur moralité importe peu : des excommuniés, des criminels, des infâmes, des parjures en sont crus sur parole *contre l'accusé, jamais en* sa faveur. On lui cache avec soin le nom des accusateurs et des témoins : à lui de conjecturer qui l'a dénoncé, ou qui a déposé contre lui. Les questions louches, captieuses, les subtilités inintelligibles, les promesses fallacieuses, les menaces, l'intimidation étaient mises en usage pour circonvenir le patient, le faire tomber en contradiction, ou surprendre son aveu qui entraînait nécessairement la condamnation (*Hist. de Franc. Hen. Mart.* t. 6, p. 295 *et suiv. sur J. d'Arc).* Quant à sa défense elle n'appartient qu'à lui. Le saint tribunal est ainsi dispensé *advocatorum et judiciorum strepitu et figurâ.*

Quant aux moyens d'instruction ils sont à la discrétion du juge. Et si le malheureux échappe, par miracle, aux mains des bourreaux, il n'en sort que mutilé, et privé à tout jamais de l'usage de ses membres. Rappelons quelques-uns de ces procédés.

Voici d'après M. Louise (*De la Sorc. et de la Just. Crim.* p. 277) comment on procédait à Valenciennes *pour découvrir la vérité.* On employait de préférence l'*Estrapade* et le *Chevalet.* L'Estrapade consistait à disloquer les membres du patient. Il montait d'abord sur un escabeau : on lui bandait les yeux, et on lui liait les mains derrière le dos, revers contre revers, en les serrant fortement par les pouces. La corde neuve servant de lien était passée dans une poulie fixée au plafond, ou à l'extrémité supérieure d'une échelle. Les préparatifs terminés, on enlevait l'escabeau et le patient restait suspendu. Le tourmenteur le fustigeait vigoureusement pour imprimer à son corps des mouvemens convulsifs, et multiplier ses douleurs. Il lui attachait ensuite des poids aux pieds, après avoir introduit une clef de fer entre les revers des mains. Enfin il le hissait au haut de l'échelle, pour le laisser retomber à terre quelquefois, et quelquefois aussi à la distance d'un pied du sol. De la sorte, la secousse disloquait les membres, et la corde pénétrait jusqu'aux os. Il raconte l'histoire de *Jéhanne Cuvelier* accusée par *son propre fils* entre autres choses d'*avoir dénoué l'aiguillette avec son couteau* (1590). Il cite ce passage du Procès-verbal : « Au bout « d'un quart d'heure, elle demande avec rage la mort ; ne cesse de « crier *Jésu Maria,* et supplie le juge de lui accorder une autre Gé- « henne : En vain affirme-t-elle sa part de Paradis qu'elle est inno- « cente *elle reste suspendue à la fatale échelle pendant trois quarts* « *d'heure :* ET LE JUGE ÉTAIT PRÉSENT !!! »

Le CHEVALET était moins compliqué. Le patient, les bras liés avec des cordes, était mis cheval sur une pièce de bois triangulaire, taillée à vives arêtes, et dont l'un à des angles faisait saillie en l'air ;

Dans Euripide, Hermione reproche à Andromaque qu'elle
a rendu l'amour stérile et son mari insensible. Mais la
réponse d'Andromaque fait bien connoistre que souvent
une femme, au lieu de s'en prendre à ses propres défauts,
accuse à tort l'impuissance d'un mary. Apprenez, lui dit-
elle, à éstre aimable, si vous voulez qu'il vous aime. Ce
ne sont pas mes enchantemens qui l'ont rendu insensible,
ce sont vos jalousies et vos haines. En effet la jalousie et
la haine sont des poisons du Mariage assez étranges, et des
passions assez furieuses pour oster l'espérance d'en voir
naître des enfants. »

on suspendait des poids à ses pieds attachés ensemble, afin que les
arétes latérales pussent s'enfoncer plus profondément dans les
membres.

La question se donnait à Loudun en plaçant les jambes du patient entre deux planches lacées avec des cordes. Entre ces cordes
étaient fixés des coins que le bourreau faisait entrer à coups de
marteau. Les accusés mouraient quelquefois à la peine, plus souvent ils s'évanouissaient, et l'exécuteur les ranimait à coups de
fouets: les jambes cédant à la pression. se brisaient; et la torture
devait cesser quand les moëlles avaient jailli. Tel fut le traitement
infligé au célèbre *Urbain Grandier*, 18 octobre 1634 (*Diab. de Loudun*,
p. 163).

En Espagne et en Italie on employait *le feu*. Voici comment. On
frottait de lard les pieds de l'accusé, puis on les exposait à un feu
très vif qui les brulait avec d'horribles souffrances. L'épreuve n'était
jamais de moins d'une heure, mais elle pouvait durer plus longtemps.

Le dénouement ne déparait pas la pièce; le Bucher, son nom
seul fait frissonner ceux qui ont lu les procès-verbaux d'exécution.
Cinq ans après le *Plaidoyé*, c'est-à-dire en 1680, il dévorait encore
La Voisin reconnue coupable de MALÉFICES et poison.

Puis venait la Roue sur laquelle expira le Protestant Calas à la
veille de 1789.

Telles furent ces procédures de Cannibales inventées, organisées et
suivies par les prétendus disciples du Christ au cœur tendre et
compatissant, du Dieu de la miséricorde et du pardon, et qui mou-
rut sur la croix pour le salut des hommes. Ainsi fut fondée par la
terreur leur funeste domination. Que serait-elle devenue s'ils
avaient fait admettre, suivant leurs calculs, que la déclaration des
possédés serait une preuve suffisante des délits et des crimes ???
Et la Révolution est encore accusée d'impiété pour avoir supprimé
cette justice rouge du sang innocent; n'est-il pas profondément regrettable en effet qu'elle ne puisse plus protéger les saines doctrines
contre les hérésies, et les nouveaux mariés contre les *noueurs d'ai-*
guillettes ???

« Mais comme les causes peuvent cesser, les effets peuvent cesser aussi. Il est des impuissances passagères, qui ne durent que quelques tems. Il en est pour certaines personnes, et non pas pour d'autres ; mais toujours il est vrai de dire que le discernement en est très difficile. »

« La plus grande difficulté qui se rencontre en ces matières est de savoir quel tems on doit attendre, et de quelles preuves on doit se servir pour découvrir la vérité. »

« L'Empereur Justinien dans la Loi dixième au Code *de repudiis* dit que si un mary et une femme ont demeuré deux ans ensemble sans consommer leur Mariage, il faut prononcer la dissolution bientôt. Après... Il a prolongé ce terme de deux ans à trois, c'est ce que nous apprenons dans la *nouvelle* 22, qui rapporte la raison de ce changement. Cette raison qui est fondée sur la nature nous fait voir combien cette preuve est incertaine. *Edocti namque sumus ex iis quæ ante hoc provenerunt quosdam amplius quam biennium temporis non valentes postea potentes ostensos ministrare filiorum procreationi.* C'est ce que nous voyons dans le chapitre: *Laudabilem* où le Pape déclare qu'il faut attendre trois ans, *secundum constitutionem legalem ;* c'est-à-dire selon la loi de Justinien qui estait en usage. Ce chapitre ajoute que si le Mariage ayant été déclaré nul par le défaut du mary, le mary épouse une autre femme dont il ait des enfans, il doit retourner à la première. La glosse sur ce chapitre dit qu'il faut distinguer. Si l'impuissance vient d'un maléfice, le mary n'est pas obligé de retourner avec sa première femme : mais si elle est fondée sur une cause naturelle, il est obligé de la reprendre [1]. »

---

[1] Voici à cet égard l'explication de Saint Thomas (*in Summa*) *Hæc est differentia inter frigiditatem et maleficium, quod frigiditas facit æqualiter impotentes ad omnes, maleficium autem non ; unde, quando matrimonium dirimitur judicio Ecclesiæ propter maleficium, datur*

« Les derniers arrêts que nous avons en cette matière n'ont pas suivi cette disposition. Nous en avons un singulier, rapporté par Chopin dans son traité de *sacrà politià*, mais peut-être que ces arrêts sont fondés sur la disposition de ce chapitre qui veut qu'on attende trois ans *si prius frigiditas probari non possit* c'est-à-dire s'il n'y a pas d'autre preuve. Il se pouvait faire qu'une femme n'entreprit pas son accusation précisément dans le tems marqué par la loy, et pour lors après ce tems il falait avoir recours à d'autres preuves. Gratien dit que le mary doit être creu, *quia caput est mulieris*. L'usage de la France étoit qu'une femme justifiast son impuissance par le témoignage de 7 de ses proches parens qui affirmoient la vérité du fait, *cum septima manù propinquorum*. Le mari éludoit cette épreuve, et la religion du serment jettoit les juges dans de nouveaux scrupules. Les familles s'irritoient par ces partialités ; et pour terminer ces différens on a eu recours aux expériences de fer et de feu rapportées dans nos histoires. »

« Nous lisons dans Yves de Chartres, un canon singulier : *si qua mulier probaverit quod viro suo nunquam coïerit cum ea exeant ad crucem* [1]. »

---

eis licencia aliis nubendi, non autem quando dirimitur propter frigiditatem quantum ad illum in quo est impedimentum. Les Sceptiques crurent découvrir un air de famille entre les *maléfices* et les *antipathies;* et alors..... Il est vrai que le diable n'y perdait rien.

[1] Il est difficile de fixer la date précise ou l'action de frigidité tomba définitivement dans la juridiction de l'Eglise. Toujours est-il que les conciles de France s'en préoccupèrent dès le VIIIᵉ siècle. Celui de Verberie (*Concil. an.* 757 *loc cit.*) dispose dans le chapitre XVII :

Si qua mulier se reclamaverit quod vir suus nunquam cum eâ mansisset, exeant inde ad crucem, et si verum fueri separentur, et ille faciat quod vult.

Qu'ont voulu dire les Pères du Concile lorsqu'ils renvoient les époux *ad crucem ?* Le cardinal *Baronius* cité par *Baluze* (*not. ad lib. cap.* t. II p. 1153) avouait ne pas savoir ce que signifiait *examen vel judicium crucis.* Baluze reconnaît que la chose est douteuse et obscure, même après les savantes recherches dont elle avait été

« Tous les commentateurs se sont fort tourmentez pour lui donner une véritable explication, nous la devons à un des plus grands génies du siècle qui nous l'a expliqué dans ses sçavantes nottes. Il dit qu'on avait coutume de mettre ensemble plusieurs pièces ou billets, entre lesquels il y en avait un marqué d'une croix. Les billets, après avoir été longtems remuez, on les distribuait aux parties, et celle à qui il écheoit d'avoir le billet marqué d'une croix était crue dans les choses qu'elle avait avancées. C'estait l'ignorance de ces siècles grossiers, ou l'on voyait beaucoup de superstition et de simplicité. »

« On ne se contenta pas de ces preuves où le sort avait part, on vint combattre en champ clos avec tout l'appareil d'un spectacle public. Ce qui fut d'abord permis par la condescendance des princes devint dans la suite un usage, ou plustost un abus inhumain qui voulait que deux chrétiens, souvent deux personnes de qualité, s'égorgeassent comme deux vils gladiateurs [1]. »

l'objet. Peut-être le sort du mariage se décidait-il par une pièce de métal sur laquelle on traçait une croix, et qu'on jetait en l'air en invoquant la justice de Dieu. Telle est sans doute l'origine du jeu de *croix* ou *pile*.

S'il faut en croire Pittaval (Tom. VIII, p. 300 et subs.), les parties plaçaient sur l'autel des bouts de papier blanc sur l'un des quels était tracée une croix. Après des invocations et des prières, le prêtre les mêlait, tirait au sort, et celui qui gagnait le papier portant le signe sacré en était cru sur parole. C'était une variété *du jugement de Dieu qu'Hothman* accusa plus tard de n'avoir été qu'une variété de Sorcellerie (*au 2º traité de l'impuis.*). *Pittaval* se rallie à l'opinion de ceux qui enseignent que, la décision divine s'obtenait en plaçant l'accusé sous la croix, immobile, jusqu'au moment où la vérité se manifestait par quelque signe extraordinaire. L'explication fournie par *Mabillon* est plus explicite (*de Re Diplom. p.* 499). *Missæ tempore sive dum psalmi oratioque dominica recitarentur, homines duo conducti ad crucem, stabant bracchiis expensis ; qui prior lassus bracchia deposuisset aut titubantia habuisset, ejus pars victa censebatur* C'est ainsi d'après *Uphellus* que fut tranché un procès entre l'Evêque et la cité de Véronne *de edificandis mœnibus urbis* (*in Catal. Episc. Veron. t. V cité par Baluze*). C'est ainsi d'après *Ducange* (t. II p. 677 Didot) que fut sauvé l'honneur d'un couvent à l'occasion d'un enfant noyé dans une mare, *in stagno monasterii vicino.*

[1] L'excellent livre de notre ancien Bâtonnier Gaudry, l'*Histoire*

« Ives de Chartres, avec tous les plus grands hommes se
sont élevéz contre cette fureur, et les papes l'ont condamnée. Enfin on a passé de la cruauté à l'infamie. Les décrétales ont ordonné que le mary et la femme seroient
visitez, suivant peut être l'opinion de certains naturalistes,
qui croyent qu'il y a dans la femme des marques certaines
de virginité. Pour épargner le sang on a dévoilé la pudeur;
et ce qui est de plus étrange, c'est que les premiers Pères
de l'Église se sont quelquefois soumis à cette dure
loi ; eux qui menoient une vie si pure ; eux qui
considéroient la pureté comme la principale vertu d'un
chrétien. Mais peut estre que l'amour même qu'ils avoient
pour cette vertu leur persuadoit qu'ils ne devoient rien
épargner pour repousser la calomnie du crime contraire
qu'on leur imputoit. C'est ainsi que quelques saints accu-
sez malgré leur âge, leur infirmité, et les autoritez de leur
vie d'avoir des commerces scandaleux avec des femmes
ont osé se dépouiller de leurs habits dans des Assemblées
publiques, pour montrer qu'ils n'étoient pas en état de
tomber dans une abomination dont on les chargeoit. Mais
dans ces Saints la nudité étoit modeste : elle n'inspiroit
que la chasteté, faisoit voir des marques de pénitence sur
un corps tout atténué de jeunes [1]. »

du Barreau contient à cet égard des recherches complètes. Le *combat judiciaire* comme les *épreuves de la croix, du fer, ou du feu*
étaient fondés sur la conviction que Dieu ferait un miracle plutôt
que d'abandonner un innocent. La garantie n'était vraiment pas
suffisante. Le combat avait lieu à pied, suivant l'usage des Francs,
ou à cheval suivant l'usage des Goths.

[1] La nudité fut acte pie jusqu'au XVIIe siècle. Voici l'extrait textuel
du *journal des choses advenues*, etc. (*cité par Dulaure p. 59 et suiv.
des Singularités historiq.*) : « Le 14 février 1509 il se fit une belle
« Procession dans la paroisse de saint Nicolas des Champs, *il y
avait plus de mille personnes tant fils que filles, hommes que femmes
« tous nuds,* même tous les Religieux de saint Martin des Champs
« qui étaient tous *nuds pieds,* et les Prêtres de la dite Eglise de
« saint Nicolas aussi *pieds nuds et quelques uns tout nuds* comme
« était le curé *François Pigenat* (un des plus furieux Prédicateurs

« Saint Ambroise condamne cet usage en plusieurs endroits faisant voir qu'il est certain, que les matrones se sont souvent trompées malgré leur art, et que cette fleur facile à flétrir, périt quelquefois sous la main de celle qui la cherche sans s'en apercevoir ; mais il dit qu'on peut y avoir recours dans une extrémité, et qu'on peut préférer la réputation à la pudeur. Il est étrange que les lois de l'Église, qui est la pureté même, ayent souffert des inventions si sales, dont les payens ne se sont pas servis, du moins dans les historiens qui parlent des accusations contre les Vestales : pas un ne marque qu'on se soit servy de cette épreuve pour les condamner ou pour les absoudre. »

« Mais comme l'esprit de l'homme cherche toûjours de nouveaux moyens pour découvrir la vérité dans les choses les plus obscures, il s'est introduit depuis deux siècles une nouvelle preuve d'impuissance par le Congrès [1]. La

---

« de la Ligue) du quel on fait plus d'état que d'aucun autre, *qui « était tout nud* et n'avait qu'une *guilbe* de toile blanche sur lui etc. « etc. » Et le Chroniqueur ajoute : tellement qu'on ne vit jamais tant belle chose, *Dieu merci.*

La vraie vertu exigea quelquefois davantage. *Non debet homo vel mulier virtuosus vel virtuosa nisi se possint ponere nudus cum nuda in uno lecto et tamen non perficerent actum carnalem.* Tel fut saint Adhelme moine Anglais que ses vertus élevèrent à l'Episcopat. Il dit un jour à la plus belle de ses pénitentes : Couchez vous avec moi, je veux savoir si vous serez aux mains de Satan un instrument assez puissant pour me faire succomber à la tentation ; il subit impunément l'expérience. Il est vrai que le saint Breton passa la nuit à réciter le Psautier, et le Démon s'enfuit frémissant de rage (*Bayle, V° Guillemette et Saint François d'Assise*).

Robert d'Arbrissel le célèbre fondateur de *Fontevrault* fit mieux encore. Il entre un jour dans un mauvais lieu à Rouen, et tandis qu'il se chauffait les pieds, il est entouré par l'essaim des amours qui l'avaient choisi pour demeure. Non-seulement il ne succomba pas à leurs voluptueuses provocations, mais leur opposant sa parole inspirée, il promit miséricorde aux pécheresses en termes si éloquents qu'elles le suivirent dans son couvent, et firent pénitence. (*Sa vie par Feydel, Londres 1788*) et Bayle. V° Fontevrault.

[1] *Hotman* en fixe la date à l'année 1577. Le Congrès aurait dû son origine à la présomption d'un jeune mari auquel les médecins avaient donné un mauvais certificat après inspection. Il offrit de

honte attachée à cette action nous donne lieu de croire qu'une femme vertüeuse aimerait mieux se désister de sa demande que de se soumettre à une expérience si sale quoiqu'elle fut seure d'y réussir. Ça été d'abord la témérité des particuliers de proposer cette épreuve. Ensuite on a fait une règle nécessaire de ce qui n'étoit qu'une condescendance et une demande volontaire. Un des plus célèbres avocats du Barreau sur la fin du dernier siècle dit que l'usage de la preuve d'impuissance par le Congrès s'est introduite dans les Officialités, et qu'il espère que la

faire sa preuve. L'Official le prit au mot ; les autres trouvèrent le moyen ingénieux, et le Congrès passa dans la pratique. *Dhericourt* (Lois Eccles., p. 156) le reporte au 15ᵉ siècle. *Tagereau* (p. 160), les Avocats Généraux *Bignon* et *de Lamoignon* pensent qu'il fut pratiqué vers le milieu du 16ᵉ siècle. *Fevret* (*Traité de l'Abus, ch.* IV à *la note*) signale son origine à Venise vers l'an 1580; mais l'Official Italien ne l'aurait employé qu'avec des filles publiques. *Denisart* croit qu'il fut introduit et supprimé dans le même siècle ; en quoi il se trompe certainement (*Vᵒ Congrès*). Le Président *Bouhier* (*Traité de la Diss., p.* 100) prétend au contraire que cet usage fut introduit vers le milieu du 14ᵉ siècle, il justifie son opinion sur le passage suivant de *Joannes Andrea* Canoniste du tem's ; *si juravit vir quod possit, cogetur sustinere quod mulieres hoc inspiciant tempore coïtus : Et si mulieres referant quod nihil fecit possint matrimonium separare.* Il invoque en outre l'autorité de *Petrus Ancharanus* et d'*Anton. de Butrio*. Nous croyons qu'il ne serait pas impossible d'établir que la solution appliquée *au prétendu Congrès* n'était relative qu'à *la Visite* : mais cette discussion nous entraînerait trop loin.

Vénette (*t.* II, *p.* 297 *et suiv.*) accuse les femmes d'avoir fait naître ce moyen d'instru·tion, car il est une occasion de divorce dont le résultat dépend de leur seule volonté, Ferrière et Laurière le placent vers le milieu du 6ᵉ siècle mais sans nous dire sur quoi ils se fondent. Ont-ils été trompés par les Lois de *Justinien* sur l'impuissance, et lui font-ils honneur des moyens inventés plus tard pour la vérifier ? Vénette prétend au contraire que cet Empereur aurait supprimé le Congrès par une raison d'honnêteté publique. N'a-t-il pas confondu le *Congrès* et la *Visite ?* Peut-être attribue-t-il à *Justinien* ce que *Socrate* rapporte de *Théodose* (Hist. Ecclés., lib. V, c. 18). Le voyage qu'il fit en Italie en 391 fut signalé par la suppression de diverses Coutumes. L'une d'elles consistait à enfermer les femmes adultères dans des maisons de débauche, et au moment où elles étaient prostituées on agitait des cloches afin de publier ainsi le châtiment des coupables.

Tel n'était pas le but du Congrès, malgré sa ressemblance avec la prostitution.

Cour réformera cet abus, comme d'autres qui s'y sont glisséz [1]. Si ces juges avoient connu la matière sur laquelle ils avoient à prononcer, jamais ils n'auroient ordonné une épreuve si incertaine. Mais la sainteté de leur ministère qui les empêche d'en connoistre, les a fait tomber dans cette erreur. *Pourquoi veulent-ils prononcer sur les mariages eux qui y ont renoncé* [2]. Pourquoi décider des questions qu'ils ont honte d'entendre. Aussi les Conciles de France ont renvoyé ces contestations aux juges séculiers, et Hincmarc, Archevêque de Rheims s'est fort emporté contre cet acte de la juridiction ecclésiastique. »

« Quoique la cause du Sieur de Langey n'ait pas été traitée d'abord dans l'Officialité, cependant comme ces causes sont ordinairement agitées devant les premiers juges, on a suivi les procédures qui sont usitées dans les Officialités. Vous avez confirmé ce que le premier juge avoit fait. Et comment ne l'eussiez-vous pas confirmé, la partie la plus intéressée voulant bien s'y soumettre. Cependant c'est principalement dans l'incertitude de cette épreuve que sa requeste civile sur laquelle vous devez prononcer se fonde. Et sans entrer dans des questions de médecine n'y discourir sur les différents effets de la nature, l'événement a fait connaître que le Sieur de Langey pouvait être père puisqu'il a 7 enfants. Considérez, s'il vous plaît combien il importe de ne pas asseoir sur de telles apparences un jugement qui déshonore un homme, qui trouble le repos et la seureté d'une grande famille. Car enfin quelles sont les suites de vostre

---

[1] Disons à l'honneur du Barreau qu'il ne cessa jamais la lutte qu'il avait engagée, non pas contre le Congrès seulement, mais contre toutes ces procédures ignominieuses inventées dans les Officialités. Nous citons au hasard Anne Robert, Vincent Tagereau, Guillaume Meslier, Rouillard, etc., etc. et les magistrats du Parquet firent cause commune avec eux, notamment l'avocat général Bignon.

[2] La partie soulignée se trouve dans *le manuscrit* mais non dans *l'imprimé*. Le prudent imprimeur qui cependant a supprimé son nom la trouva probablement trop audacieuse.

Arrêt ! Tous ses biens absorbés par une restitution infâme
parce qu'il a paru impuissant il justifie le contraire. Il n'a
dû restituër ni la dot, ni les fruits si effectivement il n'étoit
pas impuissant. Il a été mari de la Demoiselle de Courtaumer, et il n'a pas esté au pouvoir des juges de lui ôter cette
qualité. »

« D'un autre côsté, si l'Arrêt qui déclare le Sieur Marquis
de Langey impuissant doit être exécuté, les enfans qui paraissent dans cette Audience ne sont pas ses enfans. Leur
mère n'est pas sa femme. Il est 7 fois père et impuissant
tout ensemble. De sorte qu'il faut convenir de l'erreur et
de la surprise, ou concevoir de la défiance de la vertu
d'une femme de qualité sans tache, et d'une réputation
sans reproche. »

« Il est incroyable combien on a abusé dans les Officialités
de cette épreuve funeste de l'impuissance du mary. Elle
est devenuë comme un style, on n'attend sinon que les
parties la demandent pour l'ordonner, et nous avons vu
avec indignation, il y a quelques années, un homme âgé
de 75 ans, accusé d'impuissance par sa femme devant l'Official de Coutance réduit à subir cette infâme expérience,
si contraire à l'honnêsteté, et si peu convenable à son âge ;
mais ce qu'il y a de plus étonnant c'est que tout le monde
convient qu'elle est indécente aux Juges, honteuse aux
parties, inutile pour découvrir la vérité. Les bêtes qui
servent à multiplier sont stériles en un certain tems ; elles
ont du dégoût l'une pour l'autre selon les saisons et les
dispositions où elles se trouvent. Que seroit-ce si elles
avoient la raison, qui tient en bride leur appétit : si elles
concevoient la honte de cette action, si elles avoient l'imagination troublée par la présence des Juges, des Experts et
des Témoins : si elles pouvoient ressentir l'horreur que
donne en cette occasion l'effronterie d'une femme. La
douleur de se voir réduit à servir d'un infâme spectacle

donneroit-elle des marques d'amour à celle qui ne mérite-
roit que des témoignages d'aversion. Ce sont là, dit Saint
Augustin, les ardeurs immodérées d'une concupiscence
criminelle, qui ne voulant pas se soumettre au désir d'autrui, mais à ses propres désirs, ne sert aujourd'hui qu'à renouveler le châtiment du péché originel, que la nature de
la grâce ne peut entièrement dompter. La colère avec
toutes ses fougues ne s'emporte pas que la volonté n'y ait
consenty, mais cette autre passion ne connoist ni volonté
ni raison. C'est ce qui fait la honte attachée à ses actions. »

« La génération des enfans toute nécessaire qu'elle est
demande la bienséance et le secret. N'est-ce pas violer l'un
et l'autre de s'exposer aux yeux de plusieurs témoins.
Mais que des Juges ordonnent une telle épreuve, qu'on
sait être incertaine ; qu'ils autorisent un abus qui n'est
fondé sur aucune loy, qui prophane les plus saintes ; c'est
un désordre que nous ne pouvons souffrir ; et nous inter-
poserons toûjours notre ministère pour porter la justice à
l'abolir pour jamais. »

« On objectera peut-être que la preuve par visite n'est
guère plus utile ni plus honnêste, et cependant que l'on
s'en est toujours servy. Il est vrai que cette épreuve a ésté
longtems en usage, et qu'auparavant on se contentoit du
témoignage de sept des plus proches parents qui affirmoient la vérité de la chose. Il seroit à souhaiter qu'on
s'en contentât encore aujourd'hui [1]. Il y aurait moins

[1] Dans la plus part des villes Grecques, à Athènes notamment,
l'état d'adolescence étant la condition du mariage, *la visite* devenait nécessaire pour établir son avénement. A Rome, elle se proposait de vérifier si les fiancés jouissaient d'une constitution, d'une
santé convenables au mariage. Et la formalité remplie *de visu* seulement, n'offrait aucun inconvénient. Mais elle se complique avec les
Canonistes. Il ne suffira plus d'exhiber une conformation régulière,
il faudra de plus justifier de sa *solvabilité* à l'heure de l'expertise.
D'ailleurs avec quels soins minutieux ces *besoignes étaient faites*
si nous en croyons *Hotmann* (p. 39). Dans leurs rapports les matrones

d'inconvénient qu'une femme vécût dans le célibat que de l'exposer à une épreuve qui viole une vertu si essentielle au sexe. Ce n'est pas qu'une femme ne soit à plaindre de se voir privée de l'espérance d'avoir des enfans pour marque de l'amitié de son mary, pour luy servir de con-

peignaient sur nature, même *de capacitate foraminis et prepucio*, affranchies de tout scrupule, par cette raison, que les excitations ne sont criminelles que *in quantum ex luxuriâ procedunt.* Elles se trouvaient, suivant les Docteurs, dans la situation du peintre qui affronte les plus grands dangers de son art, *victum sibi familiœ que suœ quœrendi causâ coactus.* Tous les experts ne crurent pas que le but suffisait à effacer le péché: Il en résulta cette facheuse conséquence que le *Reus* en fut quelquefois réduit à ses seules ressources. Mais n'avait-il pas à redouter les foudres vengeresses qui frappèrent Onam? *Gibert le rassure* (*Consult.* 28, t. II, p. 128 n° 5) grâce à la distinction du *sensus* et du *consensus: quia hujus modi volunt ex honestâ causâ, ac propterea honesta est.* Il a d'ailleurs la générosité de lui accorder le choix (n° 6) *inter voluptuosas vias quibus licitum est procurare erect...... Pocula amatoria, tactus, oscula, cogitationes etiam turpes* etc., etc., mais il ajoute hélas !! *circa conjugem.*

· Les femmes ne furent pas exemptes plus que les hommes de la curiosité des Officiaux. Les jurisconsultes répétaient vainement le proverbe du plus sage des rois, énumérant les choses qui s'agitent sans laisser de trace: *Aquilœ via in aere, coluber super terram, navis in mare, via viri in adolescentulâ,* l'Eglise procédant de la coutume Juive passa outre. Elle reconnaissait d'ailleurs que l'inspection *sit fallax et lubrica,* mais on se servit du moyen à défaut d'un autre plus honnête et plus sûr. Tagereau déclare que les Officiaux en étaient venus à reconnaître, *an virgo fuerit a viro cognita,* avec non plus de difficulté que le nez au milieu du visage. On y employa d'abord 7 femmes *veufves ou mariées bien créables pourquoi le depuc...... soit preuevé si mestier est* (fragm. de St Just.).

Elles n'étaient admises à exercer leurs fonctions qu'en justifiant d'études sérieuses, d'habileté dans leur art, et d'une moralité incontestée. Ces garanties semblèrent insuffisantes cependant: de là vint l'adjonction des médecins aux expertises dans le XVIe siècle. L'Official lui-même finit par y assister, probablement pour s'assurer de la régularité de l'opération. *Anne Robert* dit en effet, dans cette description si souvent reproduite, et qui commence par ces mots: *Pardonnez-moi chastes oreilles* etc., etc.: *que le juge qui est là présent fait bonne mine et s'empesche de rire.* Il rappelle les précautions préparatoires recommandées par *J. Andrea : propter medicinas ante quam inspiciatur in aquâ calidâ prius lavetur, et diu moretur, et interim subfidavit custodiâ, ne possit apponere medicinas.* Puis il décrit par le menu en quoi consistait cette opération édifiante.

Mais il était parait-il des accommodemens avec les Officiaux. En voici un exemple instructif : il est vrai qu'il vient d'Angleterre.

· Lady *Suffolk* d'abord *comtesse d'Essex* qui vivait avec *Carr* favori

solation dans sa vieillesse. Il arrive souvent selon Aristote, que ce qui rend doux les animaux, rend l'homme plus farouche. Il se plaît à persécuter une femme : il est jaloux d'un bien dont il ne peut jouir ; et n'ayant plus que le nom d'homme, il perd tous les sentimens d'humanité. C'est pourquoi on ne peut chercher trop de moyens pour exempter une femme de ce malheur ; autrement c'est attacher un tronc stérile à une plante féconde, c'est joindre le vif au mort. »

« Ainsi de quelque côsté qu'on examine cette affaire, soit dans le fait, soit dans le droit, il y a des difficultés et des embarras insurmontables. Si vous déboutez le demandeur de ses Lettres en forme de requeste civile, outre les raisons qu'on vous a expliquées, il ne faut plus espérer d'ôter cet abus des Officialités, il paraîtra que vous l'authorisez par votre Arrêt. Au contraire si vous entérinez sa requeste civile, voyez qu'elles sont les suites de votre Arrêt. Les parties seront remises en tel éstat qu'elles éstoient auparavant : c'est-à-dire que vous aurez à juger si le Sieur de Langey étoit impuissant en 1559 ; quelle estoit son impuissance si elle étoit générale ou respective ; absolue ou temporelle. Vous aurez à examiner si son mariage n'a pas été consommé ; car s'il ne l'a pas ésté, vous serez obligez d'appuyer vostre premier Arrêt qui ordonne le Congrès. Ainsi toute la question sera réduite à juger s'il a peu reve-

de *Jacques I*er obtint de subir l'épreuve enveloppée d'un voile *pour épargner sa pudeur.* Une jeune suivante y tint sa place, et y passa pour la Comtesse à la faveur de ses habits. Elle fut reconnue vierge, et démariée : puis elle épousa son amant, et le Roi le créa *comte de Sommerset* à l'occasion de cette équipée. (*Biblioth. Rais. t.* V, *p.* 1er *p.* 183). Lamoignon pouvait augmenter sa gloire en demandant au Parlement la suppression de ce moyen d'instruction qu'il reconnaissait pour aussi peu honnête que le Congrès. Fut-il intimidé par les clameurs que *le célèbre discours* avait soulevées contre lui ? Quoi qu'il en soit *Denizart* cite un arrêt du 2 décembre 1687 rendu sur ses conclusions, qui confirma une sentence de l'Official de Reims ordonnant une seconde visite: *quia nulla erect.... apparuit chirurgis.*

nir au Congrès, et si la restitution contre son consentement sera reçeue. Par la première de ces voies il faut permettre au sieur de Langey de retourner au Congrès, — par la seconde que cette épreuve soit rejetée ; mais comment rejetée s'il l'a demandé. Il s'y est soumis, l'arrêt qui l'ordonnoit a esté exécuté. Maintenant il veut estre restitué contre son consentement ; ne peut on pas lui opposer des fins de non recevoir. Il est encore moins possible d'ordonner qu'il rentre au Congrès la Demoiselle de Courtaumer étant morte. Cependant combien de choses manquent à l'instruction de cette cause. On avait demandé à faire preuve par témoins, comme le Sieur de Langey s'étoit cru impuissant, comme sa mère l'avoit déclaré tel à plusieurs personnes, et il l'a empêché ; vous avez donc à juger si le Sieur de Langey était impuissant il y a 18 ans ; ou si son mariage avec Mademoiselle de Courtaumer a été consommé, elle s'est depuis mariée avec un autre homme dont elle a eu 3 enfants. Que deviendront ces enfants ? Si le Sieur de Langey était son véritable mari, elle ne pouvait avoir deux maris tout à la fois. »

« Voilà les principales réflexions que nous avons creu vous devoir faire dans cette cause. Le public la regarde comme un de ces évènemens extraordinaires propres à faire un sujet de théâtre, ou la fiction a plus de part que la vérité. Mais quand on doit l'examiner de plus près ; quand il faut y proposer quelques sortes de règles, on a besoin de toutes les lumières de l'esprit dans une cause aussi difficile et aussi embarrassée que celle-là. Car enfin il faut convenir que la vérité combat contre la forme, que l'évènement a détruit votre Arrêt, et que l'erreur ne subsiste plus. »

« D'abord, il semble qu'il n'est rien de plus facile que de prononcer sur des Lettres en forme de requeste civile qui contiennent une cause de restitution ; mais nous sommes obligés de suivre l'Ordonnance. Il faut voir sur quoi cette restitution est fondée. Ces règles si générales et si certaines, qui serviroient de décision dans une autre cause, ne suffisent pas dans celle-ci. Combien de fins de non-recevoir n'oppose-t-on pas? L'Arrêt principal est de 1659. La requeste civile est de 1675 ; le Sieur de Langey s'étoit contenté de représenter qu'on ne pouvoit pas l'empêcher de se marier : Mais il a exécuté cet arrêt dans ses autres chefs. Il a présenté ses comptes à la Demoiselle de Courtaumer. Il a souffert qu'elle se mariat sans former d'opposition. Il a fait assigner le Sieur de Boisse, en reprise. Il a procédé avec lui et avec sa femme authorisée par lui. Comment peut-il dire que cet Arrêt n'a pas ésté rendu sur une preuve certaine. C'est lui qui a demandé le congrès. C'est lui qui s'y est présenté. »

« Il répond à tous ces moyens que si l'arrêt de 1659, subsiste, tous ses biens seront absorbés par des restitutions infinies fondées sur une épreuve que le public condamne ; que c'est lui qui est père de 7 enfans. La vertu de la mère ; l'aveu la reconnaissance du père, confirment cette vérité à n'en pouvoir douter. Quelques fins de non recevoir qu'on lui oppose, quelque prescription qu'on allègue, il y a lieu de dire : vous m'avez accusé d'impuissance, me voilà justifié. Ce n'est pas une question de droit qu'il faille juger dans cette affaire ; c'est un fait constant que le Sieur de Langey n'est pas impuissant puisqu'il est père de 7 enfants ; Vous l'avez condamné comme tel : il est de votre Justice de réformer l'erreur de calcul. Vous le faites en d'autres causes ; à plus forte raison par une vérité aussi essentielle qu'est celle dont il s'agit. *Sententia lata contrà matrimonium nunquam transit in rem judicatam ;* Cette maxime est-elle véritable? Il est inutile d'examiner les textes du droit civil et canonique ; de lire les glosses, et de consulter les docteurs : il faut seulement pénétrer dans la fin de cette règle. C'est une chose constante qu'il n'y a aucune impuissance capable d'annuler un mariage légitimement contracté. Le Juge peut bien déclarer que ce que les parties appelloient mariage n'en est pas un ; le Prince peut bien empêcher de le contracter que sous certaines conditions: mais depuis que la police de l'Eglise suivie de celle de l'Etat a établi l'indissolubilité du mariage, c'est un principe incontestable qu'il n'appartient pas aux hommes de séparer, ce que Dieu a conjoint. Qu'elle est donc l'autorité d'un Juge ! de découvrir la vérité du fait, s'il y a eu mariage ou non? Peut-on douter que si un Juge dans une affaire où il ne s'agissoit que de fixer la vérité d'un fait sur une preuve a connu avec le temps la fausseté de cette preuve il ne soit en son pouvoir de rétracter le jugement, or qu'elle cause plus infâme, plus fausse et plus incertaine que le Congrès. »

« Quoiqu'il en soit de l'évènement de cette cause l'estat des enfants ne doit courir aucun danger, éstant soutenu par la bonne foi. Le Sieur de la Force estoit dans la bonne foy quand il a épousé la demoiselle de Courtaumer, la demoiselle de Montault de Navailles, quand elle a épousé le sieur de Langey pouvoit ignorer l'arrêt qui lui faisait défense de contracter aucun mariage; quand vous entérineriez ses lettres vous ne casserez pas son mariage parceque vous lui avez permis de le réitérer, parce que cet Arrêt a été exécuté et que par conséquent vous avez reconnu ses enfants. »

« Mais en même temps, en entérinant ses Lettres, il n'est pas possible de remettre les parties en même état qu'elles étoient avant l'arrêt ; parce que la demoiselle de Courtaumer étant morte, son mariage ne peut être rétabli, et s'il ne peut estre rétabli le sieur de Langey doit rendre la dot, au moins du jour qu'on a prononcé la dissolution de son mariage qui est ce que l'on peut prétendre. »

« Ainsi cette cause se réduit, si vous entérinez la requête

civile, à juger si le Sieur de Langey est tenu de rendre les fruits depuis la célébration de son mariage jusqu'au jour de la dissolution en 1659. On prétend que ces fruits montent à des sommes considérables. Pour vous faire connoistre la vérité, il faut vous dire l'éstat des affaires de la Demoiselle de Courtaumer. Marie de Courtaumer était fille d'un aîné de maison, qui avait laissé tout son bien chargé du partage de ses Cadets, et d'une restitution de dot; de sorte qu'au jour de la célébration du Mariage du Sieur de Langey il devait le partage à ses Cadets, et la dot à sa Belle-Mère. Il transigea avec elle, et s'obligea de lui donner dix mille livres de rente. De sorte que si on déduit ces charges de dot, d'intérêst, de Doüaire, et ce qui estait pour le partage de ces Cadets, on verra qu'à peine le bien montait à 5.000 livres de rentes. Le sieur de Langey a prétendu au Châtelet qu'il n'allait qu'à quatre mille livres. Il est vrai que la Dame de La Case éstant morte, il profita de ce Doüaire qu'on faisoit monter à dix mille livres. Ainsi ces restitutions pendant six ans peuvent aller à cinquante ou soixante mille livres. Peut êstre que le calcul n'est pas bien exact : mais toûjours il est constant qu'elles ne montent pas aux sommes auxquelles il a été condamné par l'Arrêt de la troisième des Enquêtes, par lequel étant, obligé de restituër les principal, les fruits, l'intérêt, parce que son mariage ne pouvant êstre rétably, on faisait aller ces sommes à plus de cent quatre-vingt mille livres. »

« Aussi de la part du Sieur De la Force on prétend que ces restitutions ne sont pas considérables. Cependant c'est pour ces restitutions que l'on plaide, et il est fâcheux que ce soit l'intérêst qui décide une question aussi difficile que celle-cy. Car enfin le mariage ne peut êstre rétably. Ira-t-on tirer la Demoiselle de Courtaumer du tombeau pour la rendre au Sieur de Langey. Pourquoi donc troubler ses cendres ? Pourquoi l'attaquer dans cet azile qui ne reconnaît que la justice de la Divinité ! quand il aurait quelque chose à redire, tout est anéanti par le silence de plusieurs années. »

« Mais si cet arrêst subsiste, une grande famille est déshonorée et ruinée. Et outre la perte de son honneur et de ses biens, le public a intérêt qu'on n'autorise par cette épreuve par la force d'un arrêst. Le sieur de Langey se défend par tous ces moyens. Ce seroit abuser de votre Audience de vous parler d'avantage de l'infamie et de l'inutilité du Congrès. La déclaration de la Demoiselle de Courtaumer en mourant mérite plus votre attention. Elle veut que toutes les contestations qu'elle a avec le Sieur de Langey soient terminées par l'avis de Me Jacques Caillard. Ainsi elle l'a déclaré, dépositaire de ses volontez. N'éstant plus ; à son défaut ; qu'elle induction peut on tirer ? croirons-nous qu'elle ait agi par un motif de Religion. La Religion commande bien de pardonner tous les outrages qu'on a reçus mais elle n'oblige pas d'abandonner ses biens à un étranger, à un ennemy et à un persécuteur. Car c'est ainsi qu'elle devoit regarder le sieur de Langey s'il étoit impuissant, c'était un usurpateur de sa dot, il falloit le faire condamnez à la rendre. »

« Il y a quelqu'apparence qu'elle n'éstoit pas persuadée de la justice de sa cause. Pressée dans ces derniers moments par les remords de la conscience, elle consulta M. Jacques Caillard. Toutes ces circonstances jointes à ces sept enfans du sieur de Langey sont des indices que la Demoiselle de Courtaumer ne le croyoit pas impuissant. Elle lui confia ce secret, et chercha pour le repos de sa conscience quelque honneste moyen d'accommodement afin d'éviter le reproche d'avoir dissimulé la vérité, et engagé deux personnes de qualité monsieur Magdeleine et madame Le Coq à soûtenir son accusation. Il est vray que cet accommodement n'a peu avoir lieu ; mais c'est une grande présomption ; et si l'événement nous fait connoître qu'on s'est trompé, si le sieur de Langey, nous le persuade par des preuves claires, certaines, et évidentes, le déboutera-t-on de sa requête civile ? »

« Je représente sept enfans ; et il serait injuste de laisser une tache d'infamie dans une famille de gens de qualité, dont on pourrait dire, voilà les enfans d'un Père reconnu impuissant par un arrest qui subsiste encore. En vérité quelque moyen qu'on oppose ; la demande du congrès ; l'exécution de l'arrêt ; le silence de plusieurs années ; toutes ces choses se détruisent à la veuë de sept enfans, et si vous croyez que notre ministère soit nécessaire pour lever les principales difficultés, nous vous demandons d'être receues opposans à l'exécution de cet Arrêt, le mariage estant de Droit Public. Car enfin quel est le mariage qu'on ne puisse pas rompre quand il n'est pas suivy de la naissance des enfans ? Et s'il est permis à une femme d'intenter témérairement des actions d'impuissance, n'est-ce pas ouvrir la porte au divorce, à la bigamie et à l'adultère. »

« Ce n'est pas qu'il ne fut à souhaiter de tirer les parties d'affaire ; et qu'en prononçant sur les Lettres en forme de requête Civile on jugeast le fond qui n'est qu'une restitution, Mais l'Ordonnance nous empêche de le faire. Mais enfin l'intérest du public nous fait passer par dessus quantité de raisons qui seroient essentielles en d'autres causes. De sorte que quelque difficulté qu'il y ait dans cette cause. Quelque motif qui résiste à l'entérinement de la requeste civile ; la voix publique ; l'honneur de vos jugemens est d'abolir des Officialitez cette preuve du Congrès. Nous souhaiterions que ce fust une cause où il s'agit d'un appel d'une sentence qui eust ordonné cette épreuve. Mais en attendant que l'occasion s'en présente, nous nous contentons de dire que nous n'approuverons jamais cette infamie, et que ce ne sera pas par nostre négligence qu'on tolérera un tel abus. »

« C'est pourquoy nous estimons qu'on doit recevoir les parties intervenantes dans leur intervention ; ayant égard, en faisant droit sur les Lettres en forme de requeste civile, remettre les parties en même estat qu'elles étoient avant l'arrêt de 1659 sur l'opposition à l'exécution de l'Arrêt : ensemble sur les Lettres de restitution que les parties se pourvoiront. »

TROISIÈME PARTIE

DE LA SÉPARATION DE CORPS

CHAPITRE I

Séparation de corps. — Ancien droit. — Législation Impériale.
— Projets de la Restauration non suivis d'effet.

Aucune loi de notre ancien droit n'avait réglé la séparation de corps ; et cependant elle fut jusqu'en 1792, le seul moyen de protection des époux contre les excès de leurs conjoints. Les Ordonnances étant muettes à son égard, la jurisprudence s'inspira d'un texte du livre des *Décrétales*. *Si tanta fuit viri sævitia ut mulieri trepidanti non possit sufficere securitas provideri, non solum non debet ei restitui, sed ab eo potius amoveri*[1]. Grâce à l'élasticité des interprétations encouragées par les Constitutions Impériales[2] et les *Novelles*, les causes de séparation ne tardèrent pas à se multiplier : La jurisprudence actuelle est déjà dans Beaumanoir[3] avec ses causes de séparation; l'adultère, les sévices, l'injure grave, l'entretien d'une concubine sous

---

[1] Décret, cap. XIII.
[2] Voir loi Jul. de adult., lib. XXIV, *De divor. et apud. Cod.*, lib. V, titre XVII, *de depred. et jud. de mor. sublat.* nov. 22, cap. XIV et XV, nov. 117, cap VII et subs., 134, cap. II, 140 et nov. Léon 31.
[3] *Cout. de Beauv.*, cap. LVII.

le toît conjugal. Bouteiller en les rappelant y ajoute une cause nouvelle qui fera tressaillir d'aise les apôtres du divorce, l'*incrédulité* ; mais si l'époux égaré venait à résipiscence, la vie commune était rétablie [1].

Ainsi la loi des mœurs par excellence se trouvait aux mains des magistrats à l'exclusion du Législateur. Leur pouvoir discrétionnaire disposait à son gré du sort des ménages. Cette abdication de la loi était sans grand danger avec des hommes studieux, à la vie modeste, aux mœurs austères. Leurs vertus les rendaient dignes de cette censure délicate; ils justifiaient la confiance du Législateur. Mais ce déplacement d'autorité n'était pas moins irrégulier; il tendait à supprimer la fonction de la Loi, à faire passer dans le domaine du fait et de l'appréciation ce qui doit dépendre du seul domaine du droit [2]. D'ailleurs que deviendrait le mariage le jour où il serait livré aux fantaisies sans contrôle d'une magistrature en décadence ? Ces inconvénients apparurent avec tous leurs dangers sous le règne de Louis XV, si fécond en scandales de toute nature, et contribuèrent pour leur très large part à l'admission du divorce. Nous avons vu précédemment que le Législateur de 1803, en le consacrant comme droit commun, n'avait rétabli la séparation de corps que sur les observations du Conseil d'Etat. A peine tolérée, l'institution ne sembla digne d'aucune des précautions dont le divorce avait été entouré : elle fut traitée dédaigneusement, soumise aux formes communes aux autres actions civiles, avec l'intention évidente, dans l'Exposé des motifs, de la discréditer : Quelques voix protestèrent vainement : la volonté du Maître leur imposa

---

[1] *Som. rura.*, liv. II, tit. VIII.

[2] Nous nous sommes inspiré de la Novelle 117, c. XIII. Après avoir énuméré les causes de divorce elle ajoute : *nullamque causam citra eas* QUÆ NOMINATIM INSERTÆ SUNT *huic legi posse solvere legitimum, matrimonium sive nostris sive veteribus legibus continentur.*

silence [1]. Or la loi du 8 mai 1816 ayant supprimé le divorce, la Législation retombait à peu près dans l'état incomplet où elle s'était trouvée précédemment. Le gouvernement de la Restauration, soucieux d'y pourvoir, faisait, dès le 7 décembre 1816, déposer à la chambre des Pairs, un projet de loi spéciale en 39 articles avec Exposé des motifs. Le rapport confié par la Commission [2] à M. de Sèze fut déposé le 24 décembre suivant, et la loi votée, quatre jours plus tard, après une discussion assez calme d'ailleurs. Nous allons examiner ces documents, à peu près uniques ; mais disons d'abord qu'après le vote de la chambre des Pairs le projet avait été immédiatement renvoyé à celle des Députés qui alla jusqu'à nommer une Commission, [3] et plus on n'entendit parler du projet. — Etait-ce un aveu d'impuissance ? Ainsi la séparation de corps pratiquée en France, de temps immémorial, à l'exclusion du divorce jusqu'en 1792, ne fut l'objet d'aucune disposition législative : elle a continué sa fonction depuis 1816 sans organisation spéciale, protégée par les quelques articles accordés *commiserationis causâ* par le Législateur de 1803. Il est à peine croyable que la Législation Française, si complète en apparence, n'ait jamais réglé la discipline du mariage. Ce silence regrettable, cet état d'infériorité relative, ont soulevé des plaintes et des récriminations dont la séparation n'est

---

[1] (Carion Nisas au Tribun., 28 vent. an XI). « Je soutiens que les « Catholiques, ou enfin les Sectateurs quels qu'ils soient de l'indis- « solubilité, sont traités par votre loi avec une rigueur qui n'existe « pas pour les autres Français. » Il fait ressortir notamment l'injustice du Législateur qui admet le divorce par consentement mutuel et la séparation de corps pour cause déterminée seulement ; et lorsqu'on lui répond que telle était la jurisprudence anciennement en vigueur, il accentue sa plainte contre une distinction fâcheuse, odieuse même, d'une acception de personnes qui fut toujours un légitime sujet de réclamations.

[2] La commission était composée de MM. de Malleville, Abrial, de Lamoignon, Emery. Marbois, Morel de Vindé, de Sèze.

[3] La Commission était composée de MM. de Serre, Try, Savoie, Rollin, Baudry, Kern, Albert, de Bigorry.

pas responsable. Il appartient à la République de les faire
cesser ; car elle a, plus que tout autre gouvernement, intérêt à préserver de tout désordre la famille et les mœurs.
Cette étude a surtout pour but de faciliter cette œuvre
législative. Nous plaçons ici le projet de 1816 dans son
entier. Il va devenir l'objet d'un examen attentif dans ses
principes organiques ; nous essaierons d'indiquer ce qu'il
en faut prendre ou rejeter pour combler cette lacune séculaire de notre Législation.

TITRE I

DES CAUSES DE LA SÉPARATION DE CORPS ET DES PERSONNES PAR LESQUELLES CETTE SÉPARATION PEUT ÊTRE DEMANDÉE.

ART. 1er. — Le mari pourra demander la séparation de
corps pour cause d'adultère de sa femme.

La femme pourra demander la séparation de corps pour
cause d'adultère de son mari, lorsqu'il aura tenu sa concubine dans la maison commune, sa femme y rési-
dant.

ART. 2.—Les époux pourront réciproquement demander
la séparation de corps pour excès, sévices, injures graves
de l'un d'eux envers l'autre, ou pour raison de la condamnation à une peine infamante prononcée contre l'autre
conjoint.

ART. 3.— La séparation de corps ne pourra jamais avoir
lieu par le consentement mutuel des époux.

TITRE II

DE LA PROCÉDURE EN SÉPARATION.

ART. 4. — L'action en séparation de corps est essentiellement civile. En conséquence, quelle que soit la nature des faits qui donneront lieu à la demande, elle ne pourra être formée qu'au tribunal civil de l'Arrondissement où les époux ont leur domicile,

ART. 5. — Si quelques-uns des faits allégués par l'époux demandeur donnent lieu à une poursuite criminelle de la part du Ministère Public, l'action en séparation de corps restera suspendue jusqu'après le jugement définitif : alors elle pourra être reprise sans qu'il soit permis d'inférer du jugement aucune fin de non recevoir ou exception préjudicielle contre l'époux demandeur.

ART. 6. — Les jugements rendus en police correctionnelle, encore qu'ils portent condamnation contre l'un des époux pour raison des faits sur lesquels l'autre époux fonde sa demande en séparation de corps, ne pourront point être invoqués devant le tribunal civil pour appuyer cette demande. L'instruction aura lieu de la même manière que si le jugement correctionnel n'était pas intervenu.

ART. 7. — Toute demande en séparation de corps détaillera les faits, sans qu'il puisse en être ajouté d'autres, à moins qu'ils ne soient survenus depuis. La demande sera remise avec les pièces à l'appui, s'il y en a, au Président du tribunal, ou au juge qui en fera les fonctions, par l'époux demandeur en personne.

ART. 8. — Dans le cas où le demandeur serait empêché de se présenter, le juge, après avoir vérifié la réalité de l'obstacle, pourra se transporter pour recevoir la demande.

ART. 9. — Le juge, après avoir entendu le demandeur, et lui avoir fait des observations qu'il croira convenables, paraphera la demande et les pièces, et dressera procès-verbal de la remise du tout en ses mains. Ce procès-verbal sera signé par le juge et par le demandeur, à moins que celui-ci ne sache ou ne puisse signer, auquel cas il en sera fait mention.

ART. 10. — Le juge ordonnera, au bas de son procès-verbal, que les parties comparaîtront en personne devant lui, au jour et à l'heure qu'il indiquera, et qu'à cet effet copie de son ordonnance sera par lui adressée à la partie contre laquelle la séparation de corps est demandée.

ART. 11. — Au jour indiqué, le juge fera aux deux époux, s'ils se présentent, ou au demandeur s'il est comparant, les représentations qu'il croira propres à opérer un rapprochement : s'il ne peut y parvenir, il en dressera procès-verbal, et ordonnera la publication de la demande et des pièces au procureur du roi, et le référé du tout au tribunal.

ART. 12. — Dans le cas où la femme se trouverait demanderesse, le juge l'autorisera par la même ordonnance à procéder sur la demande et par provision à résider séparément, si elle le requiert, dans telle maison dont les parties seront convenues, ou qu'il indiquera d'office ; il ordonnera que les effets à l'usage journalier de la femme lui seront remis.

Il est laissé à la prudence du juge d'accorder la même autorisation à la femme défenderesse, comme aussi d'avoir égard à la demande qui sera faite à cette fin par le mari demandeur en séparation.

Art. 13. — Dans les trois jours qui suivront, le tribunal, sur le rapport du président ou du juge qui en aura fait les fonctions, et sur les conclusions du procureur du Roi, accordera ou suspendra la permission d'assigner. La suspension ne pourra excéder le terme de trois mois.

Art. 14. — La cause sera inscrite de la même manière que toute autre action civile, sauf les exceptions comprises dans les quatre articles suivants. Elle sera jugée sur les conclusions du Ministère Public.

Art. 15. — Tous jugements, soit d'instruction, soit définitifs, seront rendus sur le rapport d'un juge commis et à huis clos, s'il a été ainsi ordonné.

Art. 16. — S'il y a lieu à preuves par témoins, les parents des parties, à l'exception de leurs enfants et descendants, ne seront pas reprochables à raison de la parenté, non plus que les domestiques des époux à raison de la domesticité ; sous la réserve au tribunal d'avoir tel égard que de raison aux dépositions des parents et domestiques.

Art. 17. — L'appel des jugements, soit interlocutoires, soit définitifs, rendus contradictoirement ou par défaut, ne sera recevable qu'autant qu'il aura été interjeté dans les trois mois, à compter du jour de la signification à personne ou domicile.

Art. 18. — S'il y a pourvoi en Cassation, ce pourvoi aura effet suspensif.

Art. 19. — Lorsque la séparation de corps sera demandée par la raison qu'un des époux est condamné à une peine infamante, les seules formalités à observer consisteront à présenter au tribunal de première instance une expédition conforme du jugement de condamnation, pourvu toutefois que ce jugement ne soit pas susceptible d'être réformé.

TITRE III

DES MESURES PROVISOIRES AUXQUELLES PEUT DONNER LIEU LA DEMANDE EN SÉPARATION DE CORPS.

Art. 20. — Pendant le cours de l'instance, l'administration provisoire des enfants restera au mari demandeur ou défendeur, à moins que, dans l'intérêt des enfants, il n'en soit autrement ordonné par le tribunal, sur la demande de la mère ou de la famille, ou du Procureur du Roi.

Art. 21. — La femme demanderesse ou défenderesse qui n'aurait pas usé de la faculté qui lui est accordée par l'article 12 pourra se faire autoriser à quitter le domicile de son mari pendant la poursuite : le tribunal indiquera la maison où elle sera tenue de résider, et fixera, s'il y a lieu, la provision alimentaire que le mari sera obligé de lui payer.

Art. 22. — La femme sera tenue de justifier de sa résidence dans la maison indiquée toutes les fois qu'elle en sera requise ; à défaut de cette justification ou d'excuse légitime, le mari pourra refuser la pension alimentaire ; et si la femme est demanderesse, elle sera déclarée non recevable à continuer ses poursuites.

Art. 23. — Toute obligation contractée par le mari à la charge de la communauté, toute aliénation par lui faite des immeubles qui en dépendent, postérieurement à la date de l'ordonnance dont il est fait mention en l'article 10, sera déclarée nulle s'il est prouvé d'ailleurs qu'elle ait été contractée ou faite en fraude des droits de la femme.

TITRE IV

DES FINS DE NON RECEVOIR CONTRE L'ACTION EN SÉPARATION DE CORPS.

ART. 24. — L'action en séparation de corps sera éteinte par la réconciliation des époux, survenue soit depuis les faits qui auraient pu autoriser cette action, soit depuis la demande.

ART. 25. — Le demandeur pourra néanmoins intenter une nouvelle action pour faits survenus depuis la réconciliation, et alors faire usage des anciens faits pour appuyer sa nouvelle demande.

ART. 26. — Si le demandeur en séparation de corps nie qu'il y ait eu réconciliation, le défendeur en fera preuve soit par écrit, soit par témoins, dans la forme ordinaire des enquêtes. Les parents et domestiques pourront être produits conformément à ce qui est dit dans l'article 6 ci-dessus.

TITRE V

DES EFFETS DE LA SÉPARATION DE CORPS.

ART. 27. — La séparation de corps fait cesser pendant sa durée la présomption de paternité qui résulte du mariage.

ART. 28. — Les enfants conçus depuis la séparation appartiennent néanmoins au mari, s'il les a reconnus soit

DURRIEUX.   15

dans l'acte de leur naissance, soit par tout autre acte authentique, ou s'ils ont pour eux la possession d'état.

ART. 29. — La femme contre laquelle la séparation de corps sera prononcée pour cause d'adultère, sera condamnée par le même jugement, et sur la réquisition du Ministère public, à être détenue dans une maison de correction pendant un temps déterminé qui ne pourra être moindre de trois mois, ni excéder deux années.

Le mari restera le maître d'arrêter l'effet de cette condamnation en reprenant sa femme.

ART. 30. — Lorsque la séparation sera prononcée pour les causes déterminées en l'art. 1er le défendeur perdra tous les avantages qui lui avaient été faits par l'autre conjoint soit dans leur contrat de mariage, soit depuis le mariage contracté.

ART. 31. — Après la séparation prononcée, les enfants seront confiés à l'époux qui l'aura obtenue, à moins que le tribunal, sur la demande de la famille ou du Ministère public, n'ordonne dans l'intérêt des enfants que tous ou quelques-uns d'eux seront confiés aux soins, soit de l'autre époux, soit d'une tierce personne.

ART. 32. — Quelle que soit la personne à laquelle les enfants seront confiés, les père et mère conserveront respectivement le droit de surveiller l'entretien et l'éducation de leurs enfants, et seront tenus d'y contribuer à proportion de leurs facultés.

ART. 33. — La séparation de corps emportera toujours séparation de biens.

L'extrait du jugement qui prononcera la séparation de corps sera exposé, tant dans l'auditoire des tribunaux, que dans la chambre des avoués et des notaires, ainsi qu'il est porté en l'article 872 du Code de procédure civile.

ART. 34. — La séparation de biens aura son effet par la seule force du jugement qui aura prononcé la séparation

de corps, nonobstant l'article 1444, la seconde disposition
de l'article 1445 et l'article 1447 du Code civil; sans préjudice des autres moyens que les lois accordent aux créanciers et aux tiers intéressés pour conserver et exercer leurs
droits.

ART. 35. — La dissolution de communauté opérée par
la séparation de corps ne donnera pas ouverture aux droits
de survie.

ART. 36. — Si les moyens personnels de l'un des époux
ne sont pas suffisants pour assurer sa subsistance, le tribunal pourra lui accorder une pension alimentaire qui ne
pourra jamais excéder le tiers des revenus de l'autre époux.
Cette pension sera révocable ou réductible dans le cas prévu par l'article 209 du Code civil.

TITRE VI

DE LA CESSATION DE LA SÉPARATION DE CORPS.

ART. 37. — La séparation de corps cessera par le rétablissement notoire de l'habitation commune, et par la déclaration que feront les époux, dans un acte authentique,
qu'ils entendent faire cesser l'état de séparation.

ART. 38. — La cessation de la séparation de corps n'o-
pérera le rétablissement de la communauté de biens que
sous les conditions et en la manière déterminée par l'article
1451 du Code civil.

TITRE VII

DISPOSITIONS GÉNÉRALES.

Art. 39. — Sont et demeurent abrogés dans tout leur contenu le titre VI du livre 1er du Code civil, et le titre IX du livre 1er de la deuxième partie du Code de procédure civile.

Donné à Paris, au château des Tuileries, le 30e jour du mois de novembre de l'an de grâce 1816 et de notre règne le 22e.

Signé : Louis.

Nous arrivons à la partie la plus délicate de ce travail, sans nous dissimuler ses difficultés. Peut-être ont-elles été la véritable cause des défectuosités signalées plus haut. Nous proposerons notre solution ; si elle est inadmissible d'autres plus heureux viendront après nous ; et le problème sera enfin résolu. Il y va de notre honneur.

La jurisprudence des Parlements, nous l'avons déjà dit, s'était fondée sur un texte des Décrétales. Elle se développa peu à peu. Des *sœvitiœ* mettant la vie en danger, elle descendit aux actes moins graves ; et de concession en concession elle admit jusqu'aux *injures*. Il est vrai qu'elle les voulait GRAVES, c'est-à-dire [1] « dégénérant en outrages « impossibles à supporter, des injures qui, par leur publi- « cité ou par leur violence, livraient une femme *sensible* « au mépris, au déshonneur, à l'opprobre ». Ce moyen, d'ailleurs réciproque, comprenait l'adultère de la femme,

[1] Rapp. de Sèze, *Moniteur*, n° 359, 24 déc. 1816.

et l'entretien de la concubine du mari dans la maison commune. Le droit moderne s'appropria les conquêtes de l'ancienne jurisprudence sans contrôle. Seulement il y ajouta une cause nouvelle, *la condamnation à une peine infamante* prononcée contre l'un des conjoints. Enfin tandis qu'il autorisait le divorce par consentement mutuel [1], il refusait la même faveur à la séparation de corps, au moins expressément ; nous verrons qu'elle n'a pas perdu grand'chose à cette prohibition. Ainsi, et sur cette première partie de la loi, la séparation de corps est encore à cette heure soumise au régime créé par la jurisprudence des Parlements que le projet de 1816 voulait d'ailleurs conserver ; le rapport le déclare expressément. Nous essaierons d'établir, qu'elle n'est plus en rapport avec les besoins nouveaux, et d'indiquer les changements dont nous la croyons susceptible.

[1] Voir les art. 229, 230, 231, 232 du Code civil.

CHAPITRE II

Lacunes du projet de 1816. — Précautions à prendre avant le mariage. — Coutume universelle des Fiançailles. — Leur origine, leur utilité. — Inspection des corps. — Origine de cette coutume. — Son utilité. — Création de Comités d'hygiène. — Question Religieuse.

Nous avons vu dans la première partie de ces études l'horreur qu'inspiraient la stérilité et le célibat dans les sociétés primitives. La politique, habilement dissimulée, laissa ce sentiment au compte de la religion. La maternité, titre d'honneur de la femme dans ce monde, devenait son moyen de sanctification dans l'autre. La fille qui mourait vierge allait en Enfer jusqu'à la résurrection, quelles que fussent d'ailleurs ses bonnes œuvres (Zoroastre). De là cette coutume inexpliquée pour qui ne remonte pas aux causes, de fiancer les enfants plusieurs années avant l'âge de puberté. Les parents assuraient leur salut, grâce à cette précaution, dans la mesure du possible. Telle fut l'origine des *fiançailles* contrat non pas seulement préparatoire mais définitif alors, qui liait les enfants par la seule volonté de leurs auteurs ; — et le mariage consommé à l'heure légale ouvrait le Paradis au jeune couple sanctifié. [1] Ainsi l'insti-

[1] Voir sur ce qui précède Michelet, *Origine des d. fianç.*, pag. 26, 27 et suiv., Gibelin, t. I, p. 19 et suiv., Drach., Rome 1840, *Du divorce.*

tution destinée, en apparence, à tranquilliser les consciences, devenait un instrument de bon ordre et de perpétuité dans la Cité. Elle gardera le caractère irrévocable dans les sociétés Sacerdotales, chez les Indiens ou chez les Juifs par exemple. [1] Mais dans les États vraiment politiques elle dépouille ce caractère, et se réduit à une première manifestation nécessaire de deux volontés préludant ainsi à l'acte le plus grave de la vie, au contrat irrévocable. Les fiançailles ont leurs solennités variées comme les mœurs. L'intervalle qui les séparait des noces différait un peu partout ; il était d'une année, en Grèce notamment ; mais leur effet commun était de conférer aux amants le droit de se voir en liberté, même la nuit, dans le Nord ; la confiance de la Coutume Germanique autorisait la jeune fille à recevoir son fiancé jusque dans son lit ! Il est vrai qu'elle gardait ses vêtements, et que le guerrier plaçait son épée nue entre lui et la vierge. [2] Telle fut la coutume universelle des fiançailles. Elle ne pouvait pas échapper à nos Maîtres en science juridique.

A Rome l'acte définitif du mariage était précédé du *contrat des promesses* échangées entre les futurs époux avec le consentement des chefs de famille, *sponsio et repromissio nuptiarum futurarum*, les fiançailles. Ce contrat provisoire, ordinairement établi par écrit, gardait le caractère purement privé. Celui qui, sans motifs, rompait l'union projetée, était appelé en justice. Si les raisons alléguées paraissaient insuffisantes, le juge allouait des dommages à la partie plaignante [3]. Ce droit fut en vigueur

---

[1] Ajoutons que les parents croyaient assurer leur propre salut grâce à la naissance de l'enfant qui devait continuer dans la famille les cérémonies expiatoires.

[2] Michelet, Gibelin : *loc. cit.*

[3] *Aul. Gel. noct. att.*, lib. IV, c. IV. Le fiancé, à Rome, offrait d'abord un anneau de fer, et plus tard un anneau d'or à sa future épouse ; dans l'Inde le bijou était passé dans un cordon que le

jusqu'au temps des lois Juliennes. Ainsi grâce à la formalité des fiançailles, les jeunes gens acquéraient le droit légitime de se voir, de se fréquenter, de se connaître ; et l'acte définitif, après ce stage salutaire, ne pouvait être que le résultat d'une volonté libre, éclairée, réfléchie. Cette mesure de précaution prévenait de grands maux. En effet la rupture du contrat provisoire n'entraînait pas d'inconvénients graves à sa suite ; ils sont immenses, au contraire, lorsqu'elle se produit après le contrat définitif. Ces sages Coutumes s'étaient conservées dans nos campagnes Méridionales, où la séparation de corps est à peu près inconnue. Pourquoi ne ferait-on pas revivre cette Législation bienfaisante? C'est grâce à ces moyens si simples que les Romains évitaient lès ménages mal assortis, et les scandales qui en sont la suite [1]. Le secret de ce peuple prodigieux, et unique au monde, se révèle dans son organisation de la famille. La plus excellente Législation du mariage se trouve encore au Digeste.

Il est une précaution d'un autre ordre omise à tort par les législations Européennes, malgré son importance, et qu'il suffisait d'emprunter aux Législateurs de l'antiquité : Nous voulons parler de l'examen *des corps* des futurs conjoints pour constater leur état de santé. Il est des stigmates de sinistre augure, disaient les Sages Indiens, et qui apparaissent comme le châtiment de la mauvaise conduite de la femme dans une vie précédente. C'est donc encore dans l'idée Religieuse que ces précautions avaient trouvé leur origine. A l'époque de la foi naïve, on s'en rapportait à la déclaration des parents sur l'état physique de leur fille : mais s'ils avaient trompé le futur, en Chine comme

---

futur attachait au cou de sa fiancée. La forme diffère, le sentiment est le même.

[1] Legrand, *le Mariage et les Mœurs en France*, Paris, Hachette, p. 88 et suiv.

dans l'Inde, ils étaient condamnés à l'amende, et le mariage était frappé de nullité. Il n'est pas encore question des défauts physiques du futur, preuve palpable de l'infériorité où on tenait encore la femme. A côté de ce premier mode élémentaire de contrôle on en trouve un second, plus effectif, pratiqué en Orient de temps immémorial, *l'inspection des corps des jeunes filles par des matrones expertes*. Elle a pour but de rechercher la preuve matérielle de la virginité, ou la perfection des formes, et quelquefois les qualités chères aux riches voluptueux ; à Rome *l'habitus corporis* n'est contrôlé qu'au point de vue du mariage, de la régularité de l'utilité de ses fonctions et du bon ordre. La jeune fille était livrée aux femmes de la famille du fiancé, et lui-même se montrait nu devant les parents de la future : l'état physique, la santé extérieure étaient vérifiés des deux parts. Nous savons que le Sénat de l'Empire acquit le glorieux privilège de visiter le corps des femmes que Dieu-César voulait favoriser de ses caresses. Cette coutume de l'inspection des corps s'était conservée dans le Sud-Ouest jusqu'à la Révolution de 1789, et nous avons connu, dans notre enfance, un vieillard qui n'avait épousé sa femme qu'après l'avoir subie. Que d'infortunes conjugales, que de regrets amers, que de scandales judiciaires évités, grâce à cette simple précaution. Le Législateur peut-il sans manquer à son devoir, rester indifférent à ces questions élémentaires d'hygiène qui pèsent d'un si grand poids sur la discipline conjugale ? Nous ne le pensons pas.

Il nous en coûte de déclarer que les parents avides d'établir leurs enfants croient faire œuvre pie en dissimulant leurs défauts physiques, ou les conceptions antérieures au mariage, qui deviendront, plus tard, des occasions de guerre intestine et de rupture scandaleuse. Il est temps de réagir contre ces funestes habitudes par la nécessité de l'inspection. Ainsi la bonne foi des futurs sera également sauvegardée, et les honnêtes gens éviteront l'une des plus cruelles déceptions du mariage. Ce bénéfice nous semble à lui seul assez important pour justifier la mesure.

Car nous ne saurions suivre certains Philanthropes, animés d'ailleurs des intentions les plus louables, lorsqu'ils proposent des prohibitions de mariage contre tout individu atteint d'infirmités héréditaires. C'est demander au Législateur la suppression de la Loi naturelle au préjudice de toute une classe de citoyens, c'est-à-dire un acte de violence pour favoriser le perfectionnement de la race ; ce serait affecter officiellement son contingent au recrutement de la débauche et de la prostitution : la société perdrait largement dans ces léproseries ce qu'elle pourrait gagner en amélioration de l'espèce. Nous n'ignorons pas que l'antiquité sacrifiait sans pitié les enfants difformes ; qu'elle refusait l'honneur du mariage aux esclaves, aux prostituées, aux bâtards, aux infâmes, aux gens de mauvaise vie, et même aux étrangers ; mais ces institutions de la cité antique, resserrée dans des bornes artificielles et égoïstes, ne sauraient convenir aux sociétés modernes si généreusement ouvertes. Nous demandons en conséquence avec MM. *Hayem* et *Fiaux* la création de *Commissions Consultatives d'hygiène d'Arrondissement* auxquelles les familles *seraient tenues* de s'adresser pour faire constater l'état physique des futurs conjoints ; de la sorte ils ne se marieraient que parfaitement renseignés dans la mesure du possible. [1] La plupart des Législateurs autorisent la nullité du mariage ou le divorce contre l'époux difforme ou atteint de maladies contagieuses ou incurables. Dans les états de New-York et

[1] Sur cette discussion.
Hayem, *le Mariage*, p. 194 et suiv., Paris, 1872.
Legrand, cité plus haut.
Fiaux, *la Femme, le Mariage, le Divorce*, p. 54 et suiv., Paris, 1880, G. Baillère.

des Massachusets, par exemple, le mariage sera annulé si antérieurement à sa célébration, l'un des époux était atteint d'idiotie, de démence ou de folie. En Danemarck et en Suède les maladies contagieuses qui auraient été dissimulées au moment du mariage sont admises comme une cause de divorce. La maladie mentale incurable a la même conséquence en Suisse. Nous savons ce qui est advenu de l'impuissance. Si les Législateurs avaient pris la précaution d'ordonner l'inspection préalable des corps, ils auraient évité les inconvénients de ces ruptures déplorables; nul ne pourrait se plaindre de la mesure proposée ; les dupes échapperaient aux pièges tendus à leur bonne foi ; les trompeurs, avertis de l'inutilité de leurs efforts, se laisseraient conduire aux procédés honnêtes par le découragement ; chacun ainsi traiterait en connaissance de cause. Ceux qui passeraient outre après avoir été avertis ne pourraient s'en prendre qu'à eux-mêmes de leur malheur, et seraient non recevables dans leurs plaintes. Les accidents qui, après ces précautions prises, pourraient atteindre la santé des époux resteraient au compte des risques qui pèsent, inévitables, sur l'humanité tout entière. L'époux de l'affligé ne ferait qu'exécuter son contrat en prodiguant au malade les soins qu'exigerait son état. Ainsi se trouverait supprimée non pas seulement une cause de nullité ou de divorce, mais une des sources les plus fécondes des séparations de corps.

Enfin l'acte des fiançailles serait l'occasion de trancher par la convention deux questions aiguës, fort controversées parmi les auteurs, et souvent agitées devant les tribunaux : Nous voulons parler des dissentiments des époux sur la Célébration Religieuse du mariage d'abord, et ensuite sur le choix du Culte dans lequel les enfants devraient être élevés. Si nous avons établi que le mariage est le contrat de la conscience, il n'existera pas sans la bénédiction Religieuse pour la femme Chrétienne surtout qui croit que le mariage se lie au Ciel et se consomme sur la terre. La froide formalité de la Mairie n'impressionne ni son intelligence, ni son âme : C'est au pied des autels qu'elle reçoit l'anneau, symbole de son engagement indissoluble dont elle prend Dieu à témoin. C'est grâce à la volonté Divine qu'elle devient femme légitime, et rassure sa pudeur. L'acte des fiançailles devra donc contenir, à peine de nullité, la déclaration des futurs à cet égard ; nous en disons autant du choix du Culte pour les enfants à naître. Ce contrat spontanément accepté, dans la plénitude de l'indépendance des deux volontés, ferait la loi du ménage. C'est d'abord au point de vue de la conscience que la femme doit être l'égale de l'homme.

CHAPITRE III

CAUSES DE LA SÉPARATION DE CORPS. — PREMIÈRE CAUSE.
— L'ADULTÈRE.

Peines édictées contre l'adultère à différentes époques. — Origine
de ces peines. — Adultère et lâcheté également traités. — Action
de l'adultère généralement publique. — Simplement privée chez
les Germains. Droit de mort au cas de flagrant délit. — Réformes
nécessaires.

Nous avons dit précédemment ce qu'il fallait penser de
l'impuissance et de quelques autres causes de divorce proposées par nos modernes réformateurs. Le moment est
venu d'examiner spécialement celles contenues dans le
projet de 1816. L'étude comparative des Législations Étrangères nous sera d'un grand secours pour les apprécier
sainement.

Les peines de l'adultère aux époques successives de l'histoire des peuples fourniraient la matière d'un livre vraiment
curieux. L'indignation qu'il soulève d'abord est telle que
la mort seule peut expier un tel forfait [1]. Elle semble même
trop douce quelquefois ; et les coupables sont soumis aux
supplices les plus horribles [2]. La responsabilité du crime

---

[1] Chez les Parthes, chez les Lydiens, les Athéniens, les Arabes,
les Japonais, les Hottentots, etc.

[2] Les Juifs, les Mexicains lapidaient les adultères ; les Saxons, les
Péruviens les brûlaient. Dans le royaume de Juida, l'homme était

s'étendra jusqu'à ceux qui l'auraient favorisé, ou qui seraient seulement présumés n'y avoir pas fait obstacle [1]. Les choses elles-mêmes seront contaminées, par exemple, la maison de l'adultère ; et le Brahmine qui en franchirait le seuil en sortirait souillé. Les mœurs s'adoucirent : le mari trompé ne fera plus périr la coupable ; il pourra la vendre et la réduire en esclavage; quelquefois elle sera prostituée publiquement, et presque toujours dépouillée de son patrimoine au profit de son mari [2]. A Soleure, par exemple, il lui restituait sa quenouille et six deniers, quelle que fût l'importance de ses apports.

A quel sentiment ces peines atroces pouvaient-elles donner satisfaction ? Comment un fait né de deux volontés spontanées, sans préjudice apparent pour les tiers, qui semble à certains esprits devoir échapper à la Loi pour ne dépendre que de la pure morale [3], a-t-il pû déchaîner toutes les sévérités des Législateurs ? Dans le système de la famille Quiritaire ou Patriarcale, où le *dominium* du chef pèse sur tout ce qui la compose, l'adultère constituerait-il une atteinte à la propriété ? Mais le vol n'était puni que de peines relativement légères quand il n'était pas impuni [4]; ce n'est donc pas de l'idée de propriété violée que procé-

brûlé à petit feu ; la femme, descendue dans une fosse, était inondée d'eau bouillante.

Les Huns coupaient les adultères par le milieu du corps après les avoir mutilés; les mutilations étaient fort usitées. Les Brésiliens les assommaient.

[1] Au Pérou, avant la conquête, on faisait mourir le père, la mère, les enfants et les frères de l'adultère; la rigueur de la loi s'étendait même jusqu'à sa maison, ses bestiaux et ses arbres, qu'on détruisait sans en laisser subsister aucune trace. (Saint-Edme, *Dictionnaire des pénalités*.)

[2] Ces prostitutions sont quelquefois abominables. Les coupables étaient livrées à des chevaux dressés à cet effet, puis égorgées : dans le Tonquin, en Chine, à Siam. (La Loubère, cité par Saint-Edme.) Les clochettes supprimées par Théodose étaient moins sinistres.

[3] *La Femme et le Mariage*, Dr Fiaux, Paris, G. Baillière, 1880, pag. 105 et suiv.

[4] Notamment à Lacédémone, en Egypte, Aulu-G., *Noc. att.* XI, 18.

daient les pénalités. Est-ce du sentiment de l'injure faite au mari ? Mais les délits de cette nature n'exposent pas à la mort, à plus forte raison à des supplices abominables. Cette exécration universelle contre l'adultère ne dérive donc pas de l'idée du préjudice occasionné ; sa cause est moins matérielle que morale : nous la trouvons comme la sentinelle avancée de la pudeur, du devoir et de la foi jurée que l'adultère outrage également. La conscience soulevée, exagérant la répression, dicta ces Lois impitoyables contre les auteurs d'un délit considéré comme le plus grand des crimes. Circonstance à noter : la peine de la lâcheté est à peu près toujours celle de l'adultère. Suivant le droit des gens, le lâche, qui n'a pas su mourir sur le champ de bataille, sera mis à mort après la défaite, à moins que son vainqueur ne lui accorde la vie pour le vendre ou le réduire en esclavage. *Servi autem ex eo appellati sunt quod Imperatores captivos vendere ac per hoc servare nec occidere solent* [1]. La lâcheté qui compromet le salut de la Cité est punie comme l'adultère, qui menace la famille et la moralité publique [2].

Nous avons vu jusqu'à présent l'adultère avec le caractère du crime public, dont la famille est impuissante à conjurer les effets. Les rigueurs du principe s'étendirent encore plus loin ; non-seulement le mari qui se tait sera

---

[1] *Inst.* Justin., tit. III, § 3.

[2] C'est bien ainsi que le comprenait Virginie, femme du Consul Volumnius, lorsqu'elle consacra un autel à la Pudeur Plébéienne. *Hanc ego aram, inquit, Pudicitiæ Plebeiæ dedico ; vosque hortor, ut, quod certamen virtutis viros in hâc civitate tenet, hoc Pudicitiæ inter matronas sit ; delisque operam, ut hæc ara, quam illa, si quid potest, sanctiùs et a castioribus coli dicatur* (Tite-Live, lib. X, c. XXIII, p. 308. G. Pauckouke).

Quelquefois le lâche et l'adultère sont également noyés dans la boue. L'annotateur de la loi des Bourguignons, sur le titre XXXIV, § 1er, dit que les traîtres et les transfuges étaient pendus aux arbres, il ajoute : *ignavos imbelles et corpore infames cœno ac palude injectæ in super crate mergunt.*

réputé infâme quelquefois, peut-être sur une présomption de complicité, mais son silence pourra l'exposer à une peine personnelle. Le mari, qui, en Chine, garderait sa femme coupable, subirait la peine de quatre-vingts coups de bambou ; s'il était complice de la faute, le nombre des coups s'élèverait à cent, et quatre-vingts seulement seraient appliqués au séducteur. Chez les Juifs, le mari, qui ne dénonçait pas sa femme adultère, subissait la peine de la flagellation. Il était dégradé à Athènes. Inutile d'ajouter, après ce qui précède, que les parents aussi pouvaient se faire justice eux-mêmes : et ce droit s'étendait jusqu'au père de la femme, probablement comme conséquence du droit de puissance paternelle. Les Gaulois autorisaient même le frère et l'oncle à retenir comme esclaves les coupables qu'ils surprenaient chez eux.

Ce droit du mari de se faire justice est passé dans nos lois. Il peut impunément frapper les adultères lorsqu'il les trouve en flagrant délit. Le Législateur a trouvé l'excuse du meurtre dans l'indignation légitime qui dirige la main de l'offensé. Cette disposition a soulevé depuis longtemps de violentes critiques. En effet, on ne voit pas pourquoi le meurtrier ne serait pas abandonné à l'appréciation du jury. Il pèserait dans sa sagesse, la moralité des accusés et des victimes, les circonstances antérieures à l'acte violent, et il prononcerait ainsi en connaissance de cause. Dans un État bien ordonné, la loi ne doit pas abandonner la vie d'un citoyen à la discrétion d'un autre, ainsi constitué juge et bourreau. Il pourrait en résulter cette anomalie étrange que le jour où, grâce à la suppression de la peine de mort, la société n'aurait plus le droit de trancher la tête d'un assassin ou d'un parricide, le mari trompé pourrait immoler à sa vengeance sa femme et son complice ; nos mœurs répugnent à ces exagérations sanglantes. Ce droit de mort reconnu aux maris a été si souvent une occasion de guet-apens, un prétexte de chantage, que nous le verrions, sans regret, disparaître de la législation. La Loi commune suffirait largement à protéger l'honneur conjugal.

Les Romains avaient conservé le caractère public à l'action d'adultère. Tout citoyen était admis à l'exercer [1] ; mais elle était paralysée tant que le mari conservait sa femme dans sa maison : moyen indirect d'arrêter l'action qui dépendait ainsi de la volonté de l'offensé.

Les Coutumes Germaines sont les seules, à notre connaissance, qui aient laissé au délit le caractère franchement privé. Le mari, la famille étaient seuls juges de leur honneur ; ils ne faisaient pas mourir les coupables dans les supplices, ils préféraient leur infliger la flétrissure publique, la dégradation ignominieuse, la mort morale ; et les résultats justifièrent leur moyen.

Paucissima in tam numerosa gente adulteria, quarum pœnæ presens et maritis permissa ; accisis crinibus, nudatam coram propinquis, expellet domo maritus, ac per omnem vicum verbere agit. Publicatæ enim pudicitiæ nulla venia. Non formâ, non œtate, non opibus maritum inveniret [2]. La coutume s'était conservée en Angleterre pendant tout le Moyen-Age. Elle fut consacrée en France par une série d'Ordonnances, notamment par celle de *Jean le Bon,* de 1357. Elle n'était pas uniformément appliquée. Par exemple, dans une partie du Lyonnais, au XIVe siècle, la femme adultère était obligée de courir nue après une poule jusqu'à ce qu'elle l'eut appréhendée. Malgré les différences dans l'application de la peine, le résultat était le même. La femme qui avait violé la foi conjugale subissait la dégradation publique, comme le prêtre Simo-

---

[1] Liv. IV, *ad. leg. Jul. de adult.*
[2] *Tac. de mor. Germ.,* c. XIX. Cette coutume était d'origine Indienne, Gibelin, t. I, p. 58.

niaque, comme le magistrat Prévaricateur, comme le chevalier Félon [1].

Ainsi la coupable n'est plus réduite en esclavage, mais sa situation ne vaut guère mieux ; déshonorée, réputée infâme, *serva pœnæ*, elle ne pouvait plus trouver un mari, dit Tacite, quelles que fussent sa jeunesse, sa beauté ou ses richesses, car elle était *foi mentie*. Rien n'est changé depuis deux mille ans ; aujourd'hui comme jadis, la femme condamnée subit une *diminution de tête*, et l'opinion se montre inexorable pour elle : *Publicatæ enim pudicitiæ nulla venia* [2]. La Coutume Germaine est passée dans notre droit moderne. Le délit d'adultère conserve le

---

[1] Les faits viennent à l'appui de cette assertion ; citons quelques exemples : « Le Pape Etienne VI fit exhumer le corps de Formose, « son prédécesseur médiat qu'il accusait de Simonie » ; le corps, vêtu des habits Pontificaux, fut porté devant des juges qui le condamnèrent après débat. *Immédiatement dépouillé, on lui coupa trois doigts et la tête*, et son corps fut précipité dans le Tibre. Ce Pape atroce fut lui-même étranglé bientôt après dans une prison. (*Biogr. univ.*, v° Etienne VI.)

La dégradation du conseiller Chanvreux, qui avait falsifié une enquête, eut lieu de la même façon, en audience du Parlement de 1496, *il fut dépouillé de sa robe rouge*, puis fit amende honorable au parquet et à la table de marbre.

Même cérémonie en 1523 pour le capitaine Franget qui avait lâchement rendu Fontarabie aux Espagnols. Armé de pied en cap, il monta sur un échafaud et après qu'on lui eût lu la sentence qui le déclarait *traître, déloyal, vilain et foi mentie*, un héraut d'armes *lui arrachait quelques pièces de son armure, en criant à haute voix : ceci est le masque d'un lâche, ceci son corselet, ceci son bouclier*, puis il fut traîné sur la claie. (Saint-Edme, *Dict. de la pénalité*, v° Dégradation.)

[2] Nos mœurs ont dépassé cette mesure ; leurs rigueurs atteignent jusqu'à la femme qui a fait prononcer sa séparation contre un mari indigne d'elle. Où donc est sa faute ? Et cependant la conscience publique lui interdit jusqu'aux distractions licites. Pourquoi cette injustice apparente ? Il semble que la femme séparée ne fut pas sans reproche malgré son succès judiciaire ; que l'opinion veuille la réduire à la ressource que saint Paul offrait aux répudiées de son temps, la pratique austère de la vertu pour hâter l'heure du rapprochement. La séparation des époux constitue un désordre, et les plaisirs même licites sont un mauvais moyen de le faire cesser. C'est dans un pays scrupuleux jusqu'à l'injustice qu'on demande sérieusement le rétablissement du divorce.

caractère privé. Le Ministère Public agit ou s'arrête suivant la volonté du mari offensé. Cette partie de la loi nous semble irréprochable. Le chef de la famille est seul juge de son honneur et de son intérêt ; il a pu prendre des apparences pour la réalité ; il a pu découvrir des trésors d'indulgence dans ses affections mal éteintes, ou sacrifier son légitime ressentiment à l'intérêt de ses enfants. La Loi se détourne de ces calamités intimes ; elle les abandonne à l'appréciation des offensés [1], prête à leur venir en aide s'ils réclament sa protection.

§ I.

ADULTÈRE.

Première cause de séparation de corps.

L'adultère de la femme n'est pas seulement la violation d'un contrat, il est un délit, parce qu'il outrage la pudeur, qu'il scandalise la Cité, qu'il menace la légitimité de la famille dans sa source. Il sera donc la première et la principale cause de divorce ou de séparation contre la femme. Toutes les Législations anciennes et modernes sont d'accord à cet égard. Mais la solution est moins facile en ce qui touche l'adultère du mari ; les époux sont égaux devant le droit et la morale, le contrat les lie également, ils doivent exécuter les obligations qui en dérivent avec la même

---

[1] Dans le cours de notre longue carrière, nous avons eu occasion de connaître plusieurs maris dans le cas de pardonner ; les uns s'y décidaient parce que leur amour avait survécu aux infidélités de leurs femmes, les autres pour ne pas nuire à l'établissement de leurs enfants. Nous attestons que le plus grand nombre n'a pas eu à regretter ce généreux oubli.

exactitude. L'adultère du mari est une injure pour la femme, pour son amour-propre une blessure, une affliction profonde pour son cœur ; malgré ces considérations, dont nous reconnaissons toute la gravité, nous nous rangeons à la doctrine de Montesquieu : « Les Lois politiques et civiles « de presque tous les peuples ont demandé des femmes un « degré de retenue et de continence qu'elles n'ont point « exigé des hommes, parce que la violation de la pudeur « suppose dans les femmes un renoncement à toutes les « vertus ; parce que la femme en violant les lois du ma- « riage, sort de l'état de sa dépendance naturelle ; parce « que la nature a marqué l'infidélité des femmes à des « signes certains, et que d'ailleurs les enfants adultérins « de la femme sont nécessairement au mari, et à la charge « du mari, au lieu que les enfants adultérins du mari ne « sont pas à la femme ou à la charge de la femme [1]. » Mais la décision serait toute autre si le sanctuaire de la famille avait été profané [2], si la présence de la concubine en avait contaminé la prêtresse. La fréquentation même accidentelle de l'étrangère dans la maison conjugale témoigne de la part du mari d'un tel mépris pour sa femme, d'un défaut de sens moral si absolu, et le scandale est si grand d'autre part, que la faute alors est punissable au même titre que celle de la femme. Nous verrons d'ailleurs au chapitre des

---

[1] *Esprit des Lois*, liv. XXVI, ch. VIII.

[2] Les Triades Galloises étaient plus sévères : « Voici, disent-elles, « les trois choses indispensables pour une femme » ; le droit de virginité, satisfaction d'injure, amende d'insulte. L'amende d'insulte est la réparation que son mari lui fera, excepté dans trois cas, savoir : s'il la bat pour avoir donné quelque chose qu'elle ne devait pas donner, pour avoir été découverte avec un autre homme, et pour avoir souhaité malheur *à la barbe* de son mari. Sa satisfaction pour l'injure est la suivante : si elle découvre son mari avec une autre femme, que celui-ci lui paie 126 sols pour la première offense, pour la seconde une livre, si elle le découvre pour la troisième fois, elle peut se séparer de lui sans perte de propriété. (Michelet, p. 44, *Orig. des Cout. Franç.*)

peines pécuniaires renaître l'égalité entre les époux. Ainsi se trouve établie la première cause de séparation de corps motivée sur l'adultère du mari ou de la femme.

§ II.

CONDAMNATION A UNE PEINE AFFLICTIVE OU INFAMANTE.

Deuxième cause de séparation.

Cette cause de séparation est nouvelle dans nos lois; elle a été admise sur le motif qu'il y aurait cruauté à contraindre un homme ou une femme honnête à la honte de vivre avec un criminel flétri par les lois répressives, « ce « serait, disait de Sèze, renouveler le supplice de Mézence, « attacher un corps vivant à un cadavre, ou condamner « la pureté ou l'innocence elle-même à l'ignominie. » L'image est poétique et c'est tout son mérite. Un homme a violé la loi pénale, et le magistrat le condamne. A l'expiration de sa peine, il ne doit plus rien à la société ; il rentre parmi ses concitoyens *libéré*, ayant payé sa dette, quitte par conséquent. Si le châtiment qu'il avait mérité a exercé sur lui l'effet salutaire qu'on est en droit d'en attendre, sa bonne conduite lui vaudra, plus tard, la réhabilitation, c'est-à-dire que le passé sera effacé, et qu'il aura reconquis sa place parmi les honnêtes gens. Grâce, Amnistie, Réhabilitation, autant d'expressions des sentiments généreux que la loi pénale moderne a empruntés à la loi naturelle si noblement développée par le Christianisme : telles sont les promesses que la loi répressive a faites au condamné. Sans doute elle lui viendra en aide pour atteindre ce résultat désirable. Or, nulle influence ne doit agir sur lui plus puis-

samment que celle de la famille. Eh bien, la loi la supprime;
et si, malgré ces rigueurs, le libéré persévère dans la bonne
voie jusqu'à la réhabilitation, ce jour-là, cet homme irréprochable, puisqu'il a réparé le mal qu'il avait fait, se
trouve légalement, et sans motifs, séparé des siens. Car,
quoiqu'on dise, sa faute est effacée. Au point de vue de
la Loi, il n'était guère possible de commettre une plus lourde
faute de logique. D'autre part, nous avons beaucoup in-
sisté précédemment sur le vrai caractère du mariage; nous
espérons avoir établi qu'il était un contrat de dignité et de
devoir, une association indissoluble dans la bonne comme
dans la mauvaise fortune : mais il serait faussé s'il cessait
de produire effet à l'heure du malheur. Nous sommes peu
touché des *scrupules d'honneur* allégués par l'époux innocent. Le véritable honneur consiste d'abord, à tenir ses
promesses, et à remplir son devoir ensuite, quoi qu'il en
coûte. Les gens de cœur tendent la main au malheureux
frappé par l'infortune même méritée : plus le service est
pénible à rendre, plus il est méritoire; et la philosophie
de la Loi nous enseigne ici l'abandon de notre parent le plus
proche à l'heure où il a le plus pressant besoin de secours.
Quelle morale ! Enfin, ce coupable pouvait être un père
dévoué, un excellent mari. Peut-être a-t-il volé, commis un
faux, que savons-nous encore, pour satisfaire aux besoins de
ses enfants, aux exigences d'une femme qu'il aimait. Personne, au Palais, n'a oublié le mot profond d'un Procureur
Général en quête du mobile d'un crime : *Cherchez la
femme* : et cette femme abandonnerait celui qu'elle a
poussé à l'abîme, au lieu de lui tendre la main pour l'aider
à en sortir. La loi sanctionne ainsi ce que désavoue la
conscience. Quant à la crainte de voir rejaillir sur l'é-
poux innocent la honte du coupable, nous l'admettons
si l'on veut, et nous n'y trouvons pas une cause suffisante
de séparation. Mais cette crainte est purement chimérique:

Malleville dit excellemment : « Que la fidélité, la constance
« de l'époux innocent à remplir ses pénibles devoirs l'é-
« lèvent aux yeux des hommes vertueux. [1] » Nous repous-
sons donc, en principe, cette deuxième cause de séparation.

Mais que décider au cas de condamnation pour crimes
contre les mœurs, *l'inceste, la bigamie, le rapt, la sodomie ?*
ils sont avec l'adultère les seules causes de divorce admises
par la Législation Anglaise. Nous reconnaissons que la condamnation est ici motivée ou sur une variété d'adultère
particulièrement odieux, ou sur quelque chose de pis : que
la cause de la poursuite et sa publicité sont plus gravement
injurieuses que la condamnation elle-même. Nous reconnaissons que la nature du crime révèle une telle dégradation
chez son auteur, un tel mépris, non pas de son conjoint seulement, mais de tout ce qui est sacré parmi les hommes, que
l'humiliation de l'offensé doit être si profonde, et la pudeur
de la femme si directement menacée, que nous n'hésite-
rions pas à admettre ces causes comme suffisantes. La doctrine de la Loi Anglaise est celle du Digeste, c'est-à-dire
que les Romains ne considéraient pas la condamnation mais
s'attachaient *à sa cause.* La femme ne pouvait répudier
son mari qu'en prouvant [2] qu'il était adultère, homicide,
empoisonneur, qu'il complotait contre l'Etat, ou qu'il avait
été condamné comme faussaire, qu'il exerçait le bri-
gandage ou que, sous les yeux de sa femme, il introduisait
chez lui des femmes de mauvaise vie pour les y entretenir,
qu'il avait attenté à la vie de sa femme ou qu'il l'avait
cruellement maltraitée. Le grief n'est donc pas dans *la con-*

---

[1] Voir notamment Treilhard, *Exposé des motifs sur le divorce,*
séance du 19 ventôse an XI. De Sèze, *Exposé des motifs. Moniteur,*
n° 359, 24 déc. 1816. Dal., *Jurisprudence générale,* v° *Séparation de
corps.* Malleville, sur le *Divorce,* p. 26. Massol, *Séparation de corps,*
etc., etc.
[2] Leg. VIII, p. 2, *C. de repudiis.*

damnation, mais *dans sa cause*. La Novelle 117 [1] avait remanié cette partie de la législation tant à l'égard du mari qu'à l'égard de la femme, mais le principe était resté immuable. La condamnation n'ajoute rien au crime qu'elle punit, c'est donc à son caractère et à sa nature qu'il faut s'attacher pour déterminer ses effets sur le mariage.

§ III.

SUITE DE L'EXAMEN DES CAUSES DE SÉPARATION : LES EXCÈS, SÉVICES ET INJURES GRAVES; — L'ABANDON MALICIEUX ;— L'ABSENCE; — RÉFORMES NÉCESSAIRES SUR CHACUNE DE CES CAUSES.

L'Exposé des motifs de la loi de 1816 disait textuellement: «La séparation n'aura jamais lieu que pour les causes « énoncées dans la loi et reconnues en justice. Le consen- « tement mutuel des parties ne peut ni en supposer la « vérité, ni en suppléer la preuve. » Ce sont les anciens principes. Nous savons déjà à quoi nous en tenir sur ces anciens principes. Il nous suffit de retenir quant à présent, la première proposition, à savoir, qu'il appartient au seul Législateur de déterminer les causes de la séparation. Mais l'article 2 du projet disposait dans sa première partie : « Les époux pourront réciproquement demander la sépa- « ration de corps pour *excès, sévices* et *injures graves* de « l'un d'eux envers l'autre. » C'était la reproduction pure et simple de l'article 231 du Code civil pourvoyeur principal des instances en séparation de corps. Nous essaierons de prouver d'abord que le législateur après avoir reven-

---

[1] Cap. VIII et IX notamment.

diqué son droit incontestable, se hâtait de s'en dessaisir par cette formule banale, née du pouvoir discrétionnaire des Parlements, et que ce pouvoir a continué de subsister intact aux mains des Tribunaux actuels. Mais avant d'analyser le texte, établissons d'abord le vrai caractère de l'action en elle-même et dans ses conséquences.

Elle est aujourd'hui purement civile quant à la compétence. Mais dans ses causes elle dérive toujours, ou d'un délit caractérisé ou d'un quasi-délit. Nous en disons autant quant à ses effets, puisqu'elle peut entraîner des peines quelquefois, et à peu près toujours la déchéance des bénéfices nuptiaux stipulés au contrat de mariage. Si telle est l'action dans ses causes et dans ses effets, il faut donc que la loi les détermine, comme elle a déterminé le délit lui-même, avec ses caractères constitutifs; hors de là, nous retombons dans l'arbitraire de l'ancienne jurisprudence, et mieux vaudrait le déclarer franchement, que de le constituer par voie indirecte. Nous avons articulé plus haut que telle était notre situation : Voyons les preuves.

Et d'abord qu'est-ce qu'un *excès ?* Tout ce qui dépasse la mesure de l'ordinaire et du raisonnable: Excès de table, de fatigue, de joie, d'humidité, de richesse, etc., etc. Voilà donc un mot qui, par lui-même, ne peut pas avoir de valeur légale, puisqu'il ne prend sa véritable signification que par l'objet auquel il s'applique. Et cependant, le mot *excès* isolé figure dans la Loi, et indique une des causes de séparation de corps ; il doit disparaître au moins comme inutile : il ne suffit pas aux nécessités d'une définition exacte. Nous en trouvons la preuve dans cette circonstance que, si certaines Législations Étrangères nous ont emprunté *les sévices et injures graves,* pas une n'a pris le mot *excès,* preuve du peu de cas qu'il mérite.

Passons aux sévices.

Sævus, sævi, sævitiæ, sévices, cruautés, mauvais traitements, s'entend de toute action préjudiciable au corps, à la personne, depuis les coups mettant la vie en danger jusqu'aux mauvais procédés : Enfermer quelqu'un sous clef, lui verser des liqueurs enivrantes jusqu'à l'abus, abandonner un poltron, seul, la nuit dans un chemin désert, etc., etc., autant de sévices. Où commencent et où finissent les sévices propres à motiver la séparation de corps ? La Décrétale s'en était expliquée : *ut mulieri trepidanti non possit sufficere securitas provideri*. Mais, dans le silence de la loi, à qui appartiendra-t-il de déterminer la suffisance du grief ? Au juge, toujours certain d'échapper à la censure de la Cour de Cassation, puisque la décision est purement de fait. En sorte qu'il pourrait déclarer impunément, eu égard aux circonstances, qu'une chiquenaude constitue le sévice. Ceci dit, consultons les Législations Étrangères, peut-être y trouverons-nous des indications utiles à la solution de la question posée. Les sévices n'apparaissent sous aucune forme ni directe ni indirecte dans les documents en notre possession sur les Législations de Prusse, Russie, Norwège, Suède et Danemarck [1]. Faut-il en conclure que le tempérament calme de ces peuples, ou leurs procédés habituels envers les femmes les préservent de toute violence, et que le Législateur a cru inutile de s'en préoccuper : ou bien la puissance maritale est-elle si étendue que la loi ne la contrarie pas même dans ses écarts. Le mot *sévices* apparaît bien dans la législation de l'Allemagne, et dans celle des Massachussets, mais il est suivi de l'épithète *graves*. Nous ne parlons que pour mémoire de la Suisse : l'article 47 de la Loi Fédérale du 24 décembre

---

[1] Dans l'*Exposé des motifs* de sa première proposition tendant au rétablissement du divorce (juin 1876), M. Naquet a réuni les documents les plus nombreux sur cette question ; il a ainsi rendu un véritable service à la science du droit fort incomplète chez nous sur les Législations Etrangères.

1874 constitue les tribunaux en *jurés* pour prononcer, sur la séparation ou le divorce, librement et suivant leur conviction [1]. La Législation Hollandaise, au contraire, exige que la vie soit mise en péril, ou tout au moins des blessures dangereuses. Les Législations de l'Autriche, Saxe, Wurtemberg , Etat de New-York prévoient des embûches mettant en danger la vie ou la santé de l'un des époux, et les mauvais traitements répétés. Ainsi se trouve justifiée la critique de cette partie de la Loi Française par l'unanimité, ou à peu près, des législations modernes. Elle est donc vicieuse par insuffisance.

A quel système devons-nous nous arrêter ? La réponse est facile après ce qui précède. S'il est vrai que le mariage est un contrat de dignité et de devoir, il doit s'exécuter, comme l'avait très bien décidé la Décrétale jusqu'au péril de la vie, ou comme interprètent les Hollandais, jusqu'aux blessures dangereuses. Ainsi l'a compris le Législateur Autrichien, en étendant les sévices aux mauvais traitements *répétés, habituels* et *qui rendent la vie insupportable*. Telle est aussi la solution que nous adoptons, sous la réserve d'expliquer au chapitre spécial de la procédure, comment pourraient être établies la gravité, la fréquence, l'habitude de ces mauvais traitements. Ainsi, le Législa-

[1] Le journal des *Débats*, dans le n° du 9 *décembre* 1880, indiquait les résultats de cette loi comme suit :

« L'Assemblée Fédérale est réunie à Berne et discute le Code des obligations. Avant cette discussion, *elle* avait rejeté la pétition *d'un pasteur Genevois demandant qu'on réformât la loi sur le divorce.* Ce pasteur a mille fois raison : *on se démarie de plus en plus dans ce bienheureux pays ;* on y a fait l'anneau nuptial si large qu'il ne tient plus au doigt et tombe au moindre choc; ce qui me paraît étonnant, c'est qu'il se trouve toujours un badaud qui le ramasse. *Sérieusement, si cela continue, il n'y aura bientôt plus de famille;* les Bernois eux-mêmes, qui sont très têtus, surtout quand ils ont tort, commencent à le confesser. Aussi la pétition du pasteur Genevois a-t-elle produit quelque sensation au Conseil National; on l'a discutée pendant une heure, et l'on a reconnu que sur bien des points elle avait raison. C'est pourquoi on l'a rejetée. »

teur fait la Loi, le magistrat l'applique, sous la haute surveillance de la Cour de Cassation. Ainsi l'arbitraire disparaît du Code du mariage.

Reste à examiner *l'injure grave*.

Injure (*in jure* contre le droit) ne consiste pas seulement en propos offensants. Elle comprend tout ce qui blesse les droits d'autrui. Elle emporte surtout l'idée d'un tort, d'un dommage, d'un préjudice. Une plaisanterie d'un goût douteux, un mot inusité ou barroque, peuvent constituer l'injure grave ou non, puisque la loi ne les définit pas, ne détermine pas leur différence, et l'abandonne à l'appréciation du magistrat [1]. Si les nuances sont délicates dans la valeur des mots, suivant l'intention qui les inspire, elles ne le sont pas moins dans l'appréciation des faits. Un mari qui habitait le quartier de la Chaussée d'Antin a transporté son domicile au faubourg Saint-Denis : le juge, sur la plainte de la femme pourra décider que ce déplacement a constitué une injure grave, et la décision échappera à la Cour de Cassation. Mais voici qui va singulièrement compliquer la difficulté déjà si grande. La jurisprudence décide que tel mot, tel geste, tel procédé, suffisants pour entraîner la séparation des deux époux appartenant à une classe élevée, cessent de l'être pour ceux d'une classe inférieure. Qu'est-ce que tout cela, sinon du pur arbitraire et la méconnaissance de *l'essence* même du contrat. En outre, le mari n'aura pas à répondre seulement de son fait, mais encore du fait d'autrui, notamment des injures adressées à sa femme par des domestiques qu'il n'a pas chassés de

---

[1] *Fontenelle*, traversant un jour les halles de Paris, aperçoit deux harengères en explications un peu vives. Il s'arrête pour jouir du coup d'œil Leur vocabulaire épuisé, et la querelle près de finir, *Fontenelle* souffle à l'une d'elles le mot de *catachrèse*. Il fit fortune : et chignons de voler au vent. Ainsi le nom d'une élégante figure de rhétorique était devenue la plus grossière injure pour une femme illettrée.

la maison. D'autre part un mari a communiqué à sa femme une maladie vénérienne. Le fait de la communication de ce mal a été rendu public, par exemple, par la production, dans une distribution par contribution entre les créanciers du mari, *du mémoire du pharmacien* qui a fourni les remèdes : injure grave (Rouen, 30 décembre 1840, Dal. *Dict^{re} gén.* v° Sépar^{on} de corps). Si le pharmacien n'avait pas produit son mémoire le grief échappait à la femme. En principe, lorsque la justice est saisie d'un fait précis, motivant un dommage, une nullité, peu importe, le juge ne doit apprécier que le grief qui lui est soumis par la demande elle-même : en d'autres termes, il n'est pas permis de greffer un procès sur un autre ; mais il en est autrement en matière de séparation de corps. Un reproche d'inconduite adressé au mari par la femme, en réponse à la demande en séparation qu'il a formée contre elle, constitue, du moins, lorsque l'imputation n'est pas prouvée, une injure grave qui suffit pour faire prononcer la séparation (Gênes, 18 août 1811, Dal. *loc. cit.*). La communication par un mari, à l'avoué de sa femme, demanderesse en séparation de biens, d'un mémoire contenant des outrages contre celle-ci, alors qu'il n'est pas établi que cette communication a été confidentielle, peut être considérée comme constituant une injure grave, bien que le mémoire n'ait été ni publié ni distribué (Paris, 4 janvier 1850, *loc. cit.*). L'imputation d'adultère faite à une femme dans la plaidoirie de l'avocat de son mari, et non désavouée par l'avoué présent, peut être considérée comme une injure grave suffisante pour faire prononcer la séparation (Rennes, 21 août 1833, *loc. cit.*). Ainsi notre droit assure l'impunité, dans l'intérêt de la libre défense, à tout autre défendeur qu'à l'époux attaqué en séparation de corps.

Le projet de 1816 prohibait sagement la *séparation par consentement mutuel*. Rien n'est plus simple que de tourner la difficulté. Exemple : Il a été jugé que les injures que s'adressent réciproquement les époux pendant un procès en séparation suffisent pour la faire prononcer, *quoique les causes pour lesquelles il y a eu demande ne soient pas établies* (Rouen, 13 août 1816, *loc. cit.*). Voilà donc un premier moyen de séparation par consentement mutuel. Sans doute, il est un peu bruyant; mais en voici un autre fort discret, et tout aussi infaillible. Le refus du mari de recevoir sa femme dans le domicile conjugal constitue une injure grave dans le sens des articles 231 et 306 du Code civil (Bordeaux, 3 août 1848, *loc. cit.*). Nous pourrions encore proposer le système des lettres injurieuses, rédigées d'accord, et adressées soit aux époux entre eux, soit à leurs parents, soit à leurs amis ; la jurisprudence les considérant comme constituant l'injure grave! Qu'avons-nous voulu prouver par ce qui précède ? Que notre loi de la séparation est de tous points défectueuse ; que si d'autre part le sentiment du devoir était perdu en France, peu de ménages pourraient résister à une jurisprudence aussi meurtrière.

La conscience, les saines notions du droit, se montrent plus énergiques dans les Législations Étrangères. *L'injure* n'y est expressément dénommée nulle part comme cause de séparation de corps ou de divorce. La Russie, la Norwège n'ont rien qui s'y rapporte. Nous trouvons l'abandon en Suède, Danemarck, Hollande, Suisse, Autriche, Saxe, Wurtemberg, Allemagne, New-York et quelques autres États Américains. La Loi Prussienne prévoit les insultes grossières et outrageantes, les querelles vives, l'ivrognerie habituelle : cette dernière injure est relevée dans les Lois de la plupart des États-Unis. Nous savons déjà que l'Angleterre vise seulement les crimes contre les mœurs, l'inceste, la bigamie, le rapt, la sodomie. Tel est le tableau de l'opinion universelle sur la question qui nous occupe, l'injure *in genere* en est bannie ; elle ne s'y produit qu'individualisée *in specie :* de la sorte les Législateurs, en limitant les pouvoirs du juge, gardent ce qui leur appartient. Excellent exemple que nous devons suivre. En restituant à la Loi ce qui est de son domaine nous supprimerons la jurisprudence fantaisiste dont nous avons montré quelques échantillons. L'État des personnes ne doit pas dépendre, des impressions du magistrat, de ses idées morales religieuses ou philosophiques, de ses habitudes graves ou mondaines, son rôle doit être limité par les textes, et leur application devenir le plus possible sa préoccupation unique. Ainsi le juge est protégé contre les entraînements de sa conscience : il peut échapper aux pièges que lui tendent ses scrupules, dangereux surtout pour celui qui met son honneur à remplir dignement le sacerdoce que la société lui confie. La disposition précise de la loi dont il est le ministre allège sa responsabilité, et facilite son œuvre : hors de là, plus sa vie est calme et retirée, plus il est honnête, plus il est sévère pour lui-même, plus il sera impitoyable pour les autres. Il appartient donc à la loi et à elle seulement de faire la part de l'humaine faiblesse, et de poser la borne de l'impunité. Que celui de nous qui n'a pas ses travers jette la première pierre à celui qui en est affligé. Un homme sanguin, fatigué, contrarié, excité, peut dire ou faire quelque sottise, un geste répréhensible, qu'il sera le premier à regretter, écrire une lettre grossière, violer en un mot la discipline conjugale. Il n'en sera pas moins laborieux, économe, dévoué à sa famille, jaloux de sa prospérité ; et cependant si son erreur peut être attestée, la séparation sera prononcée pour excès, sévices et injures graves. C'est surtout pour l'intérieur des ménages qu'a été faite la maxime : *Supportons-nous les uns les autres.* La vie n'est qu'un enchaînement de concessions, de transactions et de pardons. Si les hommes gardaient le souvenir de leurs griefs vrais ou imaginaires, la vie sociale ne serait pas possible. Ce qui est vrai pour les hommes ne l'est pas moins pour les femmes ; avides de domination, jalouses, innocemment coquettes, violentes quelquefois, à la parole prompte et mordante, obstinées souvent dans les idées les plus fausses ; au milieu de ces imperfections se trouve l'abeille active, la mère tendre, l'épouse respectueuse de ses devoirs, mélange incohérent de qualités et de défauts qui constituent la nature humaine. Et voilà pourquoi les Législateurs Étrangers bien inspirés ont rejeté l'injure et spécifié les faits qui seuls leur ont semblé par leur gravité devoir entraîner après eux des conséquences juridiques.

Nous ne répéterons jamais assez que le contrat de mariage est comme le contrat militaire, un acte de dignité et de devoir. Que dire d'un soldat, qui le jour de la bataille se réfugierait aux ambulances pour une égratignure : mais ses camarades indignés le dégraderaient sur l'heure. Et un accident de même nature serait suffisant pour briser l'union conjugale? Ces deux contrats, participant de la même essence, pourquoi des solutions contraires ? La République fait les plus louables efforts pour reconstituer l'armée, rétablir la discipline, et disposer, au jour du danger, de régiments nombreux prêts à mourir pour la défense de la patrie. Pas de bons ménages, pas de bonnes armées sans l'esprit de sacrifice, sans le sentiment du devoir. Les héros ne s'improvisent pas le jour de la déclaration de guerre. La triste preuve en est écrite en traits sanglants dans nos annales de 1870. C'est à l'école de la famille que se trempent les caractères, que se forment les mœurs publiques. La morale a aussi sa logique. S'il est permis aux époux de se dérober sous des prétextes plus ou moins spécieux, aux charges du ménage, il doit être permis aux soldats d'éviter les épreuves pénibles du champ de manœuvre, ou de fuir devant l'ennemi. Une loi forte, et son application énergique en temps de paix, inspirerait d'autres sentiments à la jeunesse. C'est cette loi que nous demandons pour le mariage, parce qu'elle est la loi fondamentale des mœurs. Mais le but ne sera pas atteint, si une injure même grave, si une souffrance passagère pouvant tout au plus troubler les plaisirs des époux, suffisaient à les dégager de leurs obligations. La loi du devoir doit être suivie jusqu'au péril de la vie : car le salut de la République doit l'emporter sur une contrariété passagère. *Saluti perpetuæ potiùs quàm brevi voluptati consulendum* [1].

Mais revenons à celles des causes de séparation de corps que nous n'avons pas encore examinées.

L'abandon malicieux est le plus généralement admis par les Législateurs modernes, probablement parce qu'il est la violation flagrante de l'obligation d'une vie commune, et que le mari se dérobe, en cas pareil, à la nécessité légale de pourvoir aux besoins des siens. Sans méconnaître l'importance du motif, nous avouons que cette cause nous est d'abord suspecte par la facilité qu'elle offre à la séparation par consentement mutuel : d'autre part, avant de demander la résolution du contrat, le créancier doit essayer des moyens de contrainte. Tel est le principe de droit commun. Pourquoi donc au cas d'abandon du domicile conjugal, l'action en réintégration ne serait-elle pas obligatoire ? La justice aurait ainsi une excellente occasion de vérifier la sincérité des griefs, et s'ils se réduisaient à de simples prétextes, le juge ordonnerait la réintégration du domicile, même *manu militari :* notre décision sur l'abandon du domicile serait la même que sur les sévices ; nous exigerions qu'il fût *répété,* qu'il devînt la violation *de la chose*

---

[1] Aulu G., lib. I, c. VI.

jugée avant de l'admettre comme suffisant pour entraîner la séparation de corps. Nous en disons autant des injures grossières, des querelles violentes, c'est-à-dire, qu'elles devraient être une habitude ayant pour effet de rendre la vie insupportable, d'altérer gravement la santé.

Quant à l'ivrognerie, est-elle un vice, est-elle une maladie ? Les Américains considèrent les ivrognes comme des malades, et les traitent dans des Hospices spéciaux. La Loi Française ne voit en eux que des délinquants. Elle les frappe au cas d'ivresse manifeste, et les deux lois ont également raison. L'homme qui sciemment s'avilit et se dégrade dans les excès alcooliques ; qui, privé de sa raison, s'expose en public et provoque un scandale, celui-là doit être puni ; mais la question *d'atavisme* fait obstacle à une solution absolue. Au point de vue de la séparation nous considérons l'ivrognerie comme une infirmité à secourir, et nous lui appliquerions ce qui a été dit précédemment au chapitre II de la IIIᵉ partie.

L'absence n'est pas l'abandon malicieux : La législation qui lui est propre doit protéger particulièrement le soldat livré aux aventures de la guerre, le marin, le spéculateur audacieux qui va tenter la fortune dans des régions inconnues. L'article 115 du Code civil autorise les parties intéressées à se pourvoir pour la faire déclarer après quatre ans à partir des dernières nouvelles ; et l'article 119 dispose que le jugement de déclaration ne sera rendu qu'un an après le jugement qui aura ordonné l'enquête. Ces délais expirés, il est procédé à la liquidation des droits de l'absent *présumé décédé.* Mais la femme n'est autorisée à se remarier que sous la condition de rapporter la preuve, le plus souvent impossible, du décès de l'absent. Que devient donc la présomption de décès ? Les Législations Étrangères sont, à cet égard, beaucoup moins sévères que la Loi Française; et d'abord par une inconséquence peu justifiable, elles autorisent généralement le divorce sur une présomption de décès, c'est-à-dire alors que le mariage est juridiquement présumé dissous par la mort de l'absent. La Législation Autrichienne dispose à peu près comme la nôtre sur ce point. En Hollande, le mariage se dissout par l'absence de l'un des époux pendant dix ans, *et le remariage de l'autre époux*. Les deux conditions sont cumulatives. Ainsi la dissolution a le caractère potestatif dans une certaine mesure. La Russie accorde cinq ans, en droit commun, et dix ans au militaire qui a été fait prisonnier. En Norwège le délai est de sept ans, et de cinq seulement dans quelques États Américains. En Suède, lorsque l'un des époux a abandonné l'autre, l'abandonné fait publier des bans par lesquels il enjoint à son conjoint de revenir. Si au bout d'un an ce dernier n'est pas revenu, le demandeur peut faire prononcer le divorce. Mais si le mari revient après ce divorce prononcé et même suivi d'un second mariage, il peut reprendre sa femme et le second mari sera libre de se remarier; c'est-à-dire que la présomption légale du décès s'efface devant la réalité.

Devons-nous conserver à notre Législation sa rigueur inflexible? Elle semble excessive dans l'état actuel de la civilisation. Les relations aujourd'hui si actives de peuple à peuple, les communications rapides créées par la science moderne, la facilité des renseignements mise à la disposition de chacun par le Personnel Diplomatique, toutes ces circonstances appellent une modification de la loi. Le délai de dix ans nous semble devoir lever tous les scrupules. Si la présomption de décès a suffisamment motivé le jugement d'envoi en possession, et le partage de la succession de l'absent, elle nous semble singulièrement corroborée par le défaut de nouvelles pendant cinq ans à partir du prononcé de ce jugement. Nous déciderions en conséquence que l'époux de l'absent pourrait se remarier cinq ans après le jugement d'envoi en possession. Que si, par impossible, le présumé mort se représentait, nous emprunterions à la Suède le droit par le mari de reprendre sa femme, car le mariage est indissoluble. Elle a usé, à ses risques, de la présomption de la loi.

CHAPITRE IV

Peines pécuniaires contre l'époux coupable. — Perte de tous droits
dans la communauté de la moitié et des propres. — Loi Romaine.
— Législation Étrangère. — Fins de non-recevoir.

Nous avons vu précédemment l'unanimité des Législateurs frappant les adultères de peines atroces, et les dé-
pouillant, sans pitié, au profit de l'époux offensé. Il nous
reste à établir quelles doivent être les conséquences rai-
sonnables, mais nécessaires du jugement de séparation
relativement aux biens, en nous tenant à égale distance
des rigueurs excessives des Législations anciennes, et de
l'insuffisance de la plupart des Codes modernes; c'est encore
chez les Romains que nous trouverons cette mesure équitable. En effet, ils frappaient l'époux qui avait occasionné
le divorce de la perte de la moitié de ses biens au profit de
son conjoint, et la seconde moitié était consacrée à Cérès [1]. Si ces deux peines furent cumulatives, elles semblent
exagérées ; si au contraire, suivant l'opinion de quelques
auteurs [2], l'une n'était appliquée qu'à défaut de l'autre,
elles ne dépassaient pas la juste mesure. Les Lois Juliennes
autorisaient le mari à retenir 1/6 des biens par chaque enfant existant, mais sans que cette rétention *propter liberos*

---

[1] Plutarq. *Vie de Rom.*, § 35.
[2] Hugo notamment.

pût dépasser la moitié. Sans entrer dans l'examen fastidieux des variations incessantes des Constitutions Impériales ou des Novelles à cet égard, il suffira de dire qu'elles avaient généralement appliqué ces principes [1]. Ainsi le coupable était placé entre deux peines : La *retentio propter liberos* s'il avait des enfants ; la *retentio propter mores* s'il n'en avait pas. Les peines pécuniaires se retrouvent dans la plupart des Lois Barbares [2], ainsi que dans plusieurs de nos Coutumes. La femme adultère, suivant le Grand Coutumier [3], perdait son douaire ; la peine était la même en Bretagne et dans l'Anjou [4], sous des conditions et avec des nuances différentes.

Le législateur de 1803 avait complétement oublié ces précédents. Il se contentait d'assurer à l'époux offensé une pension alimentaire, lorsqu'elle lui était nécessaire cependant, et la conservation des avantages stipulés au contrat de mariage, tandis que le coupable en était déchu. De la sorte celui-ci était privé d'un bénéfice éventuel que conservait celui-là ; l'un ne perdait rien, l'autre manquait à gagner. Quant aux enfants, au cas de divorce par consentement mutuel, la moitié des biens de chacun des époux leur était acquise [5]. Depuis la suppression du divorce la juris-

---

[1] Voir notamment, nov. 117.

[2] *Burgund.*, 34, *Lex Bajuv.*, 7, 14, 1 et 2 *Longobar.*

[3] *Petri. exceptiones legum Romanorum* (c. XXXVII, *De solut. matrim.*).

[4] *Propter adulterium persona confessa sive convicta amittat quidquid aliquo modo ab altero accepit ; et remanet in jure et dominio ejus qui culpam non commiserit. Sin autem uterque adulterium perpetraverit, vel consentiens fuerit, tunc et dos et propter nuptias donatio ad Curiam veniant. Aliis patres aut matres ante commissum adulterium apud liberos procreatos integro jure remanentibus, vel utriusque si uterque commisit, vel ejus, qui solus commisit, liberis autem non existentibus ad Curiam.*

Savigny (*Hist. du dr. Rom.*, t. II, p. 324-325 à l'appendice) a imprimé cet ouvrage à la suite de son livre, à cause de sa rareté et de son importance.

[3] L. II, c. XXXIII.

[4] Loysel, *Inst. Cout.*, 1, 3, 39.

[5] Art. 305.

prudence a étendu à la séparation de corps la déchéance
des avantages contractuels, et l'obligation de fournir des
aliments.

Cette partie de la Législation nous semble absolument défectueuse. Pourquoi n'appliquerait-on pas aux
époux les articles 1142 et suivants et l'article 1382 du
Code civil ? La plupart des contrats de mariage établissent
une communauté plus ou moins étendue. Pourquoi celui
qui rompt l'association par sa faute ne serait-il pas déchu
de tout droit sur sa part ? La conséquence serait simplement équitable, et juridiquement, elle pourrait être considérée comme une extension de l'article 300 relatif à la
déchéance des avantages stipulés ; c'est déjà ce qui se pratique en Suède. D'autre part, n'est-il pas dérisoire que
l'époux coupable qui, pour satisfaire ses mauvaises passions, précipite deux familles dans le deuil, se dégage du
plus saint, du plus onéreux des contrats, et emporte intacte
sa fortune, instrument probable de nouveaux désordres ?
Dans toutes les Législations, les dommages-intérêts protègent l'obligation de faire ou de ne pas faire. La gravité
du préjudice, l'énormité du scandale seraient-ils une raison d'inapplication de ce principe de pur droit naturel.
Toute faute doit être punie. Tout dommage doit être réparé dans la mesure du possible. Les Romains avaient fixé
la peine à la moitié du patrimoine qu'ils attribuaient à
l'offensé [1]. Il importe de faire revivre cette disposition dans

___

[1] La loi des Bourguignons était plus généreuse, elle allouait la
totalité.

Voici son texte :

« § 3. — *Si quis vir uxorem suam fortè dimittere voluerit, et ei
potuerit vel unum de his tribus criminibus adprobare, id est adulte-
ram, maleficam, vel sepulchrorum violatricem dimittendi eam habet
liberam potestatem ; et judex in eam sicut debet incriminosam profe-
rat ex lege sententiam.*

« § 4. — *Quod si de his tribus facinoribus nihil admiserit, nulli
virorum liceat de altero crimine uxorem suam dimittere ; SED SI*

son entier. Ainsi, l'associé infidèle perdrait tout droit à la communauté rompue par sa faute ; l'époux brutal ou débauché paierait, de la moitié de ses propres, les humiliations et les douleurs dont il aurait abreuvé sa victime. Est-il une conscience droite qui ose protester contre ces sages dispositions ?

Mais que décider relativement aux séducteurs ? Cette question nous conduit à l'examen de l'excellente législation de nos voisins les Anglais. Et d'abord, le divorce, fort rare d'ailleurs, n'est guère prononcé chez eux que pour cause d'adultère. On a dit avec plus d'esprit que de vérité qu'on n'y divorce pas à cause de l'adultère, mais qu'on y commet l'adultère pour divorcer. Quelques faits isolés peuvent signaler un danger, mais non justifier une proposition générale. Ici la tradition Germaine de la *pudicitia publicata* s'est conservée intacte. La honte de la femme coupable est divulguée sans pitié ; elle n'est plus promenée nue dans les bourgs, les mœurs y font obstacle ; mais les papiers publics s'en emparent, et livrent à la curiosité les comptes-rendus, fort peu édifiants quelquefois, de l'instruction et des débats. Le mari fournit volontiers aux Journalistes les détails de son infortune ; comme si son honneur était solidaire de sa vengeance, comme s'il accomplissait une œuvre civique en rendant plus cruelle l'exécution de la coupable : Ainsi, la femme condamnée est à tout jamais exclue de la société des honnêtes gens. Elle n'ignore pas d'ailleurs que ses proches eux-mêmes seraient impitoyables, et pourraient devenir ses accusateurs. La crainte d'un grand scandale et de la flétrissure indélébile, la salutaire rigueur de la famille,

MALUERIT, EXEAT DE DOMO REBUS OMNIBUS DIMISSIS : ET ILLA CUM FILIIS SUIS HIS QUÆ MARITUS HABUIT, POTIATUR. »
(*Barbarorum Leges antiquæ*, Venetiis, 1785. V. 3. *Lex Burgundionum*, tit. XXXIV. *De Divorciis Col. Canciani*.)

peuvent exercer une heureuse influence même sur la femme sourde à la voix de l'honneur, et la retenir alors qu'elle chancelle sur le bord de l'abîme ; aussi dit-on des Anglaises ce que Tacite avait écrit des femmes de la Germanie : *Paucissima in tam numerosâ gente adulteria.*

Quant au complice, la situation qui lui est faite n'est pas beaucoup meilleure : il sera condamné à des dommages-intérêts énormes qui peuvent s'élever jusqu'à 5,000 guinées par exemple, contre un simple domestique! car, disent leurs jurisconsultes, il est juste que celui qui a troublé le bonheur conjugal de son voisin soit troublé dans le sien par la privation de sa fortune. Au cas d'insolvabilité, le séducteur sera transporté à Botany-Bay pour toute sa vie. A ceux qui blâment leurs usages, les Anglais répondent par leur efficacité. Ils sont tels, en effet, qu'ils doivent singulièrement calmer les ardeurs des coureurs d'aventures ; et l'équité ne désavoue pas le moyen d'atteindre le but [1].

Mais le mari n'obtiendra satisfaction qu'en établissant d'abord que sa femme était pure avant la séduction dont il se plaint : une indemnité pour une vertu tarée ne serait pas légitime. Il devra prouver en outre, et c'est ici qu'apparaît la sagesse de cette Législation, qu'il a rempli tous les devoirs d'un honnête homme, d'un mari soucieux de sa dignité. C'est l'application au mariage du vieux principe de droit, que dans les contrats synallagmatiques, celui qui réclame l'exécution de l'obligation doit prouver d'abord qu'il a, de son côté, satisfait à son engagement. Le droit, d'accord avec la morale, n'admet pas les exigences

---

[1] Les Anglais n'ont pas inventé le moyen, si on en croit Aulu-Gelle (lib. XVII, c. XVIII).

Annius Milon, ayant surpris l'historien Saluste en adultère, le fit fouetter d'importance d'abord, et en exigea de plus une grosse somme d'argent.

de celui qui s'est dérobé à la convention. Dans l'Etat de
New-Yorck, la Cour peut refuser de prononcer le divorce
dans les cas suivants: connivence du plaignant, pardon,
silence prolongé pendant cinq ans, et encore s'il est prouvé
que l'époux demandeur s'est, de son côté, rendu coupable
d'adultère dans des conditions telles que le défendeur
aurait pu lui-même demander le divorce. Dans l'Illinois,
le Statut relève seulement l'assentiment de la partie lésée
en vue d'obtenir le divorce, et l'adultère du plaignant. En
Danemarck, l'époux demandeur est non recevable s'il s'est
rendu coupable d'adultère ; il le serait encore s'il avait lui-
même provoqué l'adultère par des fautes graves ou autrement. Cette législation nous semble de tous points préférable
à la jurisprudence Française ; en admettant les *torts respectifs*, celle-ci les compense pour ainsi dire, et prononce
la séparation contre chacun des conjoints également coupables. De la sorte, la violation du contrat et son exécution
exacte se confondent dans une conséquence identique; la
séparation impunie, au profit du digne et de l'indigne :
voilà pour le droit. En morale, l'époux coupable, au cas
de torts respectifs, se trouve protégé comme l'innocent,
lorsqu'un seul des époux a violé le contrat. Cette théorie
singulière a été empruntée à la loi Romaine qui ne punissait aucun des deux conjoints si les deux étaient en faute.
Paria enim delicta mutuâ pensatione dissolvuntur [1]. La
loi de 1803 l'avait très justement rejetée au cas de divorce
par consentement mutuel, puisqu'elle attribuait aux enfants la moitié du patrimoine des conjoints. Pourquoi cette
sage mesure n'est-elle pas appliquée au cas de torts
respectifs en matière de séparation de corps? Où est la raison qui justifie cette suppression ? Nous sommes tellement
persuadé de l'indispensable nécessité de ces dispositions,

---

[1] Leg., 39 ff., Cod.

que nous en demandons l'application même aux ménages
sans enfants au profit du trésor. Les Romains avaient fait
sa part à l'expiation en la consacrant à Cérès, et plus tard
à la Curie, *retentio ob mores*. La Cité n'est-elle pas partie
nécessaire et principale au contrat de mariage? De quel droit
serait-il impunément violé à son préjudice? Si nous voulons
fonder une République durable, posons d'abord ses assises
essentielles en constituant une discipline sévère dans la
famille ; elle sera une sauvegarde efficace pour la moralité
publique. Nous n'admettons pas qu'un époux puisse impunément violer les obligations qu'il a contractées ; nous
n'admettons pas davantage que celui qui les a méconnues
soit recevable à se plaindre de son conjoint : et le doute doit
toujours profiter à la femme. Nous citerons deux exemples
de la jurisprudence Anglaise pour établir ses procédés en cas
pareil. Un mari, trop fier des belles formes de sa femme, fit,
à un ami qui lui inspirait confiance, la faveur dont le roi
Candaule avait honoré son ministre Gigès. Sa complaisance
lui coûta moins cher qu'au Royal imprudent. Il s'en plaignit
au juge, et fut condamné comme corrupteur de sa propre
femme. Un vieux Colonel avait introduit chez lui un jeune
sous-lieutenant, et buvait paisiblement dans la salle à manger, tandis que Madame *badinait* au salon avec son hôte.
Le Colonel se ravisa trop tard, de l'avis du jury ; aussi ne
lui accorda-t-il qu'un *schelling* d'indemnité. La solution de
la jurisprudence Française serait différente dans les deux
cas. Sur le premier, le fait par un mari de livrer sa femme
nue aux regards d'un étranger constituant une injure grave,
l'adultère étant prouvé d'autre part, les torts deviennent
respectifs, et la séparation serait prononcée contre les deux
époux. Le magistrat Anglais, au contraire, prend en considération la faute lourde du mari qui a provoqué celle de
la femme, et ne condamne que lui. Au second cas, la femme,
en France, aurait été impitoyablement condamnée comme

son complice. En Angleterre, au contraire, le juge apprécie avec raison, que le Colonel a failli à son devoir lorsque sachant sa femme seule avec un jeune officier, il va boire dans la salle à manger au lieu de se conformer aux convenances, et à ce qu'exigeait une prudence élémentaire. Nous ne saurions jamais trop répéter que celui qui n'exécute pas le contrat n'est pas recevable à s'en prévaloir ; que le mari qui a violé ou simplement négligé les devoirs auxquels le mariage l'engage n'est pas recevable à se plaindre des écarts de sa femme. *Vigilantibus succurri*. En résumé, l'époux contre lequel aura été prononcée la séparation de corps perdra les bénéfices nuptiaux, tous droits dans la communauté, ainsi que la moitié de ses propres qui seront attribués à son conjoint ; et au cas de torts respectifs aux enfants d'abord ou au Trésor à leur défaut. Au cas d'adultère, le séducteur sera condamné à des dommages-intérêts ruineux, avec contrainte par corps, à la charge par le plaignant de justifier qu'il a de son côté exécuté scrupuleusement toutes ses obligations. Nous connaissons d'avance toutes les critiques dont cette proposition doit être l'objet. Nous avons déjà lu les protestations soulevées au nom d'une fausse délicatesse, et les anathèmes lancés contre les maris s'enrichissant de leur déshonneur. Nous n'en sommes pas ému. Nous voyons le but et l'efficacité du moyen. Voilà trop longtemps que les hommes dégradés qui se font un jeu de la paix des ménages sortent triomphants des périls dérisoires auxquels leurs entreprises les engagent. Le jour où ils risqueront leur liberté d'abord, mais surtout leur fortune présente et à venir, la phalange en sera notablement diminuée ; les rieurs changeront de côté, et la Loi aura rendu un immense service aux bonnes mœurs.

CHAPITRE V

PROCÉDURE.

Exagération de la puissance paternelle. — Conseil de famille, loi
de 1793 excellente dans son principe. — A utiliser notamment au
cas de séparation de corps.

Le groupe humain, à l'état pastoral, dépend généralement d'un Chef unique qui réunit la triple puissance de
père, de roi et de prêtre [1]; sa volonté fait la loi de tous
ceux qui le composent. Droit public et privé, sont confondus dans sa main despotique. Le groupe s'étendra : à
la vie nomade succédera la période stable, culturale. Les relations de dépendance des sujets n'en seront point affectées.
Les Castes partageront entre elles les pouvoirs politiques,
militaires et religieux, les droits des pères de famille pourront garder quelquefois leurs proportions primitives. Tel fut
le Quirite à Rome : et ses jurisconsultes le proclamaient avec
orgueil : « *Nulli enim alii sunt homines qui talem in liberos
habeant potestatem qualem non habemus* [2]. » Ils consti-
tuèrent ainsi l'Aristocratie la plus redoutable qui fut jamais;
le chef, le père tenait dans sa main non pas seulement le
patrimoine de la *Gens*, et ses esclaves, mais les libres au

---

[1] Les Drottes réunissaient chez les Scandinaves la triple qualité
de prêtres, de juges, de législateurs, il en était de même chez les
Egyptiens (Diod. I) et dans la plupart des sociétés primitives.
[2] Gaïus, *Inst.*, 1, 55.

même titre. C'est comme père que l'immortel Brutus envoya son fils à la mort pour avoir conspiré contre la République ; c'est comme père que tel autre dont le nom nous échappe réduisait son fils bègue en esclavage, et adoptait un étranger capable de haranguer sur la place publique, et de commander sur les champs de bataille. L'histoire de nos châteaux du Moyen-Age pouvait fournir son contingent de griefs contre les exagérations de la puissance paternelle. Ces souvenirs ne furent pas sans effet sur la Législation intermédiaire. Obéissant à un sentiment de défiance outrée, elle désarma le père, le réduisit à l'impuissance, et reporta dans le groupe de la famille une partie des attributions qui appartenaient antérieurement à son chef. L'innovation était heureuse ; le principe démocratique envahissait ainsi jusqu'au foyer ; un conseil délibérant remplaçait l'autorité despotique. Mais la Convention ne prit pas garde que l'idée nouvelle était parfaitement conciliable avec une puissance paternelle sagement limitée ; que l'extrême liberté politique trouve dans la Loi domestique un utile contre-poids. Enfin elle oublia que l'état des personnes doit dépendre seulement du magistrat ; qu'il n'appartient qu'à lui de le modifier ou de le changer.

Nous plaçons ici dans son entier cette partie de la loi extraite du *Moniteur* du 1er septembre 1793. Elle est intitulée : *Mode du Divorce.*

Après avoir déclaré que le mariage se dissout par le divorce ; qu'il a lieu par le consentement mutuel des deux époux, ou par la volonté d'un seul, la loi continue :

ART. 3. — Le mari et la femme qui demanderont conjointement le divorce seront tenus de faire convoquer un conseil de famille composé de six de leurs parents, trois d'entre eux seront choisis par le mari, et les trois autres le seront par la femme, et à leur défaut ils seront remplacés par des amis ou des voisins.

Art. 4. — Le conseil de famille aura lieu devant un officier public : il sera convoqué à jour fixe, quinze jours au moins après la notification de la demande.

Art. 5. — Les époux se présenteront devant le conseil de famille ; ceux qui le composeront leur feront les représentations qu'ils croiront convenables. Si les époux persistent, ils pourront quinze jours après présenter le procès-verbal du conseil de famille à l'officier public qui prononcera le divorce.

Si le divorce est demandé par un seul des époux il notifiera à l'autre sa demande, et convoquera le conseil de famille.

Art. 7. — Si les époux se rendent au conseil de famille et si celui qui demande le divorce ne change pas de dessein il en sera fait mention dans le procès-verbal, et quinze jours après sur la présentation de cet acte, l'officier public prononcera le divorce.

Art. 8. — Si l'époux contre lequel le divorce est demandé ne se présente pas ni personne de sa part au conseil de famille, l'officier public nommera pour lui des parents, amis ou voisins, et après avoir notifié cette nomination il sera indiqué quinze jours après une nouvelle assemblée du conseil. L'époux sera invité à s'y trouver.

Art. 9. — Dans tous les cas il sera fait par le conseil de famille de nouvelles représentations à l'époux qui aura demandé le divorce, si elles n'ont aucun effet le procès-verbal en fera mention.

« Sur le vu de cet acte le divorce sera prononcé sur-le-champ.

« Si les époux ne font pas prononcer le divorce dans les six mois qui suivront ces formalités, ils ne le pourront plus sans les remplir de nouveau, et sans observer les mêmes délais. »

Sans doute le législateur de 1803 va se saisir de l'excel-

lent principe de cette loi, et féconder une heureuse innovation en étendant son objet, ses moyens et son application. Non : il la supprime : et il va chercher sa justification
dans l'indifférence des parents entre eux, et leur peu
d'empressement à se venir en aide. C'étàit une maladresse
expliquée par une calomnie, ou un aveu dissimulé d'impuissance [1]. Nous avons vu dans la première partie de
ces Études que les Romains avaient édifié dans la cité le
temple de la Déesse *Viriplaca* dont l'unique fonction était
de ramener la paix dans les ménages troublés. Il fallait
relever cet autel sacré dans la famille, rendre son intervention obligatoire, et n'autoriser le recours en justice
qu'après avoir vérifié l'inutilité de cette intervention. La
famille, ainsi constituée en Tribunal permanent, reprenait
une consistance utile et sérieuse, ses membres se rappro-
chaient obligatoirement dans l'intérêt commun d'apaisement, de justice, et d'honneur ; les séparations *cum irâ
et offensâ,* si nombreuses encore, étaient ainsi évitées ; et
la loi obtenait un double résultat également désirable.
Nous savons ce qui est advenu. Le conseil de famille est
remplacé par une comparution des époux devant le Président du Tribunal civil. Ainsi, le groupe de la famille est
dépouillé d'un droit d'intervention sollicité par la nature

---

[1] Discussion au Conseil d'Etat sur l'article 233, C. c.
Tronchet dit : « On ne voit pas facilement quelle serait l'utilité
de l'intervention de la famille. Si c'est pour réconcilier les époux,
elle sera sans succès. Jamais un conseil de famille ne rapprochera
deux époux las l'un de l'autre. Si la famille devient juge elle ne
sera pas impartiale : elle se divisera, et chacun suivant ses inclina-
tions et ses rapports, prendra parti entre les époux : voudra-t-on
pour empêcher cet effet que la famille prononce d'après les motifs
secrets des demandeurs ? Alors elle n'est plus qu'un tribunal et le
divorce a lieu pour causes déterminées. Les parents d'ailleurs ne
mettent jamais un grand intérêt à ces sortes de discussions. Les
amis épousent les intérêts de l'époux avec lequel ils sont le plus
liés. »
Sur cette série d'affirmations sans preuves et le plus souvent
inexactes, on a supprimé le Tribunal de la famille.

même des choses, au profit d'un fonctionnaire, d'un délégué de l'autorité. Dans l'état Républicain, chaque groupe politique est tenu de gérer ses affaires. Pourquoi le principe ne s'étendrait-il pas jusqu'à celui de la famille? Le magistrat étranger, le plus souvent, aux époux qu'il voit pour la première fois, ignore leurs précédents, leurs habitudes, le milieu dans lequel ils ont vécu : que pourra-t-il leur dire? où s'inspirera sa rhétorique? quelqu'excellentes qu'on suppose ses intentions, il ne sera que ce qu'il peut être, grave, calme, poli, et son dévouement est fatalement condamné à se traduire par des formules banales. Point n'est besoin d'escompter les résultats probables de la comparution ainsi organisée ; ils seront nuls ou à peu près. C'est ainsi qu'on a prétendu remédier à l'indifférence faussement présumée de la famille, par l'intervention d'un inconnu officiel, que le sort de l'avancement amène quelquefois d'une province éloignée vers laquelle il aspire à rentrer. Et malgré ses défectuosités le préliminaire de conciliation suffit quelquefois à rapprocher les époux ; que ne pourrait-on pas espérer d'une organisation meilleure? Il y a mieux ; le législateur va favoriser le sentiment si profondément regrettable qu'il suppose à tort. L'article 412 du Code civil autorise les membres du conseil de famille *à se faire représenter par des mandataires*. Ainsi la magistrature domestique peut être déléguée : ce n'est plus un *munus publicum*, mais une désignation accidentelle dont il est permis de se débarrasser au profit du premier venu. Que fallait-il décider? Que le parent, appelé comme tel à faire partie d'un conseil, est dans la situation *d'un juré* ; il doit remplir son devoir de sa personne, et y être contraint au besoin. Hors de là, le but de la loi est faussé ; et tandis qu'elle demande l'avis de la famille, elle n'obtient que celui des clercs de notaire, d'avoué, que des agents d'affaires, titulaires ordinaires de ces sortes de procurations. Ainsi se trouve sans effet une institution précieuse, que le législateur calomnie en lui imputant des vices qui ne sont que la conséquence de son défaut d'organisation ; l'institution est innocente de la faute du Législateur. Il y avait un moyen bien simple de rendre les parents exacts aux conseils de famille, il suffisait de déclarer les récalcitrants obstinés, déchus de leurs droits héréditaires ! Qui repousse les charges de la famille est sans droit à en revendiquer les avantages [1]!

La loi de 1793 était infectée de trois erreurs qui la condamnaient également à une fin hâtive : 1º elle abandonnait l'existence même des mariages aux fantaisies et aux caprices des époux, et en réalité elle supprimait le mariage; 2º elle *baclait* un divorce en moins de temps qu'il n'en faut pour instruire une question de loyers ou d'assurances; 3º elle violait la règle de droit public qui réserve aux seuls tribunaux l'appréciation de l'état des citoyens ; malgré ces défectuosités cette loi *avait du cœur*, elle touchait juste ; son principe excellent mérite d'être utilisé dans une nouvelle législation. En effet deux membres d'une même famille veulent entrer en lutte : à qui doivent-ils recourir d'abord ? à la juridiction de l'apaisement, à ceux qui les affectionnent également, à leurs parents solidaires de leur honneur, soucieux de maintenir le bon ordre parmi eux. Nous croyons pouvoir compter sur l'impartialité du tribunal domestique ; les juges également sympathiques aux justiciables leurs parents ou alliés, intéressés à leur bon

---

[1] Solon, au rapport de Plutarque, punissait les citoyens qui restaient chez eux au cas d'émotion populaire : chaque citoyen devait prendre un parti. Il voulait ainsi frapper, les égoïstes qui se désintéressent de la chose publique, les habiles qui ne se montrent qu'après la bataille pour se ranger parmi les vainqueurs, et les lâches soucieux seulement de se préserver du danger. Quand donc nos législateurs se décideront-ils à faire l'application de la loi de Solon au point de vue civil et surtout politique ?

accord, seraient présidés par le magistrat officiel de la conciliation ; le Juge de Paix résidera d'ordinaire à côté de ce ménage troublé, il connaîtra le plus souvent les époux, leurs caractères, leurs habitudes, et son intervention personnelle, dans leurs démêlés, ne pourra produire que de bons résultats. Nous proposons en conséquence de supprimer la comparution, à peu près inutile, devant le Président, et de la remplacer par la comparution devant le tribunal de famille ; toute conciliation possible serait obtenue devant cette juridiction d'apaisement, et malgré les affirmations de Tronchet, nous restons persuadé que les père et mère, les frères, les oncles ou les amis des deux époux sur le point d'entrer en lutte, porteront à la pacification de leurs querelles, plus d'empressement, plus de dévouement qu'un étranger quel qu'il soit ; qu'ils disposeront de moyens d'action qui échapperaient à tous autres, et que nul n'aurait réussi, là où ils échoueront. Le rôle de la juridiction contentieuse commencerait seulement après cette tentative de conciliation.

Mais quelles seraient les attributions de la famille ainsi constituée ? Toutes celles qui pourraient aider à atteindre le but désiré, c'est-à-dire *le rapprochement des époux*. Voici comment nous la concevons. Cette juridiction devrait être *ermanente*, c'est-à-dire que nous la voudrions constamment à la disposition des époux : Ils pourraient la saisir e leurs plaintes, articuler leurs griefs, alors même qu'une demande en séparation ne devrait pas s'en suivre ; il serait nstruit sur ces plaintes et griefs, et chaque délibération tablie par un procès-verbal motivé, exact, où seraient conignés les aveux et les dénégations. De la sorte les exhortations salutaires, les bons conseils ne feraient pas défaut dès qu'ils deviendraient utiles ; et les plaignants auraient une protection toujours assurée. Si plus tard le coupable ne s'amendait pas, s'il persistait dans la voie mauvaise où il

s'est engagé, la série des procès-verbaux du conseil de
famille fournirait à la justice des éléments d'appréciation
et de décision méritant toute sa confiance. Ainsi non seulement la famille jouerait le rôle de la Déesse *Viriplaca*
des anciens temps, mais elle deviendrait l'auxiliaire le plus
sûr du magistrat. Au cas de demande en séparation de
corps, le conseil de famille statuerait sur toutes les mesures provisionnelles occasionnées par la suspension de la
vie commune. La maison de l'un des juges serait désignée souvent pour recevoir la femme. Mieux que personne,
ce tribunal prononcerait sur la nature et la quotité
des provisions nécessaires pendant la période de la
conciliation, elle saurait à qui il conviendrait de confier
les enfants. Ainsi serait ajournée la lutte irritante, souvent plus funeste que les griefs qui l'ont motivée. Les
époux comparaîtraient en personne et sans assistance.
Ils pourraient y être contraints ; le conseil de famille
aurait le droit de multiplier les comparutions, de s'en-
tourer de tous renseignements, d'ajourner sa décision
jusqu'à un maximum de six mois [1] ; en un mot d'ordonner tout ce qu'il apprécierait dans sa sagesse pouvoir conduire au résultat désirable ; l'action ne pourrait être introduite qu'après que le conseil aurait reconnu dans son
procès-verbal l'inutilité de ses efforts, et le jugement de
séparation lui-même ne pourrait pas être prononcé avant
l'expiration de l'année, à partir de la réquisition de réunir
le conseil.

---

[1] Le droit canonique admettait la séparation *temporelle* et la séparation *définitive* : il prenait en considération la cause des griefs,
l'origine du dissentiment : et le juge appliquait la maxime *causa
cessante, cessat effectus*. La séparation ainsi comprise devenait un
moyen de rapprochement. Ne serait-il pas utile de faire revivre
cette sage distinction ? La Loi de 1803 en avait fait l'application au
divorce, en soumettant les époux à une année d'épreuve. Art. 260,
C. c.

La Loi civile actuelle n'a établi pour la famille qu'une discipline incomplète. Nous en connaissons la raison. L'heure est venue de combler la lacune, s'il est vrai que la famille est le fondement du bon ordre et de la moralité publique.

Les précautions que nous venons d'indiquer diminueraient certainement le nombre des séparations dans une large proportion, mais elles ne suffiront pas à désarmer toutes les animosités : il y aura toujours des séparations de corps définitivement prononcées ; la mission de la famille ne serait pas terminée. Nous lui avons demandé d'abord de prévenir le mal. Il lui resterait à le réparer dans la mesure du possible. Le temps éteint les ressentiments même légitimes ; il guérit les blessures les plus profondes. Dans la période d'apaisement qui suit la bataille, alors que le calme s'est fait à la tête et au cœur, une excuse prononcée avec l'accent du repentir, devant la famille assemblée, peut désarmer une vieille colère ; un coupable qui avoue, la famille assemblée qui sollicite son pardon, l'éducation et l'établissement des enfants à ne pas compromettre, tels sont les éléments de pacification qu'une loi prévoyante n'a pas le droit de négliger. Donc, un an après la décision définitive de la séparation de corps, les époux seraient tenus de comparaître devant le conseil pour y recevoir les représentations et l'expression des vœux de la famille. Cette épreuve serait renouvelée un an après la première.

Si elles étaient également infructueuses, le Législateur aurait sagement accompli son œuvre. La famille n'a pas dans la société Française la situation qui doit lui appartenir. Il importe de reconstituer ses bases affaiblies. La puissance nationale n'a rien à y perdre.

Ici finissent ces Études ; nous avions espéré, lorsque nous les avons entreprises, les réduire aux proportions d'une simple brochure. Mais la discussion publique sur le divorce, suivie sans interruption depuis quatre ans, nous a démontré la nécessité de mettre en lumière les précédents historiques, source précieuse des vraies raisons de décider. D'autre part, nous connaissions depuis longtemps les objections opposées à la séparation de corps. Leur côté sérieux se trouve, non pas dans l'institution elle-même, mais dans l'insuffisance de la Législation qui la régit : nous avons essayé de les rendre sans objet en proposant les moyens d'y remédier. Voilà comment nous avons été conduit à faire un volume embrassant la question dans son ensemble. Trop heureux si notre conviction puisée dans un travail pénible et une longue expérience devenait celle de quelques-uns de nos lecteurs.

CHAPITRE VI

Projet de loi sur la Séparation de corps.

TITRE Ier

ESSENCE DU MARIAGE. — FORMALITÉS DEVANT PRÉCÉDER
SA CÉLÉBRATION.

ART. 1er. — Le mariage se dissout seulement par la
mort de l'un des deux époux.

ART. 2. — Les Officiers de l'État civil ne pourront procéder à la célébration des mariages que s'il leur est justifié en outre de l'accomplissement des formalités prescrites
par les chapitres I et II du titre V du Code civil :
1º d'un acte notarié de fiançailles remontant à quatre
mois au moins, et passé avec le consentement des parents
dans le cas où ce consentement est nécessaire à la validité
du mariage, et sauf dispense par qui de droit sur motif
justifié ; 2º du certificat du Comité d'hygiène de l'Arrondissement établissant que l'un et l'autre futur s'est soumis
à l'inspection du dit Comité, et que chacun d'eux a eu
connaissance du résultat de l'examen.

Cet acte devra contenir, à peine de nullité, la déclaration, par les futurs conjoints, s'ils entendent ou non
faire procéder à la bénédiction nuptiale de leur union, et

dans quelle religion ils veulent faire élever les enfants à naître.

TITRE II

DES CAUSES DE LA SÉPARATION DE CORPS, ET DES PERSONNES PAR LESQUELLES CETTE SÉPARATION PEUT ÊTRE DEMANDÉE.

ART. 3. — Le mari pourra demander la séparation de corps pour cause d'adultère de sa femme ; la femme pourra demander la séparation de corps pour cause d'adultère de son mari lorsqu'il aura tenu sa concubine dans la maison commune.

ART. 4. — Les époux pourront réciproquement demander la séparation de corps pour coups et blessures, ou embûches de l'un d'eux envers l'autre mettant la vie en danger, ou pour mauvais traitements graves, habituels, rendant la vie insupportable, pour abandon malicieux et répété du domicile conjugal.

ART. 5. — La femme pourra demander la séparation de corps contre son mari condamné pour inceste, rapt, bigamie, ou sodomie.

ART. 6. — En cas d'absence déclarée de l'un des époux, et après cinq années écoulées à partir du jugement d'envoi en possession, il y aura présomption légale de décès, et l'autr époux pourra se remarier. Mais au cas de retour de l'ab sent, le second mariage cessera d'exister de plein droit.

ART. 7. — La séparation de corps ne pourra jamai avoir lieu par le consentement mutuel des époux.

TITRE III

DE LA PROCÉDURE EN SÉPARATION.

§ 1er.

CONCILIATION.

Art. 8. — Le mari ou la femme qui voudront demander la séparation de corps seront tenus de faire convoquer un conseil de famille à la Justice de Paix du Canton où ils ont leur domicile, composé suivant les prescriptions des articles 406 et suivants du Code civil.

Art. 9. — Les membres du conseil de famille seront tenus d'y assister en personne ; ils ne pourront jamais se faire représenter par des mandataires.

Tout membre d'un conseil de famille qui ne se présentera pas quoique dûment sommé, et dont l'absence ne serait pas régulièrement justifiée, pourra être condamné à une amende de 100 à 1000 francs, et par corps.

Art. 10. — L'époux défendeur sera cité à jour et heure fixe, une quinzaine au moins après la notification des griefs.

Tout grief non compris dans cette notification sera considéré comme non avenu dans l'instance; il pourra motiver une instance ultérieure.

Art. 11. — Les époux se présenteront en personne et sans assistance de conseils. Ceux qui composeront le conseil de famille, comme le Juge de paix qui le présidera, pourront poser aux époux telles questions, ou leur faire telles représentations qu'ils croiront convenables. Ils pourront les ajourner, prendre telles mesures, se procurer tous renseignements ou prononcer tous ajournements qu'ils croiront utiles. Ces ajournements ne pourront pas excéder six mois à partir de la date de la première réunion.

ART. 12. — Le conseil de famille prononcera sur la provision à allouer à la femme jusqu'à l'instance judiciaire, sur la remise de ses linges et hardes, sur la garde des enfants, et sur la résidence de la femme jusqu'à la même époque. De tout quoi il sera fait mention exacte dans les procès-verbaux.

ART. 13. — Si l'époux demandeur ne se présentait pas, sans motif justifié, devant le conseil de famille, il serait contre lui prononcé défaut-congé, et l'instance en séparation considérée comme nulle et non avenue.

Si l'époux défendeur ne se présentait pas, il serait procédé à une seconde réunion du conseil de famille avec sommation au défaillant de s'y trouver ; au cas de non-comparution il serait contre lui donné défaut, et procédé en son absence par le conseil de famille comme s'il était présent.

L'époux défaillant dont l'absence ne sera pas justifiée serait condamné à une amende de 100 francs à 1000 francs, et par corps.

ART. 14. — Les époux auront toujours le droit de requérir le conseil de famille pour lui exposer leurs griefs, alors même qu'une demande en séparation ne devrait pas s'en suivre. Il sera dressé procès-verbal détaillé de la réunion.

§ II.

INSTANCE.

ART. 15. — L'action en séparation sera formée devant le tribunal civil de l'Arrondissement où les époux ont leur domicile ; l'exploit introductif d'instance contiendra copie des procès-verbaux de non-conciliation à peine de nullité.

ART. 16. — La cause sera instruite de la même manière que toute autre action civile : elle sera jugée sur les conclusions du Ministère Public. Tous jugements, soit d'instruction, soit définitif, seront rendus en audience publique ; le huis-clos ne pourra jamais être ordonné.

Le jugement définitif sur une demande en séparation de corps ne pourra être prononcé que six mois au moins à partir du jour de la demande en justice.

ART. 17. — S'il y a lieu à preuves par témoins, les parents des parties, à l'exception de leurs enfants et descendants, ne seront pas reprochables à raison de la parenté, non plus que les domestiques des époux à raison de la domesticité.

ART. 18. — L'appel des jugements soit interlocutoires soit définitifs, rendus contradictoirement ou par défaut, ne sera recevable qu'autant qu'il aura été interjeté dans les deux mois à compter du jour de la signification à personne ou domicile.

ART. 19. — S'il y a pourvoi en cassation, ce pourvoi aura un effet suspensif.

TITRE IV

DES MESURES PROVISOIRES AUXQUELLES PEUT DONNER LIEU LA DEMANDE EN SÉPARATION DE CORPS.

ART. 20. — Pendant le cours de l'instance, la garde de la personne et l'administration des biens des enfants resteront au mari demandeur ou défendeur, à moins que dans l'intérêt des enfants, il n'en soit ordonné autrement par le tribunal.

La femme sera toujours recevable à faire apposer les scellés et à requérir la nomination d'un séquestre.

Le tribunal pourra même confier à la femme l'administration de la communauté s'il y a lieu.

Art. 21. — Le tribunal indiquera la maison où la femme sera tenue de résider pendant l'instance, et fixera s'il y a lieu les provisions et pension alimentaire que le mari sera obligé de lui payer.

Art. 22. — La femme sera tenue de justifier de sa résidence dans la maison indiquée toutes les fois qu'elle en sera requise ; à défaut de cette justification ou d'excuse légitime, le mari pourra lui refuser la pension alimentaire, et si la femme est demanderesse, elle sera déclarée non recevable à continuer la poursuite.

Art. 23. — Toute obligation contractée par le mari à la charge de la communauté, toute aliénation par lui faite des immeubles qui en dépendent, toute constitution d'hypothèque, ou tous autres actes relatifs soit à des meubles ou à des immeubles ayant pour but ou pour résultat de préjudicier à la femme, passés postérieurement à la notification prescrite par l'article 8, ou à une date contemporaine, pourront être déclarés nuls comme faits en fraude des droits de la femme.

Art. 24. — L'époux qui aurait dissimulé ou détourné, soit directement, soit indirectement, tout ou partie des biens dépendant de la communauté sera déchu de tous droits dans la communauté, il sera en outre condamné au paiement d'une somme égale à celle dissimulée ou détournée, solidairement avec tous complices ayant conseillé ou facilité lesdits détournements ou dissimulations.

Seront également condamnés solidairement à tous dom

mages-intérêts les complices qui auraient sciemment concouru directement ou indirectement aux actes annulés.

TITRE V

DES FINS DE NON RECEVOIR CONTRE L'ACTION EN SÉPARATION DE CORPS.

Art. 25. — L'action en séparation de corps ne sera recevable soit de la part du mari, soit de la part de la femme, qu'à la charge par le demandeur de justifier qu'il a rempli de son côté toutes les obligations auxquelles le mariage engage.

Art. 26. — L'action en séparation de corps sera éteinte : 1° par le défaut d'introduction de la demande dans les trois mois qui suivront le procès-verbal de non-conciliation ;

2° Par le pardon ou la réconciliation des époux, survenus soit depuis les faits qui auraient pu autoriser cette action, soit depuis la demande.

Art. 27. — Le demandeur pourra néanmoins intenter une nouvelle action pour faits survenus postérieurement à la notification des griefs, il en sera de même pour ceux survenus depuis le pardon ou la réconciliation. Les faits éteints par le pardon ou la réconciliation ne pourront pas revivre sur une instance postérieure.

Art. 28. — Si le demandeur en séparation de corps nie qu'il y ait eu pardon ou réconciliation, le défendeur en fera preuve soit par écrit, soit par témoins, dans la forme ordinaire des enquêtes. Les parents et domestiques pourront être entendus conformément à ce qui a été dit dans l'article 17 ci-dessus.

TITRE VI

DES EFFETS DE LA SÉPARATION DE CORPS.

Art. 29. — La loi des 6-15 décembre 1850, relative au désaveu de paternité en cas de séparation de corps, est maintenue pour être exécutée dans son entier.

Art. 30. — Lorsque la demande en séparation sera fondée sur un crime ou délit, l'instance civile sera suspendue jusqu'après la décision du Tribunal criminel. Si la demande est fondée sur le délit d'adultère de la femme, la poursuite devra comprendre le complice. La femme et le complice pourront être condamnés par le Tribunal correctionnel seulement, à la peine de trois mois de prison au moins et de deux ans au plus. Le complice devra être en outre condamné par corps à des dommages-intérêts dont l'importance variera suivant les circonstances. Le mari restera le maître d'arrêter la poursuite ou l'effet de la condamnation en reprenant sa femme.

Art. 31. — Celui des époux contre lequel aura été prononcée la séparation de corps pour quelque cause que ce soit perdra de plein droit :

1° Tous les avantages directs ou indirects qui lui avaient été faits par l'autre conjoint, soit dans leur contrat de mariage, soit depuis le mariage contracté ;

2° Sa part dans la communauté ;

3° Le droit à la succession de son conjoint, constitué par l'article 767 du Code civil ;

4° La propriété de la moitié de ses propres. Le tout au profit de l'autre conjoint.

Il y aura lieu, au cas de torts respectifs, et de séparation prononcée contre les deux conjoints, à la déchéance des bénéfices nuptiaux au préjudice des deux ; mais l'actif de la communauté et la propriété de la moitié des propres de chacun d'eux appartiendront aux enfants issus de leur mariage.

A défaut d'enfants ou descendants, l'actif de la communauté et la moitié des propres de chacun des époux appartiendront au Trésor.

ART. 32. — Après la séparation prononcée, la garde des enfants sera confiée à l'un des époux, à moins que le tribunal n'ordonne dans l'intérêt des enfants que tous ou quelques-uns d'entre eux seront confiés à une tierce personne.

ART. 33. — Quelle que soit la personne à laquelle les enfants seront confiés, les père et mère conserveront respectivement le droit de surveiller la santé, l'entretien et l'éducation de leurs enfants, et seront tenus d'y contribuer à proportion de leurs facultés.

ART. 34. — La séparation de corps emportera toujours la séparation de biens.

L'extrait du jugement qui prononcera la séparation de corps sera exposé tant dans l'auditoire des Tribunaux que dans la chambre des Avoués, des Notaires, ainsi qu'il est porté en l'article 872 du Code de procédure civile.

ART. 35. — La séparation de biens aura son effet par la seule force du jugement qui aura prononcé la séparation de corps, et à partir de sa date, nonobstant l'article 1444, la seconde disposition de l'article 1445 et l'article 1447 du Code civil ; sans préjudice des autres moyens que les lois accordent aux créanciers et aux tiers intéressés pour conserver et exercer leurs droits.

ART. 36. — Si après le partage ou la liquidation de la communauté, les moyens personnels de l'un des époux ne sont pas suffisants pour assurer sa subsistance, le tribunal pourra lui accorder une pension alimentaire qui ne pourra excéder le tiers des revenus de l'autre ; mais elle pourra s'élever jusqu'à la moitié des revenus de l'époux contre lequel la séparation aura été prononcée. Cette pension sera révocable ou réductible dans le cas prévu par l'article 209 du Code civil.

ART. 37. — Un an après le jugement ou l'arrêt qui auront définitivement prononcé la séparation de corps, les époux soit sur la réquisition du plus diligent, soit sur celle d'un des membres du conseil de famille, ou sur l'initiative de M. le Juge de Paix, seront tenus de se présenter devant ledit conseil pour y recevoir les représentations et les vœux de leurs parents ou amis.

Si ladite comparution restait sans effet elle serait renouvelée un an après la première.

Il sera dressé procès-verbal de chacune de ces comparutions.

Celui des époux qui ne se présenterait pas devant le conseil sans motif justifié pourrait y être contraint par la saisie de ses revenus.

Il perdrait en outre la garde des enfants si elle lui avait été confiée ; la pension alimentaire qui lui serait fournie par son conjoint, le cas échéant : enfin il serait condamné à une amende de 100 à 1,000 francs, et par corps.

TITRE VII

ART. 38. — La séparation de corps cessera par la déclaration que feront les époux dans un acte authentique qu'ils entendent faire cesser l'état de séparation.

La femme sera toujours admise à prouver la cohabitation qui aurait précédé cet acte, alors même qu'il n'aurait pas été dressé postérieurement.

ART. 39. — L'acte de rétablissement de la vie commune est soumis aux dispositions de l'article 1451 du Code civil.

TITRE VIII

ART. 40. — Sont et demeurent abrogés dans leur contenu le titre VI du livre Ier du Code civil et le titre IX du livre Ier de la deuxième partie du Code de procédure civile.

FIN.

DURRIEUX.

18.

TABLE DES MATIÈRES

CHAPITRE V

CHAPITRE VI

CHAPITRE VII

CHAPITRE VIII

CHAPITRE IX

CHAPITRE X

DEUXIÉME PARTIE

DU DIVORCE

CHAPITRE PREMIER

CHAPITRE II

CHAPITRE III

CHAPITRE IV

CHAPITRE V

APPENDICE AU CHAPITRE PRÉCÉDENT

CHAPITRE VI

CHAPITRE VII

CHAPITRE VIII

TROISIÈME PARTIE

DE LA SÉPARATION DE CORPS

CHAPITRE PREMIER

CHAPITRE II

CHAPITRE III

CAUSES DE LA SÉPARATION DE CORPS. — PREMIÈRE CAUSE. — L'ADULTÈRE.

§ 1

§ 2

§ 3

CHAPITRE IV

Nécessité des peines pécuniaires contre l'époux coupable. —
Perte de tous droits dans la communauté. — Perte de la

FIN DE LA TABLE.

1882. — ABBEVILLE. — TYP. ET STÉR. GUSTAVE RETAUX.